公務員試験

寺本康之の 人文科学

The BEST HYPER
ザ・ベスト ハイパー

寺本康之 著

エクシア出版

こんにちは。寺本です。今回も社会科学に引き続き、「ザ・ベストハイパー」シリーズとして人文科学を出版させていただくことになりました。会う人会う人に「次は何を出すのですか?」と声をかけられることが多く、そのたびに「いやいや、私なんてもう……賞味期限切れですから」とお茶を濁してきたわけですが、ついにここで情報解禁となります。

さて、今回の人文科学は、日本史、世界史、地理、思想のみを掲載することにしました。本当は文学・芸術も盛り込まれていなければいけないはずですが、今回はあえてカットしています。理由は、この上なくコスパが悪いからです。文学(世界と日本)、音楽(世界と日本)、絵画(世界と日本)、建築(世界と日本)……というように、とても幅が広いにもかかわらず、出題されても1問、それに出題されない年も結構あります。さらに最近は出題しない試験種も増えてきています。ここまでくると、勉強してもほとんど意味がありません。皆さんに無駄な勉強をさせることとなる蓋然性が高いと判断して、思いきってカットしました。

教養試験の「ザ・ベストハイパー」は、なるべくライトに、かつ出題範囲に絞りをかけることをコンセプトとしています。そこで、人文科学も出題される知識に相当な絞りをかけています。私も原稿を書いているときに、「ん〜、ここは語りたいけどあえてカットしよう」という判断をしたところが多数あります。でも、試験的にはこの判断が絶対的になります。また、日本史や世界史は流れを押さえられるように工夫しました。知識ゼロでも最初から最後まで止まることなくスラスラと読めるように様々な仕掛けをしています。たとえば、時代やテーマのブロックを意識しました。これにより、軸がしっかりするので、あっちに行ったりこっちに行ったりして頭が振られないようになります。また、思想、文学・芸術は歴史の中で学んだ方がわかりやすいので、日本史や世界史の中で触れられるものは触れました。ほかにもたくさんありますが、それらは皆様が読んでいるときに感じ取れるはずです。

最後に、今回も引き続き私にこのような機会を与えてくださったエクシア出版の畑中先生には感謝申し上げます。また、編集の髙橋さん、堀越さんには何度も細かい点をチェックしていただき、本当に助かりました。手前味噌ですが、この場を借りてお礼申し上げます。

寺本康之

CONTENTS

How to use The BEST

重要度
星3つまでの3段階。星が多いほど
社会科学を理解するために大切。

頻出度
星3つまでの3段階。星が多いほど
試験で出題される頻度が高め。

日本史

01

縄文時代・弥生時代

重要度 ★　頻出度 ★

試験ではほとんど出題されないので、中学で習った内容を中心に押さえればOKです。
さらっと知識を確認しておきましょう。

から1477年まで11年間に及んで京都
た東西を二分する戦いです。8代将軍
斯波・畠山氏の家督争い、さらには細
全）の対立などが複合的に絡み合って
は日野富子という奥さん（正室）がいますが、2人の間にはなか

当時は相続が単独相続だっ
たので、誰が相続するかでも
めたんだね。鎌倉時代の分
割相続と区別しておこう。

側注
ちょっとした補足や
用語の解説、得点に
つながるポイントは
ここで確認！

PLAY&TRY
実際の本試験問題やオリジナル問題で、インプットした知識を確認。
解くことよりも、読んで誤りを確認することの方を重視しましょう。

PLAY&TRY

1.　源頼朝の死後、将軍の後継者をめぐる兄の頼家と弟
　　の実朝との争いによって鎌倉幕府が分裂すると、後
　　鳥羽上皇は幕府打倒を目指し承久の乱を起こした。
　　しかし、執権の北条氏らは、乱を短期間のうちに鎮

1.　×
頼家と実朝の争いによっ
て鎌倉幕府が分裂した事
実はない。また、侍所や
問注所は源頼朝の時代

▶ 人文科学とは

　人文科学は、教養試験で出題される科目群で、内容としては日本史、世界史、地理、思想、文学・芸術が含まれます。しかし、文学・芸術は範囲が膨大な割に出題されないことも多く、コスパ的な意味で本書ではあえて載せておりません。仮に出題されても、ご自身の常識で解けばOKです（間違えても痛くない）。ここに時間をかけている暇があったら、数的処理や文章理解の勉強に時間を割いていただきたいと思います。

　多くの受験生は、人文科学で日本史と世界史が両方出題されるという点に苦しみます。大学受験でもこれら2科目を両方勉強している人は少なく、特に理系の学生になると全く覚えていない方もいらっしゃいます。そこで、これら2科目をサクッとインプットできる教材を探す必要があるところ、本書はそれに応えるものとなっているはずです。

　ちなみに、人文科学は教養試験の他の科目や専門試験の勉強に役立つ側面もあります。例えば、日本史は戦後の流れが社会科学や政治学と重複しています。また、世界史や地理の知識は専門試験の国際関係を勉強する際のベースとして必要です。さらに、思想も政治学や社会学でもう少し深く勉強します。このように、人文科学を勉強することで他の科目の勉強に弾みをつけることができるわけです。

▶ 勉強のコツ

　では、具体的にどのように勉強すればいいのでしょうか？　私は主に2つあると考えます。まず、範囲が膨大であっても、出題されるテーマは固まっています。そこで、重要度・頻出度のランクを意識して得意なテーマを一つでも増やすような意識で勉強してください。次に、知識がバラバラにならないようにするため、新しく得た知識は本書に一元化するように心がけましょう。こうしておくことで、必要な知識を補うことができますし、何よりご自身のオリジナルのテキストができあがりますので、やる気アップにつながります。そして、演習をする際にもむやみやたらに問題集を買いまくることはせずに、本書に載せてある「PLAY&TRY」をうまく活用し、覚えるべきポイントを明確にしていきましょう。

　これら2つの過程を通じて、ぜひ人文科学を得意科目にしていっていただければと思います。

01

縄文時代・弥生時代

試験ではほとんど出題されないので、中学で習った内容を中心に押さえればOKです。
さらっと知識を確認しておきましょう。

1. 旧石器時代

　日本の更新世は旧石器時代と呼ばれます。北からはマンモス、ヘラジカ、南からはナウマンゾウ、オオツノジカなどがやってきた楽しい時代です。その後1万年前を境に完新世になり、新石器時代となります。長らく旧石器時代はないとされてきましたが、1946年に相沢忠洋が岩宿遺跡（群馬県）を発見し、これにより旧石器時代の存在が明らかになりました。旧石器時代は打製石器のみを使っていたみたいですね。

2. 縄文時代

　約1万年前の完新世以降、大陸が切り離されたこともあり、大型動物が姿を消しました。いてもニホンジカ、イノシシレベルの中小動物でした。縄文時代の特徴は、貧富の差や階級がない、磨製石器の使用、などです。あとは、縄文土器が使用されました。低温（600〜800℃）で時間をかけて焼くので厚手でもろく、黒褐色でした。

> 打製石器も使っていたよ。弓矢の先につける石鏃とかは打製石器だね。

なんかコスパが悪そうですね。ただ、これにより煮炊きや貯蔵ができるようになり、病気も減ったらしいですよ。遺跡は三内丸山遺跡（青森県）や大森貝塚（東京都）が有名です。貝塚は遺跡というかゴミ捨て場ですけどね。縄文時代の最後の方になると、多くの地域は弥生時代に移行していきましたが、沖縄は貝塚文化、北海道は続縄文文化と呼ばれる漁労・採集を中心とする独自文化が継続しました。

3. 弥生時代

　弥生時代は水稲耕作が発達し、収穫物は高床倉庫で保存しました。金属器の使用（青

銅器と鉄器の併用）も始まります。こうして計画的生産経済が進むと持てる者、持たざる者の貧富の差や階級が出てきます。戦争も絶えなかったようで、濠を巡らせた環濠集落をつくって防御的性格を強めたそうです。有名なのが佐賀県の吉野ヶ里遺跡ですね。あとは、土器。弥生土器は高温（1000℃）で素早く焼くので薄手で硬く、赤褐色でした。種類も豊富で壺・甕・高坏・甑などがありました。出土品は地域性がでますね。例えば、朝鮮半島と対峙する九州北部では銅矛・銅戈という見せかけの武器が、瀬戸内海では平形銅剣が、近畿地方では祭りに使う銅鐸が出土しています。これは全部青銅器ですね。

静岡県の登呂遺跡と間違えないで。登呂遺跡は水田跡の遺跡だよ。

　時代が下ると、中国の歴史書で日本の様子が分かるようになります。100余りの小国分立状態であったことを示したのが『漢書』地理志です。次に、倭の奴国の国王が使いを送り、後漢の光武帝から印綬を受けたことが示されているのが『後漢書』東夷伝。このときの金印は1784年に福岡県志賀島で発見されまして、「漢委奴国王」と刻まれていたとか。さらに、邪馬台国の卑弥呼が30余りの小国を統一して、239年に魏の都洛陽に向けて使いを送ったことを示したのが『魏志』倭人伝です。親魏倭王という称号をもらったらしいですよ。

PLAY&TRY

1. 旧石器時代は、打製石器や磨製石器を用いていたと考えられるが、旧石器時代の遺跡はいまだ発見されていない。　　　　　（オリジナル）

1. ×
磨製石器は用いられていない。また、岩宿遺跡がある。

2. 縄文時代は、水稲耕作が発達し、稲をはじめとする収穫物を保存・収納するために縄文土器や高床倉庫が利用された。　　　　　（オリジナル）

2. ×
水稲耕作の発達や高床倉庫の利用は、弥生時代である。

3. 縄文時代には、貧富や身分の差が存在し、防御性の高い環濠集落などもつくられた。

（オリジナル）

3. ×
弥生時代の誤り。

4. 縄文土器の主な用途は煮炊きや貯蔵などであり、これにより病気が減り、物が日持ちするようになった。

（オリジナル）

4. ○
そのとおり。
一応効果も覚えておこう。

5. 弥生時代には、厚手で黒褐色の弥生土器がつくられた。

（オリジナル）

5. ×
薄手で赤褐色の弥生土器がつくられた。

6. 弥生時代には、灌漑設備や水路などが備えられ、乾田がつくられるようになった。収穫物は貝塚に収納され、周囲に深い濠を巡らせた高地性集落がつくられた。

（オリジナル）

6. ×
貝塚ではなく「高床倉庫」、高地性集落ではなく「環濠集落」である。

7. 弥生時代には、鉄器の使用が盛んに行われた。具体的には、九州北部を中心に銅鐸、近畿地方を中心に銅矛・銅戈といった青銅器が使用された。

（オリジナル）

7. ×
九州北部→銅矛・銅戈、近畿地方→銅鐸である。

8. 3世紀ごろから邪馬台国の卑弥呼が、30余りの小国をとりまとめ、魏の皇帝から「親魏倭王」の称号を賜った。

（オリジナル）

8. ○
そのとおり。
『魏志』倭人伝に書いてある。

日本史

02

古墳時代・飛鳥時代 重要度 ★★ 頻出度 ★

古墳時代・飛鳥時代

第1章に続き、頻出ではないものの、律令体制の整備に向けた動きはとても大切です。
公務員試験を受けるなら知らないといけないテーマと言えます。

1. 古墳時代（大和政権）

古墳時代といえば前方後円墳が有名です。前期・中期にさかんにつくられました。日本最大規模の仁徳天皇陵（大仙陵古墳＝百舌鳥古墳群）は超有名ですね。2019年には世界文化遺産にも登録されましたね。これが5世紀前期から中期にかけてのお話です。5世紀後半になると、鉄剣で有名な稲荷山古墳ができます。鉄剣にはワカタケルの文字が刻まれていました。ちなみに、後期から終末期にかけて群集墳が登場します。

> 倭王武＝雄略天皇を指すと言われているよ。大和政権の勢力が埼玉県まで及んでいたということだね。

権威性よりもコスパを重視するようになったわけです。古墳の周りには埴輪がボコボコ置かれていたらしいですが、この埴輪は円筒埴輪→形象埴輪へと進化を遂げたようです。土器も、弥生系統の土器「土師器」と朝鮮系統の土器「須恵器」がありました。

大和政権の経済的基盤は、朝廷の直轄地である屯倉の経営で賄われ、そこでは直轄民の子代・名代の民が働いていました。また、3世紀くらいから渡来人がやってきて、武具の製作や機織り、農業などの先進技術をもたらしました。

2. 飛鳥時代

1 有力豪族たちの時代

まず、飛鳥時代に入る前、527年にヤバい事件が起こりました。筑紫国造磐井が敵国「新羅」と結んで九州で反乱を起こすという事件です（磐井の乱）。これは外国勢力と組んで日本を潰しに来るようなもので、今で言うと外患誘致罪（死刑しかない犯罪）に該当しますね。次に、試験的に覚えておいた方がいいのが、有力豪族のつぶれる順番です。大伴→物部→蘇我という順番につぶれていきますので、その軌跡を年表で追っていきましょう。

▶ **有力豪族の滅亡の歴史**

540年：朝鮮外交に失敗して大連 大伴金村が失脚（賄賂をもらって百済へ任那4県を割譲した）

587年：渡来人と結んだ蘇我馬子が物部守屋を滅ぼす
→蘇我氏が実権を掌握（蘇我氏の専横）

> 物部氏は排仏派、蘇我氏は崇仏派でもともと仲が悪かったんだ。

592年：蘇我馬子は自らが擁立した崇峻天皇を暗殺し、姪の推古天皇を立てる。推古天皇は甥の聖徳太子を摂政にする

603年：冠位十二階（個人の能力に応じて与えた）

604年：十七条の憲法（仏教や儒教の教えを基に役人の心構えを定める）

607年：隋（煬帝）と対等な外交をめざし、遣隋使小野妹子を派遣。帰国の後、高向玄理、僧旻、南淵請安らを連れて再び隋へ

> 小野妹子は冠位十二階のおかげで大徳にまでなった人だよ。

645年：乙巳の変で蘇我入鹿が暗殺される

　大伴→物部→蘇我という順番は見えましたか？　最後に飛鳥文化についても超簡単に言っておきます。飛鳥文化は中国・南北朝時代の影響を受けていて、法隆寺金堂釈迦三尊像が有名ですね。

② 中央集権国家への歩み

　乙巳の変で中大兄皇子や中臣鎌足が中心となって、蘇我氏を倒しました（大化の改新）。ここから一気に天皇中心の中央集権国家の樹立を目指すようになります。さっそく翌646年に孝徳天皇の下、改新の詔を発表し、国の博士として高向玄理と僧旻の2人を起用しました。そして、法典整備を急ぎます。律（刑法）と令（民法、行政法）をつくろうとしたわけですね。律と令は逆に覚えないように注意しましょう。

　対外的な戦争としては、白村江の戦い（663）が有名です。唐・新羅連合軍VS日本・百済残党という構図で戦い、阿倍比羅夫の頑張りもむなしくフルボッコにされました（敗北）。その後、唐や新羅の再来に備えて大海人皇子の指揮の下、九州防衛を徹底していきます。大宰府を移し、その北方には水城（堤防）を築きました。また、九州沿岸には防人を設置し、朝鮮式山城も各所につくりました。ただ、結局はビビり損で再来はありませんでした。

中年になった中大兄皇子は、ついに668年に天智天皇として即位し、庚午年籍を作成しました。しかし、すぐに死んじゃうのですよね……。そして天智天皇の死後、大友皇子（天智天皇の子）と大海人皇子（天智天皇の弟）が対立し、壬申の乱が起こります（672）。この古代史上最大の戦いに大海人皇子が勝利し、天武天皇として即位しました。天武天皇は八色の姓を定め（684）、薬師寺を建立しました。また、飛鳥浄御原令を編纂し始め、持統天皇の時代に施行されました。持統天皇は天武天皇の奥さんです。夫、息子に先立たれたのでやむなく持統天皇として即位しました。庚寅年籍の作成や藤原京への遷都で有名です。この天武・持統～平城京遷都までを白鳳時代ということがあります。白鳳文化としては、薬師寺東塔、興福寺仏頭、高松塚古墳の壁画などが有名ですね。

飛鳥寺と薬師寺をひっかけてくる問題があるけど、飛鳥寺は蘇我馬子の寺だよ。薬（くすり）とかけて「クスリと笑う天武天皇」と覚えるといいよ。

③ 律令制度の確立

701年に念願の律と令がともにそろいました。これが大宝律令です。刑部親王と藤原不比等が必死になってつくったと言われています。律令の組織は中央に神祇官と太政官を置き、太政官の下に八省が置かれました（二官八省）。国は五畿七道に大別され、それぞれに国司を中央から派遣しました。一方、郡司や里長は在地豪族をあてたようです。また、有力豪族や貴族は官吏登用試験なしで、親の官位に応じて自動的に官位をもらえる感じでした。これを「蔭位の制」といいます。親が貴族なら俺も貴族的なノリですね。

太政官の方が権力は上であるとされるよね。

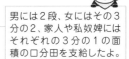

次に、律令制の根幹として、班田収授法というものがあります。これは6歳以上の男女に性別・身分に応じて口分田を支給するという制度です。ただ、あくまでも田は貸し与えただけなので、売買などはご法度です。これとの関連で、出挙という制度もありました。これは春に稲を貸し付けて秋に利息を付けて返すというもので、当初は農民救済が目的だったそうです。そして、税金は租・庸・調を課しました。租は収穫の約3％程度だったようですが、人頭税である庸・調・雑徭の負担は結構大きかったようです。

男には2段、女にはその3分の2、家人や私奴婢にはそれぞれの3分の1の面積の口分田を支給したよ。

庸は年10日の歳役に代えて布を、調は布か地方の特産物を納めるものだった。雑徭は60日以内の無償労役で土木工事に駆り出されるイメージだよ。

最後に兵役ですが、最初は国司の下で兵士を集めて軍団が組織されました。しかし、農民の負担になるということで、後に志願兵システムの健児の制（桓武天皇時）に変わっていきます。兵士の中には衛士（1年間の宮廷警護）や防

人（大宰府に3年赴任）に任命された者もいました。

PLAY&TRY

1. 527年に筑紫国造磐井が、百済と結んで九州で反乱を起こした（磐井の乱）。　　　（オリジナル）

    1. ×
    百済ではなく「新羅」の誤り。

2. 大和政権は、各地に屯倉を設置し、渡来人の知識・技能を活用した。　　　（オリジナル）

    2. ○
    そのとおり。
    屯倉には子代・名代の民が置かれた。

3. 物部氏は失政や権力争いに敗れ、その後、大伴氏が蘇我氏と対立して蘇我馬子との政争に敗れた。

    　　　（オリジナル）

    3. ×
    物部氏と大伴氏の記述が逆である。

4. 飛鳥文化の代表作品としては、興福寺仏頭、高松塚古墳壁画などがある。　　　（オリジナル）

    4. ×
    興福寺仏頭、高松塚古墳壁画は白鳳文化の代表作品である。

5. 大化の改新の後、天智天皇によって八色の姓が制定され、蔭位の制も廃止された。　　　（オリジナル）

    5. ×
    八色の姓は天武天皇の時代に制定された。また、蔭位の制は大宝律令で創設された官吏任用制度。したがって、廃止されたのではない。

6. 律令は、役人に対する心構えを示した律と刑法・民法からなる令からなる。　　　（オリジナル）

    6. ×
    律が刑法、令が民法や行政法である。

7. 律令による国家組織として、中央に神祇官と太政官が、地方には国司・郡司・里長がそれぞれ置かれた。国司には在地豪族が任命された。　　　　（オリジナル）

7. ×
在地豪族ではなく、中央貴族が派遣された。

8. 大宝律令では、中央に神祇官と太政官が置かれ、神祇官の下に大蔵省や兵部省など八省が置かれた。
　　　　（オリジナル）

8. ×
八省は太政官の下に置かれた。

9. 口分田は6歳以上の者に与えられ、租庸調が課された。庸・調のほかにも雑徭などもあり、かかる人頭税は租よりも重い負担となった。　　　　（オリジナル）

9. ○
そのとおり。
庸・調は都まで運ぶ必要性があったため、重い負担となった。

今年で6歳の僕も口分田もらえるといいな〜

03

重要度★　頻出度★

奈良時代

奈良時代は、天皇の動きと政権担当者との動きが錯綜するので、要注意。
ただ、出てくる知識は固まっているので、一気に攻略しましょう。

1. 奈良時代の幕開け

奈良時代は外交的には遣唐使が盛んな時代です。そして新羅とは対立したままでしたが、渤海とは仲良くなりました。710年に元明天皇が平城京に遷都したことで、この時代はスタートしました。元明天皇は、早速711年に蓄銭叙位令で貯金に応じて官位を授けるという斬新な政策を行い、畿内で貨幣経済を進展させました。

> 和同開珎がなかなか流通しなかったからだと言われている。文化的発展では、「古事記」を覚えておこう。稗田阿礼が「帝紀」「旧辞」を暗記し、それを太安万侶が筆録した。

2. 奈良時代の流れ

まず、中臣（藤原）鎌足の子供である藤原不比等が718年に養老律令を制定しました。その後、政権は長屋王に移ります。彼は逃散防止のために三世一身の法（723）を行ったのですが、あまり効果はありませんでした。しかも最終的に天皇の位をねらっているのではないかという謀反の疑いをかけられ、長屋王の変（729）で自害しました。この事件は光明子立后をたくらむ藤原氏が、長屋王を排除するために起こした事件と考えられています。その後、藤原四子（南家武智麻呂、北家房前、式家宇合、京家麻呂）は、しれっと不比等の子である光明子を立后してしまいます。しかし、その後四子ともども流行病の天然痘で病

> 光明子は聖武天皇の奥さんだよ。

死……。政権は橘諸兄へと引き継がれていきます。諸兄は皇族出身で、吉備真備と玄昉を政治顧問としました。農民たちの耕作に対するモチベーションをアップさせるために墾田永年私財法を行いましたが、これまた口分田収入が減少し、初期荘園が誕生することにつながってしまいます。

長屋王〜橘諸兄政権にかけて天皇を務めていたのは聖武天皇でした。聖武天皇は鎮護国家思想を唱えて、国分寺建立の詔（741）や大仏造立の詔（743）を出して、仏教の力を使って政治を行おうとしました。校倉造で有名な正倉院宝庫には彼の生前愛用した品々や美術工芸品が数多く保存されていますね。なお、大仏造営プロジェクトは聖武天皇の娘である孝謙天皇のときに大仏開眼供養（752）という形で結実しました。孝謙天皇は藤原仲麻呂とタッグを組んで政治を行っていたのですが、いきなり天皇を辞めて譲位してしまいます。仲麻呂はその後の淳仁天皇の下でも才覚を発揮し、「恵美押勝」という名前をもらいました。しかし、上皇となった孝謙が病気を道鏡に治してもらったことをきっかけに道鏡を寵愛してしまい、「私、もう一度天皇になって、道鏡と一緒に政治をしたい」と言い出します。藤原仲麻呂はこれを阻止するため挙兵しましたが破れて斬首となりました（藤原仲麻呂の乱）。

仲麻呂の死後、重祚した称徳天皇は道鏡と仲良く政治を行ったわけですが、今度は「次の天皇に道鏡を任命するわ」と言い出します……。そして、和気清麻呂に対して「宇佐八幡宮に次の天皇は道鏡にするようにという神のお告げがあったらしいから、アンタそれを確かめてきて」と命令しました。和気清麻呂は困ったでしょうね……。悩んだ挙句「天皇、確かめてきましたが、そんなお告げはありませんでした」と報告しました。ここで称徳天皇は道鏡を天皇にすることをあきらめ、彼女の死後に道鏡は即失脚……。こんな感じで仏教が腐敗し、政治の権力を握るまでの時代になってしまったことに強い危機感を覚えた藤原百川は、思い切って天武系から天智系に戻すことを決意し、高齢の光仁天皇を即位させました。

大仏造営の責任者として、当時の人気カリスマ僧の行基を起用した点も知っておこう。鑑真じゃないよ。鑑真は戒律を授ける僧として唐から来日した。唐招提寺を賜ったんだ。

PLAY&TRY

1. 「古事記」は、太安万侶が「帝紀」と「旧辞」を暗記し、それを稗田阿礼が筆録した。　　（東京都 R 1 改題）

　1. ×
　稗田阿礼→暗記、太安万侶→筆録である。

2. 校倉造で有名な正倉院宝庫には、白河天皇ゆかりの愛用品等が保存されている。　　（東京都 R 1 改題）

　2. ×
　聖武天皇の誤り。

3. 聖武天皇は鎮護国家思想に基づいて、各地に国分寺を建立させた。また、空也に大仏（盧舎那仏）造立の大規模事業を担当させた。　　（オリジナル）

　3. ×
　空也ではなく「行基」の誤り。空也は平安時代の僧で浄土教を広めた（市聖［いちのひじり］とも呼ばれた）。

4. 淳仁天皇の時代に、孝謙上皇は弓削氏の僧である道鏡を寵愛したため、僧の発言力が高まった。しかし、これに対しては藤原仲麻呂が反乱を起こし、道鏡の追放に成功した。　　（オリジナル）

　4. ×
　藤原仲麻呂は道鏡の追放に失敗した（藤原仲麻呂の乱）。

日本史

04

重要度★★　頻出度★★

平安時代

平安時代は、古代の中では一番出題されます。
テーマを絞りたい人は、平安時代だけつぶしておけばOKです。

1. 桓武天皇の政治

桓武天皇は、光仁天皇の息子です。桓武天皇は和気清麻呂の勧めで長岡京を捨てて平安京へ遷都しました。奈良時代のトラウマから、政治と宗教を分離し、密教、すなわち天台宗（最澄、比叡山延暦寺）や真言宗（空海、高野山金剛峯寺、即身成仏）を援助しました。この2つは山岳仏教で、都から離れた山里で修行をするので好都合だったのでしょう。班田制はそのまま励行しましたが、兵役システムを変えました。それが健児の制です。軍団の機能が低下したため、新たに郡司の子弟や有力志願農民などから構成する軍隊を編成し直したのです。これをもって胸をはって蝦夷征討事業に臨めるというわけです。征夷大将軍はかの有名な坂上田村麻呂ですね。俘囚の族長であるアテルイを降伏させ功績をあげました。鎮守府を多賀城から胆沢城に移転しました。どんどん北上していったわけですね。

> 造営責任者の藤原種継が暗殺されるという事件が起こり、不吉な予感がしたのだろうね。

> 坂上田村麻呂は非常に身分が低かったと言われているよ。

また、令外官である勘解由使を設置しました。勘解由使は、国司交替の際に不正が行われないようにチェックする役職です。後述しますが、嵯峨天皇の時の検非違使と間違えないでくださいね。「か」んむ天皇なので「か」げゆしです。

> 律令の令制に規定されていない新設の官職のことだよ。

桓武天皇の次の天皇は平城天皇です。この天皇は体調を理由にすぐに天皇の座を降りてしまいました。ところが、上皇になった途端あら不思議、体調が回復しました。そこで重祚しようと画策したのですが、それを手助けしたのが式家の藤原薬子・仲成兄妹でした。しかし、結局失敗に終わり（薬子の変）、式家は没落し代わりに藤原北家が台頭してきました。

2. 嵯峨天皇以後の政治

　嵯峨天皇は機密情報機関の蔵人所を設け、藤原冬嗣（北家）を蔵人頭に任じました。これはスパイ庁長官みたいな職で、反乱を未然に防ぐために置いたわけですね。また、京内の治安維持や裁判業務を行う検非違使を設置しました。

3. 藤原氏の摂関政治

　藤原良房（冬嗣の子）は、承和の変（842）で伴健岑・橘逸勢を流刑にしました。その後自分の孫を清和天皇として即位させ、事実上の摂政になります。そして、応天門の変（866）で伴善男に放火の疑いをかけて失脚させました。これにて初めて正式に摂政に就任しました。

　藤原良房の養子である藤原基経は、宇多天皇の下で関白に就任しました。ただ、宇多天皇の「阿衡に任ずる」という表現にブチ切れます。阿衡というのが単なる名誉職的意味合いがあったらしく、「俺に黙ってろとはいい根性しているじゃないか」と切れてしまったわけです。そして、基経は半年間ストライキを行いました（阿衡事件）。結局、宇多天皇が折れて、前言を撤回したわけですが、これを機に宇多天皇は基経のことが嫌いになり、菅原道真を重用するようになりました。

　宇多天皇は13歳の醍醐天皇に位を譲ります。その際に「道真を大切にしなさい」と伝えます。しかし、左大臣の藤原時平（基経の子）が、醍醐天皇に「道真が天皇を廃立しようとしている」との噂を流し、結局、菅原道真は大宰府に左遷されてしまいました（901、昌泰の変）。

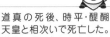

道真の死後、時平・醍醐天皇と相次いで死亡した。道真の祟りとされたため、これをおさめるために京に北野天満宮をつくったよ。

4. 承平・天慶の乱

　平将門は、関東の下総で「我こそ新皇なり」といって反乱を起こしました。平将門の乱です（935）。しかし、藤原秀郷と平貞盛に討たれました。一方、瀬戸内海では、藤原純友が海賊を率いて挙兵しました（藤原純友の乱）。純友は藤原氏なのですが、瀬戸内海の海賊の首領となっていたというわけですね。しかし、これも清和源氏の源経基に討たれました（939）。この２つの反乱を、承平・天慶の乱といいます。これは試験で出てくるので、まとめておきましょう。逆に覚えないで下さいね。

▶ 承平・天慶の乱

平将門の乱(下総)→藤原秀郷と平貞盛が鎮圧
藤原純友の乱(瀬戸内海)→源経基が鎮圧

5. 摂関政治の完成〜最盛期

　969年に安和の変が起こり、源高明が左遷されました。これにより北家による他氏排斥が完了し、以後摂関が常置されるようになりました。つまり、摂関政治が完成したわけですね。摂関政治の最盛期は11世紀前半です。藤原道長・頼通の時代です。外戚政治で力をふるいました。

ただ、頼通の時代になると、天皇に嫁がせた娘が男子を産まず、外戚政治が途絶えてしまうんだ。

6. 武士の台頭と院政

　8世紀以降拡大していた荘園は、厄介な「寄進地系荘園」へと変化していきました。こうして班田制は崩壊していきました。1052年は末法元年とされていて、仏法が衰えることを恐れた藤原頼通は宇治に平等院鳳凰堂を建てました(1053)。その後、藤原氏との関係の薄い後三条天皇が即位すると、天皇親政を開始しました。「藤原氏の力をそぎ落とすのは何のしがらみもない私しかいない」と思ったのでしょう。要職に藤原氏を起用せず、延久の荘園整理令(1069)を発布、記録荘園券契所を設置し、基準を満たさない荘園を全部没収しました。これはぶっちゃけ藤原氏の土地を奪うためにやったわけです。

中央貴族や大寺社に所領を寄進して自らは荘官として実質的に土地を管理するやり方だよ。

　続く白河天皇は堀川天皇に譲位し、自らは白河上皇となり院政を開始しました(1086)。僧兵対策として北面の武士を置き、平氏(平正盛、忠盛)を起用しました。試験的に重要なのは1156年の保元の乱と1159年の平治の乱です。次にまとめておくので必ず覚えておきましょう。超頻出です。

▶ 保元の乱と平治の乱

保元の乱 (1156)	皇位継承をめぐる後白河天皇と崇徳上皇の争い。 →平清盛、源義朝が後白河方につき、後白河天皇が勝利。
平治の乱 (1159)	平清盛と源義朝の争いで、清盛が勝利。政治の実権を握る。 →原因は、後白河上皇が清盛だけを出世させたため。義朝がブチ切れて 信西を襲い自殺させたことに清盛が反攻した。

　結果、平清盛は、後白河上皇の信任を得て武家初の太政大臣に就任しました（1167）。摂津（兵庫）の大輪田泊を改修し、日宋貿易を行うことで莫大な富を築きます。清盛は外戚政治を行うのですが、彼の死後、以仁王の令旨を皮切りに源氏の巻き返しにより平氏ともども海の藻屑となって消えていきました。一の谷の合戦や屋島の戦い、壇の浦の戦いと相次いで源義経に敗れてしまったわけですね。

> 日宋貿易で宋銭を輸入したんだ。これは鎌倉時代になっても続くよ。

> 義経は勝手に後白河法皇から冠位をもらったことで、兄である源頼朝と対立し、最後は全国指名手配から逃れて奥州平泉に逃げるんだけど、そこで万事休すとなった。匿うと約束していた藤原泰衡が裏切ったんだよね。

PLAY&TRY

1. 桓武天皇は、平城京を捨てて平安京に遷都し、国司
   交替事業を監督するために検非違使を、警察や裁判
   業務を行わせるために勘解由使を置いた。

   （オリジナル）

   1. ×
   長岡京を捨て平安京に
   遷都した。また、国司交
   替事業の監督→勘解由
   使、警察や裁判業務→検
   非違使である。なお、検
   非違使は嵯峨天皇が置
   いた。

2. 嵯峨天皇は、東北地方を支配するため、拠点として
   いた鎮守府を胆沢城から多賀城に移した。

   （オリジナル）

   2. ×
   桓武天皇は多賀城から
   胆沢城へ移した。

3. 桓武天皇に征夷大将軍に任命された坂上田村麻呂
   は、802年に胆沢城を造営し、鎮守府を多賀城から
   移した。 （オリジナル）

   3. ○
   そのとおり。
   802年のことである。

4. 応天門の変により、大納言伴善男が失脚し、藤原良
   房が正式に摂政となった。 （オリジナル）

   4. ○
   そのとおり。
   866年のことである。

5. 菅原道真は宇多天皇に重用されたが、藤原時平の陰
   謀で醍醐天皇によって大宰府に追放された。

   （オリジナル）

   5. ○
   そのとおり。
   昌泰の変という。

6. 藤原氏の摂関政治は、北家の藤原冬嗣とその子良房
   の時代に全盛期を迎えた。 （オリジナル）

   6. ×
   藤原道長とその子頼通の
   時代に全盛期を迎えた。

7. 藤原純友は、関東一円を支配し新皇と名乗ったが、
   これに対しては平貞盛と藤原秀郷が鎮圧した。

   （オリジナル）

   7. ×
   「藤原純友」ではなく「平
   将門」の誤り。

8. 保元の乱で後白河天皇と崇徳上皇が政治の実権をめ
ぐって争ったが、鳥羽法皇亡き後、平清盛や源義朝
は崇徳上皇方について、勝利をもたらした。

(オリジナル)

8. ×
後白河天皇方について、
勝利をもたらした。

9. 平清盛は武家初の太政大臣となり、摂津の大輪田泊
を改修して日宋貿易を始めた。　(オリジナル)

9. ○
そのとおり。
日宋貿易で莫大な利益を
得た。

私の中では、
平安時代といえば
十二単と光源氏

05

重要度 ★★★　頻出度 ★★★

鎌倉時代

鎌倉時代はラッキー問題が多く、執権を覚えておけば大丈夫です。
気合を入れて1点取りに行きましょう。

1. 鎌倉幕府の成立

　源頼朝は平氏と戦う中で統治機構を徐々に整備してい
きました。そして、1192年に後鳥羽天皇から征夷大将軍
に任命されました。最初のうち、鎌倉幕府は朝廷と仲良
くやっていたみたいです。しかし、3代目の源実朝が甥

鎌倉幕府は財政的には潤っていた。関東御領（将軍家の所領）と関東御分国（将軍に付与された知行国）がたくさんあったからだ。

の公暁に殺されてからは、朝廷は幕府に対して不信を抱くようになりました。というの
も、実は実朝は右大臣まで出世していて、和歌を通じて後鳥羽上皇と仲良くしていたわ
けです。その実朝が殺された……。自分の親友が政治のドロドロに巻き込まれて殺され
たと聞けば、誰もが「幕府は何をやっているんだ！」と思いますよね。そこで、ついに
1221年、承久の乱が起こってしまうわけです。上皇方は西面の武士を置いて軍事力を強
化し、2代執権の北条義時追討の院宣を出しました。この時、義時は朝敵になることを
恐れて何もできず、代わりに姉の政子が御家人たちをまとめたといいます。この戦は結
局、幕府側の勝利に終わり、後鳥羽上皇は隠岐へ島流し
となりました。以後、このような反乱が起きないように
と、京都には六波羅探題が設置され、上皇方から奪った
没収地には新補地頭が配置されました。

守護と地頭を比べた場合、鎌倉時代は公領・荘園の年貢の徴収と納入を任されていた地頭が力を握った。後に地頭請や下地中分などで実力がさらに向上したよ。

2. 執権政治

　鎌倉時代は、源氏の将軍は3代で途絶え、その後は形ばかりの藤原将軍や皇族将軍な
どが続きます。実権は全て執権に移ったわけです。初代執権の北条時政は、乱暴な政治
を行ったため、政界を追われました。続く2代執権義時は、結構ビビりだったという話
をしましたね。3代執権以降は表にしてまとめておきますので、キーワードに反応でき

るようにしてください。

▶ 試験に出たことのある執権

3代執権 北条泰時	執権を補佐する連署を設置し、政務を合議で進めるための機関として評定衆を設置した。さらに御成敗式目を制定(1232)して、頼朝以来の先例や武家の道理を明らかにした(御成敗式目は武家のみに適用された初めての武家法)。	泰時は、自らの権力の暴走に歯止めをかける仕組みとして、連署や評定衆、御成敗式目を制定したとみることもできるね。合理的な判断ができる人だったみたいで、武家からも公家からも人気があったらしいよ。
5代執権 北条時頼	北条氏に対抗する有力御家人三浦泰村を滅ぼした(1247、宝治合戦)。一方で、所領を巡る訴訟専門機関として引付衆を設置。	土地は武士の世界では命を懸けて守り抜くかけがえのない存在だった。一所懸命という言葉が生まれたくらいだからね。ただ、鎌倉時代は分割相続が採用されていたので、どんどん細分化されていき貧しくなっていった。
8代執権 北条時宗	文永の役(1274)と弘安の役(1281)という元寇が発生した。文永の役の後に石塁や異国警固番役を設置した。御家人に対する恩賞がなかったため(もともと分割相続で苦しかったのに加え)、御家人の不満が高まった。	
9代執権 北条貞時	得宗の御内人である内管領平頼綱が有力御家人安達泰盛を滅ぼした(1285、霜月騒動)。得宗専制政治を確立した。九州の御家人の総括や、元の再来に備えて鎮西探題を設置した(1293)。御家人を救うために永仁の徳政令を出したが失敗した(1297)。	

3. 鎌倉文化

　鎌倉時代は、宋や元などから盛んに中国文化が輸入されました。文学作品としては、山家集（西行）、新古今和歌集（藤原定家）、金槐和歌集（源実朝）、方丈記（鴨長明）、平家物語、愚管抄（慈円）などが有名です。三斎市や見世棚が生まれ、運送業者問丸が活躍、貨幣経済が浸透した時代でもありました。当時は宋銭を輸入していて、国産通貨がつくられていたわけではないので注意しましょう。

日本は958年の皇朝十二銭の最後「乾元大宝」以降、国産通貨をつくらなかった。宋銭や明銭などの渡来銭を輸入していたんだ。江戸時代になって、ようやく金座・銀座ができたよ。

最後に鎌倉仏教をまとめておきます。文化史の中では一番出題されますので、必ず押さえておきましょう。ポイントは禅宗（臨済宗と曹洞宗）が流行ったという点ですね。

▶ 鎌倉仏教

浄土宗（法然）	専修念仏（南無阿弥陀仏）、他力本願、知恩院、『選択本願念仏集』
浄土真宗（親鸞）	念仏は唱えなくてもよい、絶対他力、悪人正機説、『教行信証』、『歎異抄』（弟子の唯円）
時宗（一遍）	遊行上人、踊念仏
日蓮宗（法華経）（日蓮）	題目（南無妙法蓮華経）を唱える、他宗排斥を行った、『立正安国論』
臨済宗（栄西）	座禅を組んで師から与えられる問題「公案」に答える、幕府の帰依を受ける、『興禅護国論』
曹洞宗（道元）	ただひたすら座禅を組む（只管打坐）、『正法眼蔵』

PLAY&TRY

1. 源頼朝の死後、将軍の後継者をめぐる兄の頼家と弟の実朝との争いによって鎌倉幕府が分裂すると、後鳥羽上皇は幕府打倒を目指し承久の乱を起こした。しかし、執権の北条氏らは、乱を短期間のうちに鎮圧し、幕府はこの後、侍所、問注所などの機関を設置し勢力基盤を強化していった。　　　（国税専門官H28）

   1. ×
   頼家と実朝の争いによって鎌倉幕府が分裂した事実はない。また、侍所や問注所は源頼朝の時代に設置された。

2. 北条義時は、後鳥羽上皇が起こした承久の乱を鎮圧した後、鎮西探題を設けて朝廷の監視や西国の御家人を統率した。　　　　　　　（特別区H17改題）

   2. ×
   六波羅探題の誤り。

3. 3代執権北条泰時は、執権の補佐役である連署を置き、評定衆による合議に基づく政治を行った。
   　　　　　　　　　　　　　　　（特別区H17改題）

   3. ○
   そのとおり。
   御成敗式目の制定も併せて覚えておこう。

4. 北条時頼は、有力御家人の安達泰盛を破り、北条氏一門である御内人が政治を主導する得宗専制体制を築いた。　　　　　　　　　　（特別区H17改題）

   4. ×
   北条貞時の誤り。

5. 北条貞時は、所領を巡る裁判を公正に行うため、引付衆を置いた。　　　　　　　　（特別区H17改題）

   5. ×
   北条時頼の誤り。

6. 北条時宗は、文永の役の後、九州北部の要地を防衛するために鎮西探題を設置した。　（特別区H17改題）

   6. ×
   異国警固番役の誤り。

7. 13世紀後半、元のフビライ＝ハンは、日本に朝貢を求めたが、北条時宗はその要求に応じなかった。元は、文禄の役、慶長の役と二度にわたって日本に兵を派遣したが、高麗や南宋の援軍を得た日本軍は、集団戦法や火薬で圧倒し、元軍を二度とも退けた。

(国税専門官R1)

7. ×
文永の役、弘安の役の誤り。また、集団戦法や火薬を使ったのは元軍である。

8. 北条貞時は、1297年に永仁の徳政令を出した。これにより、御家人が手放した土地の無償返還を認め、金銭貸借訴訟も受け付けないこととなった。

(オリジナル)

8. ○
そのとおり。
分割相続や元寇などの影響で、貨幣経済に苦しむ御家人を救済するために発した。

9. 鎌倉時代は、地頭請や下地中分などにより、次第に地頭の力が強まっていった。 (オリジナル)

9. ○
そのとおり。
地頭請は、地頭に荘園の支配権を与え年貢の納入を請け負わせる仕組み。下地中分は荘園領主と地頭で支配権を2つに分ける仕組み。

10. 鎌倉時代は、958年に鋳造された乾元大宝以来となる国産の通貨を発行して貨幣経済を推し進めるとともに、従来の禅宗に代わる新しい仏教が現れた。

(オリジナル)

10. ×
国産通貨は発行されていない。宋銭を輸入していた。また、鎌倉仏教の特徴は臨済宗や曹洞宗などの禅宗が流行った点にある。

06

室町時代・戦国時代

意外と公務員試験では出題されるこの2つの時代。
基本事項の確認を怠らなければ解ける問題がほとんどです。

1. 建武の新政

　14代執権の北条高時は闘犬が好きで政治には無頓着
でした。そこで、その弱体をついて後醍醐天皇が正中の
変（1324）や元弘の変（1331）のクーデタを起こしま
すが、ばれてしまいます。ただ、足利尊氏の協力を得な
がら、鎌倉幕府を倒しました。後醍醐天皇は「建武の新
政」という摂政・関白を否定する生粋の天皇親政を開始し、中央政府機関として記録所
（重要政務）、雑訴決断所（所領関係の裁判）、恩賞方、武者所（軍事）などを配置しま
した。しかし、武士の本領安堵を図らず、慣習を無視し、
恩賞も不足していたなど、公家中心の政治であったため
反発にあいすぐに瓦解してしまいます。

　その後、足利尊氏は、持明院統の光明天皇を立てて17
条から成る建武式目をつくり、ついに1338年に征夷大
将軍に任命され、室町幕府を創設しました。尊氏は優秀な弟である足利直義とタッグを
組んで政治を行っていくわけですが、途中で仲が悪くなってしまい
ます。原因は執事の高師直と直義との対立の際に尊氏が高師直の方
に肩入れをしたことにありました。最終的には直義が南朝の協力を
得て奈良で挙兵事態となります。この兄弟げんかを観応の擾乱とい
います。結局尊氏が勝ったのですが、昔の兄弟げんかはひどいものですね……。その後、
尊氏は東国支配の拠点として鎌倉府を置き、初代鎌倉公方
に足利基氏を任命しました。

　室町幕府は、ボロボロになった鎌倉幕府を倒してつくっ
たので、財政的には万年厳しい状態にあったようです。そ

足利尊氏はもともと北条高時から
一文字もらって、「高氏」だった。し
かし、その後後醍醐天皇の皇太子
時代の「尊治」から一文字もらって
「尊氏」に変わったんだ。幕府側か
ら天皇側に寝返ったんだね。

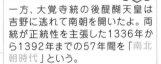

一方、大覚寺統の後醍醐天皇は
吉野に逃れて南朝を開いたよ。両
統が正統性を主張した1336年か
ら1392年までの57年間を「南北
朝時代」という。

南北朝時代には、北
畠親房が南朝の正
当性を『神皇正統
記』で主張したよ。

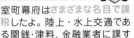

室町幕府はさまざまな名目で課
税したよ。陸上・水上交通であ
る関銭・津料、金融業者に課す
倉役・酒屋役などが有名だね。

こで、年貢の徴収をしっかりとやって北朝の再建を図りたい、そんな思いから地方の有力守護に荘園・公領の年貢を半分徴収する権利を認めました。これを半済令といいます。最初は近江・美濃・尾張の３国のみでしたが、これを全国に適用するようになりました。しかし、これが守護の台頭を招くきっかけになりました。いわゆる「守護大名」というやつですね。鎌倉時代は地頭が強かったのですが、室町時代は守護がどんどん強くなり、地頭を吸収してしまうのです。

2. 南北朝の合一

　３代将軍足利義満の時代に、南朝の後亀山天皇から北朝の後小松天皇に譲位させ、南北朝を合一しました（1392）。また、明からの倭寇取締りの要求にこたえて、義満は、明と貿易を開始（1404）しました。これが勘合貿易というやつです。ですが、この貿易は朝貢形式であったため、一時４代将軍足利義持の時代に中断されたこともありました（1432年に６代将軍足利義教によって再開）。倭寇がらみでいうと、李氏朝鮮が対馬を倭寇の本拠と勘違いして、攻めてきたことがありましたね。これを応永の外寇といいます（1419）。

足利義満と明の永楽帝の間で開始された。「勘合」という合い札を使ったのでこう呼ばれるよ。銅や刀剣・漆器・硫黄などが輸出され、銅銭や生糸・絹織物などを輸入したよ。

　政治組織は、将軍補佐として管領を置きました。管領は細川・斯波・畠山の足利一門（三管領）に独占されていました。また、侍所の長官である所司も京極・山名・赤松・一色の四職が担当していました。

3. 一揆

　一揆が起こるようになった背景には、惣、あるいは惣村（農民の自治組織）の力が上がってきた点を挙げることができます。鎌倉時代後期から農民が年貢の減免などを求めて強訴や逃散を繰り返すようになり、室町時代になると徳政を求めて各地で武装蜂起するようになったわけです。次にまとめてみます。

正長の土一揆 （1428）	近江坂本の馬借が蜂起したことから始まった。幕府の代わりに領主などが徳政令を出した（私徳政）。	
嘉吉の土一揆 （1441）	くじで選ばれた６代将軍足利義教が嘉吉の乱で播磨の守護赤松満祐に暗殺されたため、代替わりの徳政を求めて起こった。幕府は正式な徳政令を出した。	この人は、パワハラ政治（恐怖政治）で有名だよ。鎌倉公方足利持氏を自害にまで追い込んだ。
山城の国一揆 （1485）	南山城の国人（在地の武士）や土民が蜂起して、畠山氏を追いやった。以後月行事（三十六人衆）を置いて８年間自治を行った。応仁の乱が終わったのに畠山氏が家督争いをやめなかったのが原因。	
加賀の一向一揆 （1488）	本願寺門徒が守護の富樫政親を倒した。約100年にわたり自治支配を行った。蓮如の布教がきっかけと言われる。	

4. 応仁の乱

　応仁の乱は、1467年から1477年まで11年間に及んで京都を中心に繰り広げられた東西を二分する戦いです。８代将軍足利義政の継嗣問題や斯波・畠山氏の家督争い、さらには細川勝元と山名持豊（宗全）の対立などが複合的に絡み合って

当時は相続が単独相続だったので、誰が相続するかでもめたんだね。鎌倉時代の分割相続と区別しておこう。

起こりました。義政には日野富子という奥さん（正室）がいますが、２人の間にはなかなか男子が生まれず、将軍後継者を誰にするかで頭を悩ませていました。結局、出家していた義政の弟の足利義視にお願いし、還俗して将軍後継者となってもらうことになりました。しかし、その後義政・富子の間に足利義尚という男子が生まれます。当然、富子はわが子を将軍に、という思いが強くなりますよね。そこで義視を将軍後継者から外そうとしたわけです。さすがの義視もこれには「わざわざ還俗までして引き受けたのにふざけるな」とキレてしまい、応仁の乱へと突入してしまうのです。応仁の乱の勢力関係は次のとおりです。簡単に目を通しておきましょう。

▶ 応仁の乱の勢力図

西軍	東軍
日野富子、足利義尚（義政と富子の子）	足利義視（義政の弟）
山名持豊（宗全）	細川勝元
畠山義就	畠山政長

戦況としては、途中で義視が西軍に寝返ったため大混乱になります。またこの戦いのキーとなる山名持豊と細川勝元の２人が相次いで病で死んでしまい、直後に義尚が９代将軍となることが決まりました。こんな感じでダラダラと明確な勝敗もつかずに応仁の乱は終わっていきます。ただこれが時代の潮目となったことは間違いありません。なぜなら、その後は群雄割拠の戦国時代に突入したからです。

5. 戦国時代

各戦国大名は、独自の分国法を制定し統治を開始しました。これを分国統治といいます。分国法には伊達氏の「塵芥集」、武田氏の「甲州法度之次第」などがあります。戦国時代の戦いとして覚えておいた方がいいのは「川中島の戦い」くらいですね。この戦いは、越後の上杉謙信と甲斐の武田信玄が５回にわたって戦ったというものです。結局決着はつかず両者はその実力を認め合うことになりました。

各戦国大名は、家臣を城下町に住まわせ、商業を活性化しました。自由な商売を認める楽市・楽座を実現する大名も出てきます。また、戦国大名は、地侍を家臣団化・組織化し、寄親・寄子制を敷いて擬制的な親子関係をつくり出しました。そして、家臣に対しては、貫高制によって、収入を銭で換算し、所得を保障したのです。つまり、土地や人民は全て大名が握ったままだったということですね。

> 所領の貫高を決めるために家臣たちに土地の面積や収穫量などを調査・報告させたのが指出見地だよ。

PLAY&TRY

1. 後醍醐天皇は、公家と武家とを統一した新しい政治を目指して建武の新政を開始し、京都に記録所などの諸機関を置くとともに地方には国司と守護を併置した。しかし、新政権の人事、恩賞の配分、所領紛争の裁定などにおいて公家偏重の方針がとられたため多くの武士の不満を引き起こした。

   （国税専門官 H28）

   1. ○
   そのとおり。
   建武の新政は短命に終わった。

2. 足利尊氏は、北朝に持明院統の光厳天皇を即位させ、光厳天皇より征夷大将軍に任命され、室町幕府を開いた。 （特別区 H27改題）

   2. ×
   光明天皇の誤り。

3. 室町時代の初期には、吉野の南朝と京都の北朝との間で天皇の地位をめぐる争いが激化したため、幕府の調停によって南朝と北朝が交互に皇位に就くという、いわゆる両統迭立の状況となった。その後、将軍足利義政は、南朝の後亀山天皇が北朝の後小松天皇に譲位する形で南北朝の合一を実現させた。

   （国税専門官 H28）

   3. ×
   南北朝の合一を実現したのは、足利義満である。

4. 大覚寺統の光明天皇により京都を追われ吉野に逃れた後醍醐天皇は、南朝を開いた。これに対して、北畠親房は『神皇正統記』を著して北朝の正統性を主張した。 （オリジナル）

   4. ×
   光明天皇は持明院統である。また、『神皇正統記』は南朝の正統性を主張したものである。

5. 足利義持は、半済令を出して、守護に荘園や公領の年貢の半分を兵粮米として徴収する権限を与えた。これにより守護が力を伸ばし、やがて守護大名とよばれるようになった。 （特別区 H27改題）

   5. ×
   半済令は、事実上足利尊氏が出した。

6. 足利義満は、管領を設けて将軍を補佐させたが、管
   領には足利一門の一色、山名、京極の3氏が交互に
   任命された。　　　　　　　　　　　（特別区H27改題）

6. ×
細川、斯波、畠山の3氏
の誤り。

7. 15世紀初め、国内を統一した足利義満は、対等な通
   交を求めてきた明に使者を送り、国交を開いた。こ
   の日明貿易では、正式な貿易船と海賊船とを区別す
   るために勘合という証明書が用いられ、その後、16
   世紀半ばまで、室町幕府が貿易の実権を握った。
   　　　　　　　　　　　　　　　　　（国税専門官R1）

7. ×
日明貿易は対等な通交で
はなく、朝貢貿易である。

8. 足利義教は、鎌倉公方の足利基氏を自害に追いやる
   など強権的な政治を行ったが、有力守護の赤松満祐
   に暗殺された。　　　　　　　　　　（特別区H27改題）

8. ×
足利義教が自害に追い
やったのは足利持氏であ
る。

9. 応仁の乱は、足利義政の弟の義尚を推す日野富子
   と、義政の子の義視の将軍継嗣争いに、幕府の実権
   を握ろうとしていた細川勝元と山名持豊が加わり起
   こった。　　　　　　　　　　　　　（特別区H27改題）

9. ×
義尚が子、義視が弟であ
る。

10. 応仁の乱が広がりを見せた背景としては、武士社会
    の相続法が単独相続から分割相続へと変化したこと
    が挙げられる。　　　　　　　　　　　（オリジナル）

10. ×
分割相続から単独相続へ
と変化したことが所領を
巡る争いを激化させた。

11. 戦国大名は、関所を設けたり座を結成させたりして
    交流や物流を厳しく制限した。　　　　（オリジナル）

11. ×
楽市・楽座により、商業
を円滑化した。

12. 戦国大名は、地侍を家臣化し、鉄砲や長槍などの新
    しい武器を使った集団戦を可能にした。また、家臣
    の収入を銭に換算し、貫高制を実施した。
    　　　　　　　　　　　　　　　　　（オリジナル）

12. ○
そのとおり。
地侍を家臣化して親子関
係を結ばせた。これを寄
親・寄子制と呼ぶ。

13. 甲斐・信濃の武田信玄は、川中島の戦いで越後の上杉謙信を破った。
　　　　　　　　　　　　　　　　　（オリジナル）

13. ×
川中島の戦いでは決着がつかなかった。

14. 15世紀前半、将軍の空位という政治的混乱に乗じて、下総の民衆が正長の徳政一揆（土一揆）を起こした。民衆の代表者であった佐倉惣五郎は、民衆の要求を幕府に直訴し、借金の帳消しを平和的に認めさせた。
　　　　　　　　　　　　　　　（国税専門官Ｒ２）

14. ×
正長の土一揆は、畿内で起きた徳政一揆である。また、佐倉惣五郎は、江戸時代前期の人物で、百姓一揆の指導者である。

15. 15世紀後半、山城南部の国人らが、領地争いを続ける源氏・平氏双方の国外退去を求めて国一揆を起こした。しかし、両氏は要求を拒否し、一揆を結ぶ国人らを味方にしようとする動きを活発化させたため、国人らは足軽となって分裂し、翌年に一揆は崩壊した。
　　　　　　　　　　　　　　　（国税専門官Ｒ２）

15. ×
畠山義就と畠山政長の対立が続いたため、両氏を追い払った。その後、約8年間にわたり自治を行った。これが山城の国一揆である。

婆娑羅大名

「戦国大名」よりも「ばさら大名」の方が破天荒？

　「戦国大名」は、応仁の乱後の群雄割拠の時代を生き抜いた大名です。幕府の権力とは一線を画し、独立した支配を領域内に及ぼしました。その魅力はしばしば大河ドラマなどでも描かれていますよね。ちなみに、私は東国最初の戦国大名、北条早雲が好きです。北条氏は、室町幕府の御家人であった伊勢氏の一族らしく、鎌倉時代の北条氏とは関係ないので「後北条氏」などと呼ばれることもあります。一方、それよりずっと昔の南北朝時代にブームになったのが「ばさら大名」です。華美な衣装を好み、身分や秩序は完全に無視、公家の権威すらあざ笑い、その傍若無人な振る舞いで人気を集めた大名です。破天荒度合いでいうと、戦国大名をはるかに上回っていました（笑）。当時の建武式目では、ばさらは禁止されていたほどですからね。この代表選手が高師直や佐々木道誉などです。ただ、これらのばさら大名は戦にめっぽう強かったので、時の権力者も口を出せなかったようです。いつの時代も破天荒な人はいるものです。

07

安土桃山時代

意外と出題される織豊政権ですが、多くの人がなじみのあるテーマであるがゆえに
得点はしやすいのではないでしょうか？　1点ゲットしましょう。

1. 鉄砲とキリスト教の伝来

　戦国時代には鉄砲とキリスト教が伝来しました。そして南蛮貿易が栄えます。鉄砲と
キリスト教のルーツは違うので区別して覚えましょう。

▶伝来ルーツの違い

鉄砲	1543年に中国船が種子島に漂着し、乗船していたポルトガル人が領主の種子島時堯に2挺売った。→近江の国友、和泉の堺、紀伊の根来・雑賀などで大量生産される。
キリスト教	1549年にスペイン人のイエズス会宣教師ザビエルが鹿児島に上陸し、九州・中国地方で2年間布教した。大内義隆（山口）や大友義鎮（大分）の保護を受けた。

　キリスト教は、仏教勢力に対抗するために、織田信長も
支援しました。各地のキリシタン大名（大友、有馬、大村
等）は、宣教師ヴァリニャーニの勧めにより少年たちをロー
マ教皇の下に派遣しました（1582）。これを「天正遣欧使
節」といいます。

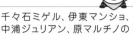

千々石ミゲル、伊東マンショ、
中浦ジュリアン、原マルチノの
4人の少年を派遣した。

2. 織田信長の時代

　織田氏は尾張の守護斯波氏の守護代でしたが、信長の時代に天下統一に向けて先頭に
立ちました。次に功績をまとめていきます。

▶ 織田信長の功績

1560年	駿河の今川義元を破る(桶狭間の戦い)
1568年	足利義昭を擁立して京都に入り、15代将軍にする→南蛮貿易と鉄砲生産で栄える堺の支配権を認めてもらう(直轄地にする)
1570年	浅井長政と朝倉義景の連合軍を撃退した(姉川の戦い)
1571年	比叡山延暦寺を焼き討ちにする
1573年	15代将軍の足利義昭を京都から追放し、室町幕府をつぶす
1575年	徳川家康と一緒に武田勝頼の騎馬隊を鉄砲隊で撃破する(長篠の戦い)
1580年	11年間争っていた石山本願寺と和睦し、顕如を大阪から排除する(石山合戦の終結)。約100年続いた加賀の一向一揆を制圧
1582年	京都本能寺で家臣の明智光秀に追い詰められて、自害する(本能寺の変)

　信長は、楽市・楽座を実施したり、関所を撤廃したりしました。また、指出検地を実施しました。

3. 豊臣秀吉の時代

　豊臣秀吉は全国統一をした人物なので、そこまでの流れが出題されます。次にまとめてみます。

▶ 豊臣秀吉の全国統一

1582年	信長の死を知り、毛利氏討伐をやめて京都に向かう。そして、明智光秀を討つ(山崎の戦い)
1583年	信長の重臣であった柴田勝家を討つ(賤ケ岳の戦い)
1584年	徳川家康と戦い、和睦した(小牧・長久手の戦い)
1585年	長宗我部元親を破り四国を平定した。正親町天皇から関白に任じられ、全国の大名に停戦を命じ、領国の確定をする権限をもらう(惣無事令)
1586年	後陽成天皇から太政大臣に任じられる

1587年：大村純忠が長崎をイエズス会の教会に寄付していたことに怒り、バテレン追放令を出して、キリスト教の宣教師を国外に追放した。ただし、南蛮貿易は禁止せず海外貿易は奨励した

1590年：惣無事令に違反したことを理由に北条氏政の小田原城を攻め滅ぼす。伊達政宗も上洛し、全国統一を果たす

　全国統一後の秀吉は指出見地の方式を採らず、太閤検地を実施しました。枡を京枡に統一して、石高を定めたわけです（石高制）。また、身分統制令（1591）を出して兵農分離を徹底しました。貿易は朱印船貿易を始めた点が大切です。これは次の徳川家康も継承していきますからね。ただ、残念なのが、文禄・慶長の役です。朝鮮に入貢と明へ出兵するための先導を求めましたが、朝鮮がこれを拒んだため、朝鮮に出兵しました。しかも２度も……。文禄の役は李舜臣（りしゅんしん）の朝鮮水軍に苦戦し休戦、慶長の役は秀吉の病死により朝鮮と和睦して撤兵しました。秀吉は、幼い息子の秀頼を残して死んでゆくわけですが、息子の時代が安定するように、と五奉行・五大老の政治組織を敷きました。石田三成らの五奉行と徳川家康らの五大老を置き、合議制を採用したわけですね。

検地帳に耕作している農民の田畑と屋敷地を登録し（一地一作人）、荘園制を完全に崩壊させたんだ。

五奉行は、秀吉の信任の厚い有力家臣で、五大老は秀頼を補佐してくれそうな有力大名で構成されていたよ。ただ、秀吉の死後、徳川家康が暴走するようになるんだけどね。

PLAY&TRY

1. 織田信長は、桶狭間の戦いで武田氏を破り、京都入りした後は大名に停戦を命じ、領国の確定の裁定を任された。　　　　　　　　　　　（オリジナル）

1. ×
桶狭間の戦いで今川義元を破った。また、惣無事令は豊臣秀吉が出したものである。

2. 織田信長は、1570年の姉川の戦いで浅井・朝倉連合軍を破り、1573年には足利義昭を京都から追放し室町幕府を滅亡させた。　　　（特別区 H29改題）

2. ○
そのとおり。
室町幕府に終止符を打ったのは織田信長である。

3. 天下統一を目指した織田信長は、足利義昭を追放して室町幕府を滅ぼした。一方、自らの権威を確立するために朝廷に接近し関白や太政大臣に任ぜられるとともに、後陽成天皇を招いて、配下の諸大名に天皇と信長に対して忠誠を誓わせるなどした。

（国税専門官H28）

3. ×
関白や太政大臣に任ぜられたのは豊臣秀吉である。

4. 15世紀後半、加賀国で勢力を伸ばした一向宗の門徒が国人らと結んで一向一揆を起こし、加賀国の守護大名を倒した。これ以降、加賀国では、織田信長に制圧されるまでの間、一向宗の門徒が国を治めた。

（国税専門官R2）

4. ○
そのとおり。
約1世紀にわたって自治を行った。

5. 16世紀半ばに始まった南蛮貿易では、主に、銅銭、薬草、生糸などを輸入し、刀剣、銅、硫黄などを輸出した。南蛮船で日本に来たキリスト教の宣教師は、布教活動を行ったが、キリスト教信者の増大を警戒した九州各地の大名によって国外に追放された。

（国税専門官R1）

5. ×
バテレン追放令を出したのは、九州各地の大名ではなく、豊臣秀吉である。

6. 豊臣秀吉は、バテレン追放令を出してキリスト教を布教する国との貿易を全面的に禁止した。また、明に大軍を派遣して2度にわたって戦った。

（オリジナル）

6. ×
バテレン追放令は、貿易を禁止するものではない。また、軍を2度にわたって派遣したのは、朝鮮である。

7. 豊臣秀吉は、五奉行・五大老を置き政務の分掌をはかり、文禄・慶長の役では五奉行を派遣した。秀吉亡き後は、徳川家康が、石田三成らを関ヶ原で破り、豊臣家を名実ともに滅ぼした。

（オリジナル）

7. ×
朝鮮に出兵したのは五奉行ではない。加藤清正や小西行長らが派遣された。豊臣家が滅びるのは1615年の大坂夏の陣である。

08

江戸時代(1)

江戸時代は近世の中では一番出題されます。
まずは3代将軍家光の時代の幕藩体制の確立までの流れをざっくり押さえましょう。

1. 江戸幕府の成立

　1600年に関ヶ原の戦いが起こり、徳川家康率いる東軍が石田三成率いる西軍（毛利輝元が大将）を1日足らずで破りました。家康は1603年に征夷大将軍に任命され、江戸幕府を開くことになります。ただ、1605年には早々と息子秀忠に征夷大将軍の座を譲り、自分は駿府で大御所として実権を握るようになりました。

> これからは世襲で世を動かしていくという強いメッセージが込められているんだ。

　関ヶ原の戦いで西軍を破った後も、豊臣家は大大名として残ったため、これが徳川政権を安定的に根付かせるうえで邪魔だと思ったのでしょうか。幕府は1614年に豊臣氏が建立した京都方広寺の鐘銘にいちゃもんをつけて大坂冬の陣を始めます。翌1615年の大坂夏の陣で豊臣家を完全に滅ぼしました。

　そして、諸大名に対し，居城以外のすべての城の破却を命じ（一国一城令）、その後、武家諸法度（元和令）で城の無断修補と新城建築を禁止しました。さらに禁中並公家諸法度（これも金地院崇伝が起草）をつくって、天皇の譲位や即位に至るまで厳しい統制を加えたわけですね。天皇家に対して幕府がああしろ、こうしろという統制を加えるのは極めて異例ですね。

> 元和令は、家康の命で金地院崇伝（臨済宗の僧で家康の政治顧問）が起草し、これを秀忠の名で出した（家光以降も将軍代替わりごとに繰り返し発布）。ちなみに福島正則は勝手に城を修理して改易された……。

　寺院勢力に対しては、寺院法度を発布して、こちらもやはり統制しました。後々、1665年には、寺だけでなく神社も加えて各宗共通の諸宗寺院法度と神社・神職統制のための諸社禰宜神主法度が出されることになりますね。

2. 幕藩体制の確立

　権力のあるところにことごとく圧力をかけていった徳川政権なのですが、これには徐々にフラストレーションがたまってきます。そして、ついに1629年に紫衣事件が起こってしまいました。後水尾天皇が禁中並公家諸法度に違反し、勝手に僧侶に紫衣を与えてしまったのです。幕府はこの紫衣の授与を無効としたため、後水尾天皇は自らの権力に制限をかけられたことにショックを受け、退位してしまいました。そして２代将軍秀忠の娘和子と後水尾天皇の子を明正天皇として即位させました。

　1635年には３代将軍の徳川家光が、新たな武家諸法度（寛永令）を発布（林羅山が起草）し、すべての大名に参勤交代を義務付けました。内容としては国元と江戸を１年交代で往復するというもので、しかも江戸在住の費用も大名負担、妻子は人質として常に江戸在住というかなり厳しいものでした。加賀藩は１回につき片道４億円（諸説あり）かかったとか……。

　大名は、親藩（徳川一門の紀伊、水戸、尾張の御三家）、譜代（三河以来の家臣）、外様（関ヶ原以降の家臣）に分けられ、外様は九州や東北などの遠い地に置かれました。統治組織としては、大老は臨時職なので常置ではありません。基本政務は老中が中心で、若年寄がその補佐をしていました。そして、老中の下に大名を監視する大目付、若年寄の下に旗本を監視する目付が置かれました。また、三奉行が力を持ったようですね。寺社奉行、勘定奉行、江戸町奉行の３つです。これらの要職は譜代大名と直参（旗本や御家人）が月番交代で担当し、地方には朝廷や西国の大名の監視役として京都所司代が置かれました。譜代大名は当時、超エリート公務員みたいな扱いを受けていたようです。

> 側用人という職もあったよ。将軍に近侍する人（側近）で、老中に次ぐポストってイメージだ。

3. 鎖国までの流れ

　江戸時代といったら鎖国ですが、いきなり鎖国になったわけではありません。1600年にオランダ船リーフデ号が豊後の海岸に漂着した際には、船に乗っていた水先案内人のウィリアム・アダムズ（三浦按針）と航海士ヤン・ヨーステンを徳川家康は外交・貿易顧問として雇っています。また、秀吉の時代に開始した朱印船貿易も継承・発展させました。ただ、貿易関係では、ポルトガルとの関係で糸割符制度を開始した点を覚えて

> 朱印船貿易は、対東南アジア、南蛮貿易は、対ポルトガル、スペインとの貿易だよ。

おくべきでしょう。当時、ポルトガルは中国と日本の生糸貿易を仲立ちしていました。ところが、個々別々の商人がポルトガルと取引をしたので、せりの原理でどんどん生糸の値段が吊り上げられてしまったわけです。これはマズイと考えた幕府は、糸割符仲間（五か所商人）とよばれる特定の商人だけに生糸の一括取引を許しました。こうして、生糸の値段を下げたのです。ポルトガル商人は大打撃を受けたようですが、日本の商人を守るための措置なので仕方ありません。

　次に、鎖国までの流れを簡単に年表方式でまとめておきます。ざっと目を通しておきましょう。キーになってくるのは島原の乱です。

▶ 鎖国までの流れ

1612年：	家康が禁教令を出す。当初は天領（直轄領）のみであったが、翌年には全国に適用した
1623年：	イギリスが平戸より撤退
1624年：	スペイン船の来航を禁止
1633年：	鎖国令①→奉書船（老中奉書という許可状を受けた船）以外の日本船の海外渡航を禁止
1635年：	鎖国令②→日本人の海外渡航と帰国を禁止
1637年：	島原の乱。天草四郎を指導者として３万7000人が原城に立てこもって応戦した。譜代大名の板倉重昌が戦死しおさえきれず……。幕府は指揮官として、老中の松平信綱を派遣し、兵糧攻めでやっとのことでおさめる
1639年：	ポルトガル船の来航を禁止
1641年：	オランダ商館を平戸から出島に移転

　これ以降、幕府は、長崎（オランダ・清）、対馬藩（李氏朝鮮）、薩摩藩（琉球）、松前藩（アイヌ）で交易を続けました。オランダ以外の諸国との交易を絶ったわけではないので注意しましょう。なお、オランダ商館長は毎年４月にオランダ風説書を提出したので、これにより海外事情を知ることができました。また、朝鮮からは将軍の代替わりごとに朝鮮通信使が来日しました。

> 家康は、藤原惺窩（せいか）の具申で、秩序を重んじる朱子学を幕府公式の学問として採用したんだ。朝鮮通信使はそれを伝えるための儒学者を送ってきてくれたわけなので、好待遇でもてなしたんだよ。

4. 文治政治への転換

　3代家光の死後、1651年に兵学者由井正雪が牢人を扇動して江戸城総攻撃という反乱を起こそうとしましたが、密告され自害するという事件が起こります（慶安の変）。当時は末期養子が禁止されていて、大名が死の直前になって養子をとって家を継がせるということができなかったのですが、これが改易（家を取り潰すこと）を生み、全国で多数の牢人が発生していました。当時の牢人は40万人にものぼったといいます。これはマズイと考えた4代将軍の徳川家綱は末期養子の禁止を緩和し、牢人の増加を防ぎました。そして、この家綱の時代からは、力で大名を統制する武断政治をやめて、文治政治への転換がはかられました。

家綱は11歳で将軍となり、病弱であったため、叔父の保科正之が政治を保佐したよ。保科正之は会津藩の藩主で家光の弟なんだ。

　続く5代将軍徳川綱吉の時代は、天和の治と呼ばれ、最初の方は大老の堀田正俊が政治を行っていましたが、堀田は暗殺されてしまうので、その後は側用人の柳沢吉保が補佐しました。綱吉は儒学を好み、湯島聖堂を建てるとともに聖堂学問所（のちの昌平坂学問所）を整備し、林信篤を大学頭に任じました。ただ、当時の幕府財政は明暦の大火（1657）の復興や金銀の産出量の減少などで苦しかったみたいです。そんな中、勘定吟味役の荻原重秀が、金の含有量を減らした質の悪い元禄小判を鋳造したわけです。ただ、こんなことをしたらもちろんインフレになります。これが庶民の生活に悪影響を与えてしまうのです。綱吉と言えば1685年の生類憐みの令ですよね。生類の殺生や虐待を禁じる政策です。彼は戌年であったということもあり、「犬公方」と呼ばれました。

武家に対して忌引を定めた服忌令を出したよ。喪に服する文化が生まれたってことだね。

5. 新井白石の正徳の治

　新井白石は、6代将軍徳川家宣、7代将軍徳川家継の2代の将軍を補佐しました。彼自身は儒学者で身分が高潔であったわけではないので、側用人の間部詮房を通じて将軍にお目見えしていたようです。白石は幕政を立て直すため財政再建にいそしみました。まず、朝鮮通信使の使節待遇が丁重に過ぎるとして、簡素化します。また、質の悪い元禄小判を改め、物価を下げるために正徳小判を鋳造しました。そして、極めつきに、金銀が海外に流出しないよう、1715年に海舶互市

また、朝鮮からの国書が将軍を「日本国大君殿下」と記していたため、これを「日本国王」へと改めさせた。「君」より「王」の方が立場が上だからね。

新例（正徳新令・長崎新令）を発して貿易額（輸入）を制限（長崎貿易が縮小）しました。海外から物を買わなければ金銀の流出を防げる、という発想ですね。海舶互市新例は過去問で超出ています。

PLAY&TRY

1. 徳川家康は、豊臣秀吉の外交姿勢を改め、朱印船貿易を中断した。また、日本に漂着したイギリス人ウィリアム・アダムズ（三浦按針）の意見を採り入れ倭寇を取り締まった。
（オリジナル）

   1. ×
   朱印船貿易は続けた。また、倭寇の取締りは時代が異なる。

2. 徳川家康は、ウィリアム・アダムズ（三浦按針）らの外国人を登用して海外事情や海外の進んだ技術を導入したが、豊臣秀吉によってはじめられた朱印船貿易は大幅に制限した。
（オリジナル）

   2. ×
   朱印船貿易を続けた。その結果、東南アジア各地に日本町ができた。

3. 徳川家光は一国一城令を出して、大名の居城を一つに限り、それ以外の領内の城を破壊させた。さらに武家諸法度を制定し、大名の心構えを示すとともに、城の新築や無断修築を禁じ、大名間の婚姻には許可が必要であるとした。
（国家一般職 H28 改題）

   3. ×
   一国一城令も武家諸法度（元和令）も2代徳川秀忠の名前で出された。

4. 統治機構としては、大老や老中などの主要な役職には親藩、その他の役職には譜代大名が就任した。
（国家総合職 H29 改題）

   4. ×
   要職は譜代大名や旗本が就任した。親藩は要職には就任しなかった。

5. ３代将軍の徳川家光は、幕府の職制を整備した。具体的には、重要政務をつかさどる老中を補佐する若年寄、寺社奉行、勘定奉行、江戸町奉行の３奉行などを置いた。 （オリジナル）

5. ○
そのとおり。
職制は頻出である。

6. 幕府の地方機関としては、主に西国の大名等を監視するために京都守護職が置かれた。 （国家総合職 H29改題）

6. ×
京都所司代の誤り。京都守護職は幕末に置かれた京都の治安維持のための役職。

7. 有力な外様大名は、幕府の監視が行き届くようにするため、関東地方か京都所司代のある近畿地方にのみ配置された。 （オリジナル）

7. ×
遠方の東北や九州に配置された。

8. 江戸時代の初期、徳川家康は朝廷を監視するため京都守護職を設置するとともに、大名の中から武家伝奏を任命して朝廷と幕府の間の連絡役とした。さらに、家康は禁中並公家諸法度を制定して天皇の生活にまで規制を加えるとともに、朝廷の経済的基盤を弱体化させるために天皇の支配地である禁裏御料を没収するなどした。 （国税専門官 H28）

8. ×
朝廷を監視するため設置したのは京都所司代である。

9. 江戸時代初期には、改易はほとんど行われていなかったが、第８代将軍徳川吉宗の時代になって頻繁に行われるようになった。 （国家総合職 H29改題）

9. ×
２代将軍秀忠、３代将軍家光の時に頻繁に行われた。武断政治の象徴とされる。

10. 武家諸法度は、家康の政治顧問であった金地院崇伝が起草し、その後、将軍が代わるごとに少しずつ改定された。特に３代将軍家光の時の寛永令は、参勤交代を義務付けたことで有名である。 （オリジナル）

10. ○
そのとおり。
大名は江戸と国元を１年交代で往復する羽目になった。

11. 参勤交代の諸経費については、交通費は諸藩が負担
    したが、江戸滞在中の費用は幕府が負担した。

    （オリジナル）

11. ×
江戸滞在中の費用も含めすべて大名が負担した。

12. 参勤交代は、3年おきに江戸と国元を往復する制度
    であり、江戸に藩邸を置いて人質として妻子を住ま
    わせることが義務付けられた。　（オリジナル）

12. ×
「1年おき」の誤り。

13. 徳川家光は、禁教令を発し、奉書を持たない外国船
    の日本来航を認めないこととした。また、島原の乱
    が起きたことを契機として、外国船の来航をオラン
    ダ船だけに限定した。　　　　　（オリジナル）

13. ×
禁教令が出されたのは2代将軍秀忠の時代である。また、奉書がなければならないのは日本船である。来航もオランダ船だけに限定したわけではないので誤り。

14. 17世紀前半、キリスト教を黙認する領主に反対する
    島原・天草地方の農民たちが、宣教師の国外追放を
    訴えて一揆を起こした。大塩平八郎を首領とした農
    民たちは、大砲などで武装したが、幕府の軍勢に半
    日で鎮圧された。　　　　　　（国税専門官R2）

14. ×
島原の乱は、キリシタンの農民が、キリスト教信仰の復活を求めたものである。また、大塩平八郎は関係ない。

15. 島原の乱は、天草四郎を大将として原城に立てこ
    もった争乱であり、豊臣秀吉は九州の諸大名を動員
    してこれを鎮圧した。　　　（特別区H18改題）

15. ×
島原の乱が起こったのは1637年であり、3代将軍家光の時代である。

16. 幕府は、島原の乱を契機に、スペイン船の来航を禁
    じ、翌年にはイギリス船の来航も禁じるに至った。

    （オリジナル）

16. ×
島原の乱が起こったのは1637年である。スペインは既に1624年に来航禁止となっていた。また、イギリスは来航禁止ではなく、自ら1623年に撤退していった。

17. 17世紀、江戸幕府は当初、諸外国との貿易に意欲を出し、キリスト教を黙認していたが、後に貿易統制とキリスト教の禁教政策を強化していった。そして、異国や異民族との交流は長崎・対馬・薩摩・松前に限定され、鎖国と呼ばれる状態が完成した。

（国税専門官R1）

17. ◯
そのとおり。
鎖国までの流れは覚えておこう。

18. 徳川吉宗は、武道のみならず忠孝の道徳と礼儀を守るよう大名らに求めた。また、武家に対して忌引を定めた服忌令を、民衆に対して犬や鳥獣の保護を命じた生類憐みの令を出した。江戸湯島に聖堂を建て、儒学を奨励した。

（国家一般職H28改題）

18. ×
徳川綱吉の誤り。

勉強が好きなので、
文治政治は
ウェルカム！

09

江戸時代(2)

江戸三大改革を見ていくのが本パート。試験では超頻出になります。
多くの受験生が得意とする箇所でもあるので、失点しないように注意しましょう。

1. 享保の改革

8代将軍徳川吉宗の改革政治を享保の改革といいます。彼は、新井白石を解任し、米将軍と呼ばれているだけに、年貢の安定的な徴収に尽力しました。まず上げ米の制を行い、大名から石高1万石について100石を臨時に上納させることにしました。その代わりに参勤交代の江戸在住期間を半年に短縮するというプレミアを付けた感じです。また、年貢の徴収方法を従来の検見法（収穫に応じて年貢をとる）から、定免法（収穫高に関係なく常に一定）へと改めました。これは幕府の側からすると財政が安定するでしょうが、貧農層からすると厳しいですよね……。水呑百姓が増えたそうです。そして、極めつきには大商人に町人請負新田の開発を許可しました。とにかく米にこだわったわけですね。

一方、室鳩巣（むろきゅうそう）の建議で足高の制という人材登用制度を設けました。これは、有能な人材を活用するため、在職中だけ不足する石高を補ってやろうという制度です。家格を問わずに実力のある人を役人として登用できるという妙策だったと言われています。裁判制度も整備していきました。例えば、公事方御定書を制定し、判例に基づく合理的な刑事司法制度を整えました。

> 江戸町奉行の大岡忠相（越前守）らが編纂したもので、今でいう刑事訴訟法みたいなものだよ。

それから、相対済し令（あいたいすまし）を発布し、こまごまとした金銀貸借についての争いは当事者間で解決してくれ、幕府は受け付けないから……という法令をつくりました。借金チャラという話ではないので注意しましょう。

ほかには、評定所に月3回のペースで目安箱を設置し、庶民の意見を聞き入れ、実際に貧困者のための無料診療施設である小石川養生所をつくったり、町火消を組織したりしました。

> 「いろは四十七組」とか「いろは四十八組」とか言われるよ（あとで一組追加した）。

2. 田沼意次の政治

　10代将軍徳川家治を補佐したのが、老中田沼意次です。農業だけに依存するのはよくないと考えて、株仲間を積極的に公認した人物ですね。株仲間公認によって商人に対して市場の独占を認める代わりに、運上・冥加という営業税をとりました。銅座・人参座などの座を設けて専売制を実施した点も重要です。そして、秤量貨幣であった銀貨を改め、南鐐二朱銀を作って、金と同じ計数貨幣にしました。ところが、田沼は災害対策に失敗し、失脚してしまいます。すなわち、天明の大飢饉が起こった際にそれに上手く対応できなかったのです。

新田開発としては、印旛沼・手賀沼の干拓を行ったんだけど、利根川で洪水が起きて失敗した。

米価が高騰して、天明の打ちこわしにまで発展したよ。

3. 寛政の改革

　11代将軍徳川家斉のもとで改革政治を担ったのが、松平定信です。彼は吉宗の孫ですので、おじいちゃんの政治を真似している部分も多く見られます。まず飢饉対策として、囲米の制と七分積金を覚えましょう。囲米の制は、大名に対して社倉・義倉をつくらせて、1万石につき50石の米の貯蔵を命ずるというものです。「米を蓄えておけ」ということですね。一方、七分積金は、町入用という町費の節約を命じ、節約分の7割を積み立てさせるというものです。「お金を貯めておけ」ということですね。

　また、農村復興策としては、旧里帰農令が有名です。正業を持たない農村出身者に帰郷費や食料を出してやって「村に帰りなさい」と声をかけてまわる政策です。ただ、あんまり帰る人はいなかったみたいですね。一方、無宿者の浮浪人に対しては、強制的に労働させました。石川島人足寄場という職業訓練場をつくってそこに収容したのです。

　貨幣経済の中で没落した旗本・御家人たちに対しては救済の手を差し伸べます。札差からの借金の返済を免除する棄捐令を出したわけですね。享保の改革時の相対済し令と混同しないように注意しましょう。

　ほかにも、寛政異学の禁を出して学問所における朱子学以外の講義や研究を禁じたり、出版統制令を出したりと思想・風俗に対する引締めも行いました。

洒落本で有名な山東京伝や『海国兵談』で海防の危機を書いた林子平などが処罰されたよね。

4. 天保の改革

12代将軍徳川家慶のもとで改革政治を命じられたのが老中の水野忠邦です。時代的には天保の大飢饉が起こり、打ちこわしが起こり、大塩平八郎の乱が起こり……みたいな感じで結構荒れていました。そんな中改革政治をやれ、と命じられたので、失策が続き、2年で瓦解してしまいます。やったことと言えば、人返しの法が有名です。これは農村復興のために離村や出稼ぎを禁止し、江戸に流入してきた者を強制的に帰郷させるという政策です。ほとんど効果がなかったと言われていますね。また、株仲間の解散も失策でした。自由競争など行われずにただ混乱をもたらしました。さらに、幕府はそれまで貫いてきた異国船打払令をやめ、天保の薪水給与令を出しました。この急な方向転換が「幕府は弱腰」というレッテルにつながって

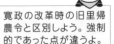

寛政の改革時の旧里帰農令と区別しよう。強制的であった点が違うよ。

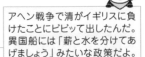

アヘン戦争で清がイギリスに負けたことにビビッて出したんだ。異国船には「薪と水を分けてあげましょう」みたいな政策だよ。

しまいます。極めつきには、幕府の収入を安定させ、海防を進めるために江戸・大阪周辺のあわせて約50万石の地を直轄地にしようとしました。これが上知令です。いうまでもありませんが、これに対しては大名や旗本、さらには農民までもが強烈に反対したため、実施されませんでした。こんな感じなので、天保の改革ではプラス方向の選択肢はつくれない、なんて言われます。

▶ 江戸三大改革（田沼時代含む）のキーワード

享保の改革 （徳川吉宗）	上げ米の制、定免法、町人請負新田、足高の制、相対済し令、公事方御定書、目安箱、小石川養生所、町火消
田沼意次の時代	株仲間の積極公認、運上・冥加、印旛沼・手賀沼の干拓、南鐐二朱銀、天明の大飢饉
寛政の改革 （松平定信）	囲米の制、七分積金、旧里帰農令、石川島人足寄場、棄捐令、寛政異学の禁
天保の改革 （水野忠邦）	株仲間の解散、人返しの法、天保の薪水給与令、上知令

5. 江戸時代の文化

1 元禄文化

元禄文化は、17世紀末〜18世紀初頭に大阪や京都の上方で栄えた文化です。

▶ 代表例

> 浮世絵：「見返り美人図」（菱川師宣）
>
> 装飾画：「風神雷神図屏風」（俵屋宗達）、「紅白梅図屏風」「燕子花図屏風」（尾形光琳）
>
> 浮世草子：「日本永代蔵」「好色一代男」（井原西鶴）
>
> 人形浄瑠璃：「曽根崎心中」「国姓爺合戦」（近松門左衛門）
>
> 俳諧：「奥の細道」（松尾芭蕉）
>
> 古学等：古学（山鹿素行）、古義学（伊藤仁斎）、古文辞学（荻生徂徠）
>
> 陽明学：中江藤樹（知行合一を唱えたため幕府に危険思想扱いされた）

2 化政文化

化政文化は、江戸時代の後期（19世紀初め）に江戸中心で栄えた文化です。

▶ 代表例

> 浮世絵：「ポッピーを吹く女」（喜多川歌麿）、「富嶽三十六景」（葛飾北斎）、「東海道五十三次」（歌川広重）
>
> 黄表紙・洒落本：「仕懸文庫」山東京伝（出版統制令に触れ処罰される）
>
> 俳諧：小林一茶、与謝蕪村
>
> 小説：『東海道中膝栗毛』（十返舎一九）、『南総里見八犬伝』（滝沢馬琴）
>
> 測量：「大日本沿海輿地全図」（伊能忠敬）
>
> 水戸学：『大日本史』（徳川光圀の命によって始められた。尊王攘夷思想が柱）

PLAY&TRY

1. 田沼意次は、町人の出資による新田開発を奨励し、年貢を増徴するため、その年の作柄から年貢率を定める検見法を改めて、一定の税率で徴収する定免法を採用した。また、財政難の下で人材を登用するため足高の制を定めた。　　　　　　（国家一般職 H28改題）

   1. ✕
   徳川吉宗の誤り。

2. 享保の改革では、徳川吉宗が武家諸法度を改定して、大名に 1 年おきに国元と江戸とを往復させる参勤交代を義務づけた。　　　　　　（東京都 H24改題）

   2. ✕
   3代将軍徳川家光の誤り。

3. 享保の改革では、徳川吉宗が困窮する旗本や御家人を救済するため棄捐令を出し、各地に社倉・義倉をつくらせ、米を蓄えさせた。　　　　　　（東京都 H24改題）

   3. ✕
   棄捐令は寛政の改革時に出された。また、後半も囲い米の制に関するものであり、寛政の改革時に出された。

4. 田沼意次は、都市や農村の商人・手工業者の仲間組織を株仲間として広く公認し、引換えに運上・冥加金などを納めさせた。また、銅座・人参座などの座を設けて専売制を実施した。金貨の単位で表された計数銀貨である南鐐二朱銀を大量に鋳造し、金銀相場の安定に努めた。　　　　　　（国家一般職 H28改題）

   4. 〇
   そのとおり。
   株仲間や専売制、南鐐二朱銀などのキーワードに反応できるようにしておこう。

5. 徳川吉宗は、農村の振興を図るため、定職をもたない者を対象に旧里帰農令や人返しの法を出した。　　　　　　（東京都 H24改題）

   5. ✕
   旧里帰農令は松平定信が、人返しの法は水野忠邦がそれぞれ出した。

6. 享保の改革では、法令や裁判の判例を集大成し、公事方御定書が編纂された。　　　　　　（東京都 H24改題）

   6. 〇
   そのとおり。
   これにより裁判や刑罰の基準が明確になった。

7. 徳川吉宗は、旧里帰農令を出して都市に流入した農村出身者の帰村を奨励するとともに、村からの出稼ぎを制限して農村人口の確保に努めた。また、飢饉対策として各地に社倉や義倉を設置し、囲米を行った。 （国家一般職H28改題）

7. ×
松平定信の誤り。

8. 松平定信は、朱子学を正学として学問所における朱子学以外の講義を禁止した。 （東京都H24改題）

8. ○
そのとおり。
寛政異学の禁である。

9. 老中の水野忠邦は、株仲間を積極的に公認し、商人の自由な営業を認めたが、異国船打払令をやめ、天保の薪水給与令を出したため、幕府の権威が揺らいだ。 （オリジナル）

9. ×
株仲間を解散した。積極的に公認したのは田沼意次の時代である。

10. 井原西鶴が、庶民への教訓を含む軽い読み物である仮名草子で新しい文学の道を開き、「日本永代蔵」や「好色一代男」などの作品を創作した。

（東京都R３改題）

10. ×
「仮名草子」ではなく「浮世草子」の誤り。

11. 尾形光琳が、俵屋宗達の画風を取り入れながら独自の構図と色彩を持った装飾画を大成し、「紅白梅図屏風」や「燕子花図屏風」などの作品を残した。

（東京都R３）

11. ○
そのとおり。
俵屋宗達の「風神雷神図屏風」も押さえておこう。

10

江戸時代(3)

幕末の情勢を勉強していきます。多くの受験生が苦手とするパートなので、
基本事項だけをさらっと確認しておくだけでも優位に立てます。

1. 列強の接近

1792年にロシアのエカチェリーナ2世の命令により、ラクスマンが根室に来航して以
来、外国からは通商を求めてたくさんの船がやってくるようになりました。その中で、
1808年、イギリス軍艦フェートン号がオランダ船に成りすまして長崎に侵入してくると
いうヤバい事件が起こります。これを機に、海防が幕府の
課題になります。そして、ついに1825年、異国船打払令
が出されます。とりあえず打ち払え、というこれもこれで
ヤバい対応策です。1837年にはモリソン号事件が起こり、
渡辺崋山や高野長英が幕府の無茶苦茶な対応を批判したの
ですが、これに対して幕府は逆切れ。蛮社の獄（1839）
で2人を厳しく処罰しました。

> アメリカ商船モリソン号が日本
> 人漂流民7人を送還して日米交
> 易を図ろうとしたんだけど、異
> 国船打払令により撃退したとい
> う事件だよ。丸腰の商船を打ち
> 払ったものだから、相手国に戦
> 争の口実を与えてしまう……と
> 幕府の対応を批判したんだ。

　なお、この時代は薩摩藩や佐賀藩、長州藩、土佐藩などの西南雄藩が藩政改革を行い、
発言権を強めた時代でもあります。

2. 開国

1853年、ペリーが浦賀に4隻の船を率いて来航し、その翌年、老中阿部正弘はついに
日米和親条約を締結します。この時は下田と箱館の2港を開
港しました。貿易はまだです。そして、1858年、大老井伊直
弼が朝廷の勅許を受けずに日米修好通商条約に調印してしま
います。しかし、この時ちゃっかり領事裁判権を承認し、関
税自主権を失っていた……というわけですね。通商のため、箱館に加えて、神奈川（実
際は横浜）、長崎、新潟、兵庫（実際は神戸）を開港し、外国人居留地を設けました。貿

> アメリカ、オランダ、イギリ
> ス、フランス、ロシアの5か
> 国との間で結んだ修好通
> 商条約のうちの一つだよ。

易の最大の相手国は**イギリス**で、**生糸**や**茶**を中心に輸出したのですが、急速にやりすぎたため国内向けの物資が不足してしまいます。これでは物価が高騰してしまいますね……。また、金銀の交換レートの違いにより、大量の金が国外へ流出し、経済が混乱しました。これではマズイという話になって、幕府は貨幣の改鋳を行って対応したのですが、貨幣価値が下落しさらなるインフレを招く結果となってしまいました。

3. 幕府が潰れるまでの流れ

　幕府が天皇の意思を無視して勝手に日米修好通商条約の無勅許調印に踏み切ったことに対しては、尊王攘夷派が大ブーイング合戦を繰り広げました。しかし、これに対して幕府はまさかの弾圧……。**安政の大獄**で厳しく処罰しました。しかし、この強硬策が裏目に出てしまいます。1860年、**桜田門外の変**が起こり、大老の井伊直弼が水戸脱藩浪士等18人に雪の中で暗殺されてしまいました。

> 吉田松陰や橋本左内、徳川斉昭、一橋慶喜などが処罰されたよ。

　その後は、老中**安藤信正**が、孝明天皇の妹和宮と14代将軍家茂とを政略結婚で結びつけて**公武合体**を推進したのですが、尊王攘夷派の恨みを買って**坂下門外の変**で重傷を負い失脚してしまいます……。そこで、薩摩の国父**島津久光**が引き続き公武合体を推進するために江戸で**文久の改革**を取り仕切ったわけですが、帰り際に**生麦事件**を引き起こしてしまいます。大名行列を横切ったイギリス人に「無礼者」と斬りかかった事件です。この事件をきっかけに**薩英戦争**にまで発展し、薩摩藩はイギリスの軍事力に圧倒され大敗することとなりました。攘夷は難しいと身をもって感じたことでしょう。

　一方、生粋の尊王攘夷派である長州藩は、1863年5月10日に勝手に攘夷を決行し、下関砲台から外国商船を打ち払いました。そして、天皇を巻き込んでクーデタを起こそうとして失敗（**八月十八日の政変**）、さらに再び京都に攻めのぼり**禁門の変（蛤御門の変）**で敗れるなど、暴れまくっていたわけですね。そんな

> このとき、長州藩勢力とともに、尊王攘夷派の改革派の公家三条実美らも追放されたので、「七卿落ち」と呼ばれている。

こんなで、長州藩は全国指名手配藩となってしまいます（**第一次長州征討**）。ダメ押しは**四国連合艦隊（アメリカ、イギリス、オランダ、フランス）下関砲撃事件**での大敗でした。さしもの長州藩も攘夷は無理かな～と思い知ったわけです。

　大藩である薩摩藩と長州藩はとても仲が悪かったわけですが、「攘夷は厳しい、でも幕府に任せておくわけにはいかない」という認識は同じくしていました。これを上手く結びつけたのが**坂本龍馬**でした。1866年に**薩長同盟**を成立させ、討幕への流れをアシスト

したわけですね。

4. 幕府の滅亡と新政府の発足

　1867年、15代将軍徳川慶喜は内戦を回避するために、土佐前藩主の山内豊信の進言に基づいて大政奉還を申し出ました。しかし、徳川家不在の小御所会議で辞官納地を下命されたことにキレて、戊辰戦争を始めます。流れとしては、鳥羽・伏見の戦い→江戸城無血開城→奥羽越列藩同盟敗北→箱館戦争（五稜郭の戦い）→幕府滅亡という流れです（細かいことは無視）。その後、明治天皇が神に誓うという形で五箇条の御誓文が公布され、政体書で統治機構がざっくり決まります。民衆に対しては、五榜の掲示を示しましたよね。

> 幕府はフランス公使ロッシュと手を結んでいたよ。

PLAY&TRY

1.　18世紀末以降、中国・ロシア・アメリカ合衆国などの諸外国が日本に開国を求めた。19世紀半ばには、アメリカ合衆国のペリーが二度来航したことを受け、江戸幕府は、自由貿易や下田・箱館の開港などを内容とする日米和親条約を結ぶこととなった。

（国税専門官Ｒ１）

1.　×
中国は開国を求めていない。また、日米和親条約は自由貿易などの通商は内容となっていない。

2.　江戸幕府は、1854年に日米修好通商条約を締結し、下田と箱館を開港し、燃料・食料・水の提供に関する取決めや一方的な最恵国待遇が定められた。

（東京都Ｒ１改題）

2.　×
日米和親条約の誤り。

3.　日米修好通商条約による貿易の最大相手国はアメリカであった。日本からは生糸を輸出し、茶を輸入した。

（東京都Ｒ１改題）

3.　×
最大の貿易相手国はイギリスである。茶は輸出品目である。

4. 日米修好通商条約は、井伊直弼が天皇の勅許を受けないままに調印し、続いてイギリスなどとも同様の条約を結んだ。貿易が始まると交換レートのちがいから金銀比価問題が起こり、大量の金が流出したため、幕府は貨幣改鋳をして対応したが、結果的にインフレを招く結果となった。　　　　　　　　(オリジナル)

4. ○
そのとおり。
万延小判という質の低い金貨をつくったので、インフレを招いた。

5. 大老の井伊直弼は、桜田門外の変において、将軍継嗣の決定や日米修好通商条約の調印に反対した公家・大名・幕臣を多数処罰した。　(特別区H17改題)

5. ×
桜田門外の変は、井伊直弼が暗殺された事件。安政の大獄の誤りである。

6. 老中の阿部正弘は、朝廷との融和により、尊王攘夷運動を抑えつつ、幕府の権威を回復するため、積極的に公武合体を進め、孝明天皇の妹和宮を14代将軍家茂の夫人に迎えた。　(特別区H17改題)

6. ×
阿部正弘ではない。安藤信正である。

7. 1863年に会津・薩摩両藩は、長州藩勢力と尊王攘夷派の公家三条実美らを京都から追放した。これを禁門の変という。　(東京都R1改題)

7. ×
八月十八日の政変という。

8. 禁門の変の処罰を理由に、幕府は第一次長州征討を行った。　(特別区H17改題)

8. ○
そのとおり。
なお、後に行われる第二次長州征討は、薩摩藩の出兵拒否により失敗した。

9. 1867年、土佐前藩主山内豊信は徳川慶喜に朝廷へ政権を返還するようすすめ、これに基づき大政奉還が行われた。　(東京都R1改題)

9. ○
そのとおり。
大政奉還は、土佐藩の後藤象二郎が公議政体論の一環として、土佐前藩主の山内豊信に提言したものであった。

11

重要度 ★★★　頻出度 ★★★

明治時代

明治時代は近現代では一番出題が集中する点で必ず押さえる必要があります。
激動の時代で戦争もあったので、作問しやすいのでしょう。

1. 明治維新

　新政府が戊辰戦争で勝利すると、国づくりを急ピッチで進めていきます。天皇中心の中央集権国家をつくるための改革として、有名なのが版籍奉還（1869）と廃藩置県（1871）です。まず版籍奉還で藩主に版（領地）と籍（領民）を天皇に返還させました。しかし、旧藩主を知藩事としただけで、実体はあまり変わりませんでした。そこで、廃藩置県を断行したわけです。藩を廃して知藩事を罷免しました。その代わり中央から府知事・県令を派遣したのですね。これにて政治的統一が実現され、中央集権体制が確立しました。やったことが多いので、次に表にしてまとめてみます。一読してみてください。

> 薩摩・長州・土佐の3藩から成る御親兵によって軍事を固めた上で行ったんだ。

▶ 明治初期の改革

新貨条例 （1871）	通貨単位を統一した。円・銭・厘(10進法)を単位に新硬貨を鋳造し、金本位制を目指したが、実際は金銀複本位制にとどまった。
官営の郵便制度 （1871）	郵便の父前島密が行った。1877年には万国郵便連合（UPU）に加盟。
学制 （1872）	義務教育を目指して導入された（フランス方式）。しかし、授業料の負担があったことから、反対も多くなかなか就学率は上がらなかった。

国立銀行条例 (1872)	渋沢栄一を中心として、民間の銀行に兌換銀行券の発行のみを認めるという条例。上手くいかなかったので（4行のみ）、その後1876年に不換紙幣の発行を認めたところ、153行まで増加。ただ、もちろんインフレになった。	1882年に唯一の発券銀行として誕生した日本銀行と区別しよう。日本銀行体制の下、銀本位制が確立したが、金本位制は1897年まで確立されなかった……。
鉄道の開通 (1872)	新橋・横浜間に鉄道が初開通。これは工部省主導の官設で殖産興業の一環。その後民鉄ブームがやってくるが、鉄道国有法（1906）がつくられて以降国営となる。殖産興業としては、ほかにも官営模範工場（富岡製糸場など）がある。	
徴兵令 (1873)	山縣有朋が実施した国民皆兵制度。士族・平民の区別なく20歳以上の男子は3年間兵役を課された。ただし、最初は免除規定が多数あった。血税一揆が発生。	
地租改正 (1873)	地価を3％の金納とする。地租改正反対一揆により2.5％に引き下げた。	
秩禄処分 (1876)	秩禄奉還の法（1873）を出し、金禄公債証書発行条例（1876）を発令。これにより、金禄公債証書を支給し、秩禄制度が全廃された。華族・士族がいなくなったわけではないので注意。	

　明治初期の時代は、激動の時代なので覚えることがたくさんありますが、その中でも明治六年の政変（1873）と西南戦争（1877）は覚えておきましょう。明治六年の政変とは、西郷隆盛以下、征韓論者（板垣、江藤、副島、後藤）と呼ばれる人たちが一斉に政府の要職を辞めて国元に帰っていったという事件です。次に、西南戦争は西郷隆盛が起こしたとされる士族たちの反乱です。もともとこの時期に佐賀の乱や萩の乱などの士族による反乱が全国で頻発していました。このような流れの中で、最後に起こったのが鹿児島士族たちの大反乱、西南戦争でした。西郷が敗れた後は、武力によって反政府運動を展開する者はいなくなり、むしろ言論によって反政府運動を起こす者が多くなってきました（自由民権運動）。なお、この西南戦争の時に、国立銀行が不換紙幣を乱発したので、インフレが発生しました。その後しばらくたってから松方正義がインフレ収束に向けて策を講じるのですが、やりすぎてしまったため今度は

地価が払えなくて小作人に没落する農民が増えたようだ。これにより、大地主に土地が集中する事態となり、寄生地主制が成立したんだね。

一転、デフレになってしまいます……。これを「松方デフレ」などと呼びますね。

2. 自由民権運動

　西南戦争を最後に武力による反政府運動は終わりました。その後、政府への不満は言論運動へと完全にシフトしていきます。事の発端は1874年の板垣退助や後藤象二郎らによる国会開設要求です（民選議院設立の建白書）。当初は士族や資本家が中心となった運動にすぎなかったわけですが、後に有力農民や商工業者も参加するようになります。板垣退助が愛国社をバージョンアップさせて国会期成同盟を結成した際には（1880）、政府は集会条例を制定して民権派を弾圧しました。

後々、大同団結運動（1886）が起こるが、これも政府は保安条例で弾圧した。

　1881年の明治十四年の政変では、大隈重信（国会早期開設派＝民権派）と伊藤博文（慎重派）が対立して、大隈重信が下野しました。ただし、民権派の運動を鎮静化するために、10年後の国会開設が約束されました（国会開設の勅諭）。

黒田清隆が同じ薩摩の政商五代友厚に官有物を安く払い下げた開拓使官有物払下げ事件を大隈がこれを突っ込み民権派もこれに便乗した。この騒ぎの収束に向け、大隈が罷免されたんだ。

▶ 明治十四年の政変イメージ

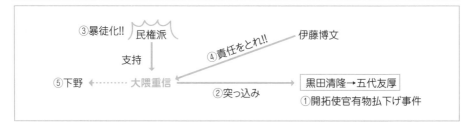

　その後、板垣退助は自由党（フランス流の急進派）を、大隈重信は立憲改進党（イギリス流の穏健派）をそれぞれ結成しました。ところが、民権派はどんどん過激になっていき、自由党に至っては激化事件を乱発しました（福島事件、加波山事件など）。そしてついには解党させられてしまいます。同じく立憲改進党も休止状態になってしまいます。要するに自由民権運動＝過激派というレッテルを貼られてしまったわけです。

ほかには農民たちが困民党を結成して松方デフレに反発して起こした秩父事件もあるね。

3. 明治の条約改正交渉

　明治時代は、江戸幕末期に結んだ不平等条約を何とか改正しようと奔走しました。次に簡単にまとめておきます。なお、アジアでは、清との関係で1871年に日清修好条規が結ばれました。これは対等条約でした。一方、朝鮮との間には、1876年に江華島事件をきっかけとして日本に有利な内容となる日朝修好条規を締結しました。これは不平等条約で、朝鮮を開国させた条約という位置付けです。

▶ **条約改正交渉の流れ**

岩倉遣外使節団　**失敗**	岩倉具視、伊藤博文、木戸孝允、大久保利通らが条約改正の予備交渉としてアメリカに渡った。しかし、天皇の全権委任状を忘れ全く相手にされなかったため、ヨーロッパ視察に目的を変更した（約2年間）。
井上馨　**失敗**	初代伊藤内閣の時の外務大臣として活躍。欧化政策（鹿鳴館外交）やノルマントン号事件の対応、外国人判事の任用など、変なことを行ったので国民からバッシングされ失敗。
大隈重信　**失敗**	外国人判事を大審院に限って任用しようとして、爆弾を投げつけられて片足を失う。
青木周蔵　**失敗**	領事裁判権の撤廃についてイギリスとの間でほぼ合意していた。しかし、その後大津事件の処理をめぐり辞任。
陸奥宗光　**成功**	あだ名はカミソリ大臣。日清戦争直前（9日前）に日英通商航海条約を結んで領事裁判権の撤廃（法権回復）と関税自主権の一部回復に成功。
小村寿太郎　**成功**	第一次世界大戦前の1911年に関税自主権を完全に回復した。

4. 大日本帝国憲法

　大日本帝国憲法を制定するまでの流れとしては、1884年に将来の上院（貴族院）の設置に備え、華族制度を創設しました（華族令）。そして翌1885年に内閣制度が発足し、初代内閣総理大臣として伊藤博文が就任しました。伊藤は君主の力が強いプロイセン憲法を参考に憲法草案をまとめます。民間の憲法私案なども多数ありましたが、無視されました。

抵抗権を認めた植木枝盛の東洋大日本国国権按などが有名。

　そして、ついに1889年、東アジア初の近代憲法として大日本帝国憲法が制定されました。天皇主権の欽定憲法で、帝国議会は協賛機関（貴族院は非民選）、天皇は帝国議会の召集権と衆議院の解散権を有する、内閣は天皇の輔弼機関、衆議院には予算先議権がある、などが特徴です。

　1890年には、帝国議会を召集するために衆議院議員総選挙が行われました。選挙権は直接国税15円以上を納める25歳以上の男子に与えられ、有権者割合は全国民の1.1％にすぎませんでした。結果は立憲自由党と立憲改進党の民党が衆議院の過半数を占め大勝しました。

5. 日清戦争と日露戦争

1 日清戦争

　日清戦争のきっかけは1894年に朝鮮で起きた甲午農民戦争（東学党の乱）です。日清両国が出兵し平定したわけですが、日本軍が撤兵しなかったので、清と対立を深めてしまったわけです。結果は日本の圧勝。1895年に下関条約を結び、朝鮮の独立が承認され、遼東半島や台湾の割譲が決まりました。しかし、遼東半島の割譲に対して、三国干渉（ロシア・フランス・ドイツ）が行われ、日本はこれをやむなく返還しました。

　日清戦争の勝利により、日本にはその後、第一次産業革命がもたらされました。賠償金２億両（３億１千万円）を元手に1897年には金本位制に移行し、1901年には八幡製鉄所が操業を開始しました。政治的にも初の政党内閣が誕生します。いわゆる「隈板内閣」です。進歩党（旧立憲改進党）と自由党が合同して憲政党となり、第一次大隈内閣が成立したわけです。

しかし、尾崎行雄文部相の共和党演説事件がきっかけで閣内対立が起こり、わずか4か月で瓦解してしまったよ。その後憲政党は憲政党と憲政本党に分裂する。

❷ 日露戦争

　1900年、清で義和団事件（北清事変）が起こります。義和団が貧困農民を集めて起こした排外運動でスローガンは「扶清滅洋」です。これに対し列強8か国が共同出兵し、北京議定書を締結しました。しかし、その後もロシアが満州から撤兵せず満州全域を占領したわけです。当時日本国内では2つの派閥に分かれて論争していました。日英同盟論（桂太郎、山縣有朋、小村寿太郎ら）と日露協商論（伊藤博文）の2つです。結局、日英同盟論が優勢となり、1904年、桂太郎内閣の下、日露戦争が始まりました。戦況としては、東郷平八郎が活躍した日本海海戦で、ロシアのバルチック艦隊を撃破したという点が大切で、たまに出題されています。

　ただ、日本もロシアも戦争継続が難しい状況だったため、1905年にポーツマス条約を締結することになりました。内容としては、さまざまな土地をゲットしたわけですが、賠償金を得られなかったため、民衆がブチ切れ日比谷焼討ち事件に発展しました。なお、戦後はロシアと第一次世界大戦までに四次にわたって日露協約を締結しました。一方、朝鮮との関係では、第二次日韓協約（1905）で統監府（初代統監伊藤博文）を置き保護国化した後、韓国併合条約（1910）で植民地にしました。なお、朝鮮総督府の初代総督は寺内正毅でした。

> 朝鮮は日本からの独立を目指して、1919年に三・一独立運動を起こすよ。独立運動家の柳寛順は朝鮮のジャンヌ・ダルクと呼ばれているよ。

PLAY&TRY

1.　政府は、版籍奉還により旧藩主を旧領地の知藩事に任命し藩政に当たらせた。その後、政府は薩摩・長州・土佐の3藩の兵から成る御親兵によって軍事力を固めた上で廃藩置県を行った。これにより藩は廃止され府県となり、知藩事に代わって中央政府が派遣する府知事や県令が地方行政に当たることとなった。
（国税専門官H30）

1. ○
そのとおり。
廃藩置県を断行するために西郷隆盛が中心となって御親兵を組織した。

2.　明治政府は、新貨条例を定めて円・銭・厘を単位とする新硬貨を発行した。また、国立銀行条例を定めて全国に官営の国立銀行を設立した。
（東京都H26改題）

2. ×
国立銀行は民間の銀行である。

3. 明治政府は、近代的な軍隊をつくるために徴兵令を
公布したが、平民は徴兵の対象に含まれず、士族の
うち、満20歳以上の男子のみが徴兵の対象とされ
た。 （東京都H26改題）

3. ×
平民も徴兵の対象に含ま
れた（国民皆兵）。

4. 明治政府は、土地の売買を認めるとともに、土地所
有者に地券を発行した。課税の基準も地価に改め、
地租を金納させることで財政の安定化を目指した。
（東京都H26改題）

4. ○
そのとおり。
地租改正に関する説明と
して正しい。

5. 明治政府は、民間の鉄道敷設を奨励したため、日本
鉄道会社が新橋・横浜間に初の鉄道を敷設した。
（東京都H26改題）

5. ×
鉄道は当初、官営が中心
であった。その後民鉄
ブームがやってきた。

6. 西郷隆盛を中心とした鹿児島士族らによる反乱であ
る西南戦争が起こると、これに続き、佐賀の乱や萩
の乱などの士族の反乱が全国各地で頻発した。政府
はこれらの反乱を長期間にわたる攻防の末に鎮圧し
たが、その後、兵力不足を痛感した政府は国民皆兵
を目指す徴兵令を公布した。 （国税専門官H30）

6. ×
佐賀の乱や萩の乱は西
南戦争よりも前に起こっ
ている。また、徴兵令の公
布も1873年であり、西南
戦争よりも前である。

7. 大隈重信は、開拓使官有物払下げ事件が起こると、
これをきっかけにして明治十四年の政変を主導して
伊藤博文らを中心とする藩閥勢力に大きな打撃を与
えた。大隈重信は、その後、下野し、国会開設に備
え、フランスのような一院制の導入と主権在民を求
める立憲改進党を設立した。 （国税専門官H30）

7. ×
大隈重信は、明治十四年
の政変を主導したのでは
なく、これにより追放され、
下野した。また、立憲改
進党はイギリス流の穏健
な立憲権主義政党であ
る。

8. 第1回衆議院議員総選挙においては、立憲自由党や
   立憲改進党などの民党は大敗し、その勢力は衆議院
   の過半数にはるかに及ばない結果となり、民党は政
   府と激しく対立していった。また、この選挙結果に
   不満を持った民党の支持者らは、福島事件や秩父事
   件を起こした。　　　　　　　　　　（国税専門官H30）

8. ×
民党は大勝した。また、
福島事件や秩父事件は
時代がもっと前の話であ
る。

9. 朝鮮は、長らく清とオランダの2国だけしか外交関
   係を持っていなかったが、欧米諸国は朝鮮に対し開
   国を迫るようになった。中でも、ロシアは、江華島
   事件を起こして朝鮮との間に不平等条約を締結し、
   朝鮮を開国させた。　　　　　　　　（国家一般職H29）

9. ×
江華島事件を起こして朝
鮮との間に不平等条約を
締結し、朝鮮を開国させ
たのは日本である。

10. 1894年に、朝鮮で壬午事変が起こり、その鎮圧のた
    め朝鮮政府の要請により清が出兵すると、日本も清
    に対抗して出兵し、8月に宣戦が布告され日清戦争
    が始まった。　　　　　　　　　　　　（特別区R3）

10. ×
壬午事変ではなく、甲午
農民戦争（東学党の乱）
である。

11. 下関条約の調印直後、ロシア、ドイツ、アメリカは
    遼東半島の清への返還を日本に要求し、日本政府は
    この要求を受け入れ、賠償金3,000万両と引き換え
    に遼東半島を清に返還した。　　　　　　（特別区R3）

11. ×
三国の組み合わせがおか
しい。アメリカではなく、フ
ランスの誤り。なお、賠償
金3000万両は、約5000
万円に相当する。

12. 日露戦争では、日本が1905年1月に旅順を占領し、
    3月の奉天会戦及び5月の日本海海戦で勝利し、9
    月には、日本全権小村寿太郎とロシア全権ウィッテ
    がアメリカのポーツマスで講和条約に調印した。

    　　　　　　　　　　　　　　　　　　（特別区R3）

12. ○
そのとおり。
ポーツマス条約の日露全
権はちょっと細かいけど頭
の片隅に置いておこう。

12

重要度 ★★★　頻出度 ★★★

大正時代

大正時代は短いのですが、第一次世界大戦があったので試験では頻出です。
戦前、戦中、戦後と出題のされ方はさまざまです。

1. 大正デモクラシー

大正時代には、護憲運動が2回にわたって起こりました。まず、第一次護憲運動は桂太郎内閣に対するもので、「閥族打破・憲政擁護」を掲げて立憲政友会の尾崎行雄や立憲国民党の犬養毅が展開しました。これにより桂内閣は53日で退陣することになりました。いわゆる「大正政変」ですね。その後、民衆から人気の第二次大隈重信内閣となるわけですが、この内閣の下、第一次世界大戦が始まることになります。

大正デモクラシーを支えたのは、自由主義的・民主主義的な風潮です。吉野作造の民本主義や美濃部達吉の天皇機関説などが有名です。

> 社会運動として、平塚らいてう・市川房枝の「新婦人協会」、鈴木文治の友愛会に端を発する「日本労働総同盟」、西光万吉・駒井喜作らの「全国水平社」、杉山元治郎や賀川豊彦らの「日本農民組合」など、さまざまな団体が結成されたよ。

2. 第一次世界大戦

世界はオーストリアのセルビアに対する宣戦布告により第一次世界大戦が勃発しました。日本は日英同盟を根拠に、ドイツに宣戦布告。中国のドイツ権益山東半島を攻略し占領しました。また、袁世凱政府に対して、二十一か条の要求を突き付け認めさせました。日本はヨーロッパに行って戦ったわけではないので注意しましょう。

> イギリスは日本に対して、「誰もそんなことを要求してない」と憤り、参戦要求を取り消したよ。

続く寺内正毅内閣は、ロシア革命に対抗するため、1918年からアメリカと共同してシベリアに出兵しました。しかし、このシベリア出兵により、国内の米の需要が高まり、米価が急激に上昇、米騒動を招く結果になってしまいます。これを収束できず寺内内閣は退陣してしまいます。米でつぶれた内閣という

> シベリア組に対する食料供給のため政府の米の買い占めが起こるだろうと予想して、米商人が大量に買い占め、売るのを渋ったんだ。

ことで、結構パンチがありますよね。

　その後、初めての本格的政党内閣である原敬内閣が誕生します。陸・海軍大臣と外務大臣を除く全ての大臣を立憲政友会党員で独占しました。彼は平民宰相と呼ばれて国民の期待を集めたのですが、普通選挙の実施に対しては消極的でした。行ったのは直接国税を10円以上から3円以上に引き下げただけ……。そのくせ大学令を定めて、帝国大学以外にも各地に国立・私立・単科大学をつくるよう命じ、高等教育の普及に努めました。若干エリート主義的なにおいがするな、とだんだんと国民が失望するようになり、最後は東京駅で暗殺されてしまいました。

　ヨーロッパの戦火の外にいた日本には、第一次世界大戦中に大戦景気がもたらされました。債務国だった日本は軍需製品や生糸の輸出で債権国にまでのし上がり、船成金が続出したほどです。

　1919年、パリ講和会議が開かれ、ヴェルサイユ条約が結ばれました。この条約で日本は、中国山東省旧ドイツ権益の継承が認められました。ヴェルサイユ条約は世界史でも重要で、ウィルソン大統領の提唱した14か条の平和原則により、国際連盟の設立が決定されました。また、戦後はアメリカが世界をリードしていきます。ワシントン体制というやつですね。具体的には、アメリカは大統領のハーディングがワシント

ン会議を呼びかけて次の3つの条約を締結することに成功します。これらは日本にとっては不利な内容であったという点がポイントですね。まず、太平洋諸国の平和維持に関する四か国条約（1921）では、日英同盟が解消させられました。次に、中国の主権尊重、領土保全を定めた九か国条約（1922）では、日本は一度ヴェルサイユ条約で継承が認められた中国山東省を手放す結果になります。さらに、ワシントン海軍軍縮条約（1922）では、主力艦の保有トン数制限がなされ、日本の保有割合がアメリカやイギリスと比べて低く設定されました。このように、1920年代はアメリカが世界をけん引し、黄金時代を築きました。

3. 大正時代から昭和時代へ

　第一次世界大戦後は、ヨーロッパ諸国がアジア市場に復帰してきたため、日本は慢性

的な輸入超過に陥りました（戦後恐慌）。そして、1923年には関東大震災が起こり、それを機に震災恐慌が発生します。震災手形の回収が進まずその後の金融恐慌の原因となってしまうわけですね。虎の門事件で第二次山本権兵衛内閣が退陣すると、貴族院中心で枢密院と仲の良い清浦奎吾内閣が成立します。この内閣は完全に超然内閣だったものですから、第二次護憲運動が起こります。立憲政友会（高橋是清）、憲政会（加藤高明）、革新倶楽部（犬養毅）の3派がまとまって清浦内閣に食って掛かったわけです。そして総選挙の結果、加藤高明率いる護憲三派内閣が誕生するに至ります。この内閣は試験的には超頻出です。次の3つのことを行ったので是非覚えておきましょう。

総選挙の第一党が憲政会だったので、加藤高明が首相となり、立憲政友会の高橋是清や、革新倶楽部の犬養毅を大臣に加えたんだ。

▶ 加藤高明内閣の功績

普通選挙法	満25歳以上の男子に選挙権を与える。有権者割合は全人口の20.0％に増加。
治安維持法	無産政党（社会主義・共産主義政党）の勃興に備えて制定した。
日ソ基本条約	ソ連と国交を回復した。

　加藤高明内閣は、政党政治の歴史の中でも重要で、以後、1932年に犬養毅内閣が5・15事件で倒れるまで8年間、憲政の常道という慣行が続くことになりました。これは衆議院多数派の政党から内閣総理大臣が選ばれ、組閣していくという慣行です。要するに、政党内閣時代が8年続いたというわけですね。

PLAY&TRY

1. 立憲政友会の犬養毅や立憲国民党の尾崎行雄らの政党政治家、新聞記者、実業家たちは、「閥族打破・憲政擁護」を掲げて、第3次桂太郎内閣の倒閣運動を起こし、桂内閣は総辞職に追い込まれた。

(特別区 H30改題)

1. ×
立憲政友会→尾崎行雄、
立憲国民党→犬養毅である。

2. 1914年に始まった第一次世界大戦はヨーロッパが主戦場となったため、我が国は参戦せず、辛亥革命で混乱している中国に干渉し、同大戦中に清朝最後の皇帝溥儀を初代皇帝とする満州国を中国から分離・独立させた。

(国家一般職 H29)

2. ×
日本も日英同盟を根拠に、ドイツに宣戦布告した。また、満州国の建国は1932年なので、時代が異なる。

3. 1917年、ロシア革命によりアレクサンドル2世が亡命すると、ロマノフ王朝は崩壊し、世界で最初の社会主義国家が誕生した。その影響が国内に波及することを恐れた我が国は、米国と石井・ランシング協定を結び、米国に代わってシベリアに出兵した。

(国家一般職 H29)

3. ×
ニコライ2世が退位し、ロマノフ王朝が崩壊した(世界史9章参照)。シベリア出兵は、米国に代わって行われたものではない。

4. 1918年、立憲政友会総裁の原敬は、陸・海軍大臣と外務大臣を除く全ての大臣を立憲政友会党員で占める本格的な政党内閣を組織した。同内閣は、産業の振興、軍備拡張、高等教育機関の拡充などの積極政策を行った。

(国家一般職 H29)

4. ○
そのとおり。
原敬内閣は本格的政党内閣である。

5. 第一次世界大戦中に、日本の貿易は慢性的な輸入超過から一転して輸出超過になり、日本は債務国から債権国に転じた。

(東京都 R3)

5. ○
そのとおり。
いわゆる大戦景気である。

6. 第一次世界大戦中、日本は大戦景気と呼ばれる好況となり、この流れは大戦終結後も継続した。

（東京都H28改題）

6. ✕
大戦終結後は不況になった。

7. 立憲政友会総裁の原敬は、華族でも藩閥でもない衆議院に議席をもつ首相であったため「平民宰相」とよばれ、男性の普通選挙の実現を要求する運動が高まると、普通選挙法を制定し、25歳以上の男性に選挙権を与えた。

（特別区H30）

7. ✕
男子普通選挙には反対し、有権者資格として直接国税を3円に引き下げたのみである。

8. 枢密院議長の清浦奎吾は、貴族院の支持を得て超然内閣を組織したが、これに反発した憲政会、立憲政友会、革新倶楽部の3政党は、内閣反対、政党内閣実現をめざして護憲三派を結成した。

（特別区H30）

8. ◯
そのとおり。
護憲三派内閣は重要。

9. 憲政会総裁の加藤高明は、立憲政友会、革新倶楽部と連立内閣を組織し、国体の変革や私有財産制度の否認を目的とする運動を処罰し、共産主義思想の波及を防ぐことを目的とした治安警察法を制定した。

（特別区H30）

9. ✕
治安警察法は1900年につくられた法律である。
治安維持法の誤り。

13

昭和時代

重要度 ★★★　頻出度 ★★★

昭和時代は、第二次世界大戦までの流れが出題されます。
軍部の力に押され、ファシズム化していった過程が大切です。

1. 金融恐慌

　震災手形の決済処理や大量の不良債権が発生し、社会が混乱する中、当時の大蔵大臣
片岡直温が失言をしてしまいます。東京渡辺銀行が潰れてもいないのに潰れたと言った
わけです。これにより取り付け騒ぎが起こり金融恐慌へと発展します（1927）。第一次
若槻礼次郎内閣は経営破綻した鈴木商店への過剰融資でつぶれそう
になっていた台湾銀行を救済するため、緊急勅令によるモラトリア
ム（支払い猶予）を出そうとしました。しかし、この緊急勅令を枢
密院が拒みました。これにて万事休すとなり、総辞職することにな
りました。その後、田中義一内閣が成立し、自身が外務大臣を務
め、3週間のモラトリアム（支払い猶予令）を出すことに成功しま
した。日銀が巨額の融資をしたため、これによって台湾銀行は救済
されました。しかし、田中内閣は、関東軍による張作霖爆殺事件
の処理をめぐり、昭和天皇にめちゃめちゃ怒られ、退陣しました。

背景には、幣原外相
の協調外交に対する
不満があったんだ。

田中内閣は、積極外
交に転じたため、枢
密院からの許可が下
りたんだね。

▶ 金融恐慌の収束

第一次若槻礼次郎内閣	幣原喜重郎(外務大臣)→協調外交→収束に失敗
田中義一内閣	田中義一(外務大臣)→積極外交→収束に成功

2. 昭和恐慌

　民政党の浜口雄幸内閣は、大蔵大臣に井上準之助を起用し、財政の緊縮や金輸出解禁
を実施しました。また、産業の合理化策として、1931年に基幹産業におけるカルテルの
結成を促す重要産業統制法を制定しました。しかし、世界恐慌の影響が日本にも波及し

てきて、輸出が大きく減少してしまいます（1929）。しかも、金輸出解禁をしたので、金が大量に流出してしまいました。一方、安全保障の面でも軍部の反発を受けます。ロンドン海軍軍縮条約を海軍の反対を押し切って無理やり調印してしまったからです。その後、犬養毅内閣時に、高橋是清が大蔵大臣となり、金輸出再禁止に踏み切り、財政を拡大、金融緩和を行いました。これにより、ようやく円安を背景に輸出が伸びるようになりました。

補助艦の保有トン数割合が、アメリカとイギリスが10なのに、日本は7に制限された。これに対して海軍が「統帥権の干犯だ」と反発したんだよ。

▶ 昭和恐慌の収束

浜口雄幸内閣	井上準之助(大蔵大臣)→財政の緊縮、産業の合理化、金輸出解禁 →収束に失敗
犬養毅内閣	高橋是清(大蔵大臣)→財政の拡大、金融緩和、金輸出再禁止 →収束に成功

3. 軍部の台頭

　最後に、軍部の台頭から第二次世界大戦までの流れをざっと確認していきます。まず、1931年に関東軍（石原莞爾）は、奉天郊外の柳条湖で南満州鉄道の線路を爆破するという事件を起こしました（柳条湖事件）。これを中国軍の仕業であるとして軍事行動を起こしました（満州事変）。そして翌1932年には、満州国の建国を宣言します。しかし、国際連盟はさすがに怪しいと思ったため、リットン調査団を派遣して実況見分を行います。

　1932年という年は、忌まわしい事件が連発しました。2、3月には血盟団事件で井上準之助や三井財閥の団琢磨が暗殺され、ついには、5月には5・15事件が起こり、犬養毅首相が海軍青年将校に射殺されました。これにて憲政の常道は終了し、その後は軍部と仲良しの斎藤実挙国一致内閣が誕生します。斎藤内閣下で行われたことは国際関係からの離脱と思想弾圧です。1933年に、国際連盟を脱退し、滝川事件で刑法学説が自由主義的すぎだとして危険思想認定しました。

　1936年には、2・26事件が起こりました。これは天皇親政を目指す皇道派の陸軍青年将校が国家改造を企てたというクーデタです。昭和維新を掲げて、斎藤実、高橋是清らを殺害し

リットン調査団の報告を踏まえ、満州国の建国が国際連盟の決議で否決されたからだよ。

1935年には、天皇機関説事件も起こるよ。美濃部達吉は公職を追われてしまったんだ。

岡田啓介首相は助かったよ。

ました。天皇はこれに対して、戒厳令を公布しました。これで皇道派は降伏……。以後統制派が軍部の主導権を握っていきます。また、同年、広田弘毅内閣は、1913年に廃止された軍部大臣現役武官制を復活させました。

贈賄事件であるシーメンス事件で退陣した第一次山本権兵衛内閣が改正・緩和したんだ。

4. 日中戦争と太平洋戦争

　日中戦争は1937年の盧溝橋事件をきっかけに始まります。北京郊外の盧溝橋付近で日中両軍が衝突したのです。日本は宣戦布告をしていませんね。当初近衛文麿内閣は不拡大方針をとっていたのですが、半年後には「国民政府は相手とせず」として和平の道を断ってしまいます。ただ、この決定が日中戦争を長引かせる原因となりました。1938年には、国家総動員法を制定し、戦争のために人やモノを命令で運用できる仕組みを整えます。1939年には、ノモンハン事件で仮想敵国であるソ連軍に大敗北を喫しました。そして、国民徴用令を出して、軍需産業に人を強制動員できる体制をつくります。また、価格等統制令が発令され、物価の抑制が図られました。戦争中にインフレが起きて経済が混乱したら困るからです。

　一方、世界ではドイツのポーランド侵攻に対してイギリス・フランスがキレて第二次世界大戦が始まりましたが、日本の当初のスタンスは、穏当に済ませよう、でした。しかし、1940年に日独伊三国軍事同盟を、翌1941年には日ソ中立条約を締結するなどしたため、アメリカはいい顔をしませんでした。それどころか、日本の南部仏印進駐に対して、イギリス、中

この年は、大政翼賛会が発足した年でもある。既成政党が解散したんだ。ただ、明治憲法は生きていたので選挙は実施されたよ。

国、オランダと一緒になってABCD包囲網を敷いて、対日石油全面禁輸を行いました。さすがにこの状況はヤバいと考えた日本は、アメリカと交渉を重ねたのですが上手くいかず、1941年12月8日、真珠湾を奇襲攻撃してしまいました。これが真珠湾攻撃です。こうして太平洋戦争の戦いの火ぶたが切られたわけです。日本は、最初の半年間で戦線を一気に拡大し、東南アジア全域や太平洋の真ん中くらいまで手中に収めたのですが、ミッドウェー海戦で大敗北したことを

この戦いでは日本が勝利を収めたが、宣戦布告をしないで始めた（遅れた）ため、いまもなお、アメリカでは「リメンバー・パールハーバー」という言葉で語り継がれている。

きっかけに、戦線は徐々に後退していきます。1944年7月にはサイパンが陥落し、B29による空襲が可能となりました。これは日本の空を守れなくなったことを意味します。その後は1945年4月からが沖縄戦が始まり、8月6日に広島、9日には長崎に原子爆弾

が投下されました。そしてついに8月15日、日本はポツダム宣言を受諾して戦争終結の道を選ぶことになりました。

PLAY&TRY

1. 関東大震災により、我が国の経済は大きな打撃を受け、手形が決済不能となり、日本銀行の特別融資でしのいだものの、決済は進まなかった。
(東京都H28改題)

1. ○
そのとおり。
震災手形の決済処理や大量の不良債権が発生し、社会が混乱した。

2. 加藤高明内閣は、震災手形の整理に着手したが、1927年に議会での高橋是清蔵相の失言をきっかけとして取付け騒ぎが発生した。
(特別区H28改題)

2. ×
若槻礼次郎内閣の誤り。また、失言をした蔵相は片岡直温である。

3. 若槻礼次郎内閣は、経営破綻した鈴木商店への不良債権を抱えた台湾銀行を緊急勅令によって救済しようとしたが、衆議院で否決され、総辞職に追い込まれた。
(特別区H28改題)

3. ×
否決したのは枢密院である。

4. 田中義一内閣は、モラトリアムを発令して金融恐慌を収束させたが、中小銀行の整理、合併が進んだ。
(特別区H28改題)

4. ○
そのとおり。
三井、三菱、住友、安田、第一の5大銀行の支配的地位が確立した。

5. 浜口雄幸内閣は、蔵相に井上準之助を起用し、金輸出禁止を断行した。
(特別区H28改題)

5. ×
金輸出解禁を断行した。

6. 世界恐慌が始まった翌年、金貨や地金を輸出することを禁じたが、世界恐慌の影響を受け、昭和恐慌と呼ばれる恐慌に陥った。
(東京都H28改題)

6. ×
金貨や地金の輸出を解禁した。

7. 1930年、浜口雄幸内閣は金の輸出禁止を解除した
   が、ニューヨーク株式市場の大暴落から始まった世
   界恐慌のため、我が国では猛烈なインフレが生じ、
   労働争議が激化した。そのため、同内閣は治安維持
   法を成立させ、労働争議の沈静化を図った。

   （国家一般職 H29）

7. ×
インフレではなく、デフレ。また、治安維持法は1925年の加藤高明内閣時にできた法律である。

8. 犬養毅内閣は、1931年に基幹産業におけるカルテル
   の結成を促す重要産業統制法を制定した。

   （特別区 H28改題）

8. ×
犬養毅内閣ではなく、浜口雄幸内閣である。

9. 1920年に設立された国際連盟において、我が国は米
   国と共に常任理事国となった。1933年、国際連盟は
   リットン報告書に基づいて満州における中国の主権
   を認め、日本の国際連盟からの除名を勧告したため、
   我が国は国際連盟を脱退した。　（国家一般職 H29）

9. ×
アメリカは国際連盟に加盟していない。また、日本は、リットン報告書に基づいて、満州国の建国が国際連盟の決議で否決されたため、松岡洋右が総会から退場し、その後脱退した。

10. 我が国のゆきづまりの原因は財閥・政党の腐敗にあ
    るとして、一部の将校たちが2・26事件を起こし、
    岡田啓介首相が暗殺された。これにより、大正末以
    来の政党内閣が終わった。　（東京都 H28改題）

10. ×
岡田啓介首相は助かった。また、政党内閣が終わったのは、1932年の5・15事件である。

14

戦後の日本

戦後の日本は社会科学や政治学でも出題されます。いわゆる内閣総理大臣史を表で押さえるのが基本です。主要な内閣総理大臣の功績をざっと確認しましょう。

1. 戦後直後～55年体制の確立

鈴木貫太郎内閣	ポツダム宣言を受諾して総辞職
幣原喜重郎内閣	マッカーサーの五大改革指令を実行し、戦後初めての衆議院議員総選挙を実施
第一次 吉田茂内閣	日本国憲法の公布・施行、傾斜生産方式を採用
片山哲内閣	戦後初めての社会党内閣（日本社会党、民主党、国民協同党との連立内閣）
芦田均内閣	片山哲内閣と構成政党は同じ。昭和電工事件で総辞職
第二～五次 吉田茂内閣	経済安定九原則の遂行、シャウプ勧告で直接税中心主義へ、サンフランシスコ平和条約（アメリカの間接統治が終了し、主権回復も単独講和、同日に日米安全保障条約に調印し米軍の駐留を認める）、IMF加盟（14条国として）、造船疑獄で批判され総辞職
鳩山一郎内閣	社会党の統一により、保守陣営も自由党と日本民主党が合同（保守合同）→自由民主党が結成され、55年体制が確立された、日ソ共同宣言を締結し、国際連合加盟を果たす

2. 55年体制の崩壊まで

岸信介内閣	新日米安全保障条約に批准→共同防衛義務と事前協議制の導入、安保闘争で総辞職
池田勇人内閣	「寛容と忍耐」を提唱し、所得倍増計画を展開(10年間で所得を2倍にする)→1967年に実現。東海道新幹線と首都高速道路を整備→オリンピック景気、IMF8条国へ移行、OECD加盟
佐藤栄作内閣	日韓基本条約を締結、非核三原則、武器輸出三原則、小笠原返還(1968)、沖縄返還協定(1972)、日米繊維摩擦、公害対策基本法、環境庁を設置
田中角栄内閣	日中共同声明で中国との間で国交正常化、日本列島改造論、変動相場制への移行、第四次中東戦争により、第一次オイルショックが発生→狂乱物価、スタグフレーションになる→高度経済成長が終わる、次の三木武夫内閣時にロッキード事件で逮捕される
福田赳夫内閣	日中平和友好条約を調印、OPECの原油引上げで第二次オイルショックが発生、日米ガイドライン策定、東南アジア外交を重視(福田ドクトリン)
大平正芳内閣	消費税の導入を目指したが実現せず、初の衆参同日選挙→選挙期間中に急死し、同情票が集まり大勝
中曽根康弘内閣	スローガン「増税なき財政再建」の下、三公社民営化(国鉄→JR、電電公社→NTT、専売公社→JT)、戦後政治の総決算で社会保障レベルの切下げ、防衛費のGNP比1%枠の突破、プラザ合意で円高不況→バブル経済へ
竹下登内閣	消費税導入(3%)、リクルート事件で退陣
海部俊樹内閣	日米構造協議で、アメリカとの自動車やハイテク分野をめぐる経済摩擦を解消、湾岸戦争の対応に迫られる
宮澤喜一内閣	PKO協力法が成立→自衛隊をカンボジアに派遣、内閣不信任決議案可決→自民党過半数割れ……

3. 55年体制の崩壊以降

細川護熙内閣 (もりひろ)	非自民8党派連立内閣（7党1会派）→55年体制の崩壊、政治改革関連法が成立→衆議院に小選挙区比例代表並立制を導入、政党助成法制定、政治資金規正法改正など
村山富市内閣	戦後2人目の社会党内閣（自民党・社会党、新党さきがけの連立内閣）、阪神・淡路大震災、地下鉄サリン事件が立て続けに発生
橋本龍太郎内閣	金融システム改革（日本版金融ビッグバン）、アジア通貨危機が発生、消費税を5％に引き上げる
小泉純一郎内閣	聖域なき構造改革→郵政民営化、日朝平壌宣言（国交正常化交渉を開始）
鳩山由紀夫内閣	政権交代が実現。民主党、社会民主党、国民新党の連立内閣
菅直人内閣	鳩山由紀夫内閣に続き民主党政権、東日本大震災が発生し、福島第一原発事故が起こる
第二～四次 安倍晋三内閣	アベノミクス、平和安全法制（安保関連法）を成立、集団的自衛権の行使容認、通算在職日数が憲政史上最長
菅義偉内閣 (すが)	「2050年カーボンニュートラル」を宣言、携帯電話料金の引下げ

PLAY&TRY

1. GHQは、日本のポツダム宣言の受諾後、マッカーサーを最高司令官として、直接統治の占領政策を進めた。 （オリジナル）

1. ×
間接統治の占領政策を
進めた。

2. 吉田内閣が昭和電工事件で退陣すると、次いで成立した鳩山内閣は、社会主義国との関係を深め、日ソ平和条約を締結した。 （オリジナル）

2. ×
昭和電工事件で退陣した
のは芦田内閣である。ま
た、日本は日ソ平和条約
を締結したのではなく、日
ソ共同宣言を締結した。

3. 1960年に成立した池田内閣は「所得倍増」をスローガンに経済成長を促進する政策をとった。しかし、その後公害訴訟や住民運動が高まったため、続く佐藤内閣は公害対策基本法の制定と改正を行い、環境庁を設置した。 （オリジナル）

3. 〇
そのとおり。
1960年代から1970年
代初頭の出来事として正
しい。

4. 1960年代、大韓民国に対しては、佐藤栄作内閣が朴正熙政権との間で日韓基本条約を結んで国交を樹立し、資金供与などを行った。 （国家総合職H30改題）

4. 〇
そのとおり。
日韓基本条約は佐藤栄
作内閣の下で結ばれた。

5. 1970年代、中国との関係では、田中角栄内閣が日中平和友好条約を結んで、日中国交正常化を実現した。 （国家総合職H30改題）

5. ×
日中共同声明の誤り。

6. 中曽根内閣では、行政改革・税制改革の推進が期待されたが、三公社（電電公社・専売公社・国鉄）の民営化は実現されず、これらの改革は竹下内閣に引き継がれた。 （オリジナル）

6. ×
三公社の民営化は中曽
根内閣の下で実現され
た。

01

重要度★ 頻出度★

古代ギリシア

**あまり出題されませんが、古代を勉強するのであれば、避けては通れない、
そんなテーマです。輪郭だけは押さえておくとよいでしょう。**

この章の舞台は、主にこのあたりから始まる。ここから勢力圏がどんどん拡大していくよ。

1. アテネの民主政治

　古代ギリシアと言えば、民主政治のイメージが強いですね。直接民主政が確立されていった流れを簡単に説明します。指導者の順番を暗記することから始めるわけですが、「ドソペクペ」と覚えるといいですよ。ゴロになっていないゴロというやつです。

　まず、貴族政をぶっ壊すことを目標にしたのがドラコンとソロンです。ドラコンは慣習法を成文化し、貴族の暴走を止めようとしました。これを「ドラコンの立法」といいます。ソロンは貴族と平民の対立を抑えようと努力しました。市民の権利義務を貴族などの身分ではなく財産の所有額で決めようとしました。財産政治ですね。これで貴族政治が終焉しました。

ほかにも負債を帳消ししたり、債務奴隷を禁止したりしたよ。

　次に、ペイシストラトスですが、この人は僭主政治で有名です。非合法的な手段で独裁政治を行うことを僭主政治というわけですが、平民に土地を配ったりしたので意外と人気者でした。

　続くクレイステネスは、陶片追放（オストラシズム）を行い、僭主の出現を防止しま

した。市民が「僭主の危険あり」と判断したら、陶片に記入して投票し、6000票集まった時点で10年間国外追放にあうというものでした。あとは、抽選で選ばれた人で構成する500人評議会を創設しました。彼の時代に民主政治の基礎が成立したといってよいでしょう。

そして、最後に登場するのがカリスマであるペリクレスです。民主政治を完成させて、アテネの全盛期を支えた人物です。彼の功績は大変大きく、ペルシア戦争に勝利し、統治システムを固めました。まず18歳以上の男子を市民とし、全員参加の民会を最高機関としました（三権分立的な発想はない）。そして、すべての物事を多数決で決めていきました。ですから、直接民主政ですね。しかも役人は将軍職を除き、市民から抽選で選んだそうです。貴族が官職を独占する時代は終わったわけですね。ただ、注意してもらいたいのは、ここにいう市民には、奴隷や女性は含まれていなかったという点です。

なお、ペリクレスは15回連続で将軍職に当選したといわれているよ。

2. ペルシア戦争

ペルシア戦争は、ギリシア連合軍が当時の大国アケメネス朝ペルシアと戦って勝利を収めた戦いです。マラトンの戦いとサラミスの海戦が有名ですね。マラトンの戦いは重装歩兵部隊が活躍してアテネが勝利しました。42キロ走って使者が勝利を伝えたらしく、これがマラソンの起源となっています。サラミスの海戦はテミストクレスがペルシア艦隊を破ったという戦いです。三段櫂船の漕ぎ手として無産市民や奴隷が活躍しました。

こうしてペルシア戦争はギリシア連合軍の勝利で終わるわけですが、当時のペルシアは大国。再び攻めてくることを恐れ、アテネが盟主となってデロス同盟という軍事同盟を結びました。

これで一件落着かとおもいきや、デロス同盟に反対する都市が出てきます。アテネの西に位置するスパルタです。スパルタはデロス同盟に対抗してペロポネソス同盟を結んで反抗しました。これをペロポネソス戦争といいます。この戦いでは、読んで字のごとくペロポネソス同盟側が勝利を収めます。しかし、このようなギリシア内部の争いを北方からじ〜っと眺めている国がありました。それが軍事大国マケドニアです。マケドニア王フィリッポス2世は、この状態を好機と捉え、カイロネイアの戦いでアテネ・テーベ連合軍を破り、コリントス同盟（ヘラス同盟）を結んでしまいます。マケドニアがギリシアを含む広大な土地を支配するようになったわけですね。そして、このフィリッポ

ス2世の息子、アレクサンドロス大王の時代にマケドニアは大帝国を築くことになります。

3. ヘレニズム時代

　アレクサンドロス大王は、イッソスの戦いでアケメネス朝ペルシアのダレイオス3世を破り、続くアルベラの戦いでも勝利、翌年にはついにアケメネス朝ペルシアを滅ぼしました。その後、インド西北部の方まで支配の手を伸ばします（東方遠征）。東西にまたがる大帝国を築いたわけですね。大王は支配の証として、各地にアレクサンドリアという名前の都市を建設しました。70くらいあったらしいのですが、有名なのはエジプトのアレクサンドリアですね。そして、ギリシアとオリエントの文化が融合し、ヘレニズム文化（ギリシア風の文化という意味）が生まれました。

経済・文化の中心地だった。また、ムセイオン（王立研究所）がつくられ、自然科学研究が行われた。

「ミロのビーナス」や「アルキメデスの原理」などが代表例なので覚えておこう。

　ところが、大王の死は意外と早く、32歳の時に熱病にかかって急死してしまいます。その後大帝国は一気に分裂……。具体的には、アンティゴノス朝マケドニア、セレウコス朝シリア、プトレマイオス朝エジプトに分裂してしまいました。

PLAY&TRY

1. ペリクレスの時代にアテネの民主政治が完成し、奴隷や女性を含む20歳以上の市民が全員参加する民会で物事を決めていった。　　　　　（オリジナル）

   1. ×
   奴隷や女性を除く18歳以上が市民とされた。

2. ギリシアとそれに敵対するササン朝ペルシアとの間にペロポネソス戦争が起こった。諸ポリスはアテネを中心にデロス同盟を組織し、ペルシア軍をマラトンの戦いやサラミスの海戦で破った。　　　　　（オリジナル）

   2. ×
   ギリシアと敵対したのはアケメネス朝ペルシアであり、ギリシアとアケメネス朝ペルシアとの戦いはペルシア戦争である。また、デロス同盟はペルシア戦争の後に結成された。

3. ペロポネソス戦争は、アテネを中心とするデロス同盟とスパルタを中心とするペロポネソス同盟との間に起きた戦争であり、アテネが敗北した。この戦争はポリス社会の崩壊を招いた。　　　　（オリジナル）

   3. ○
   そのとおり。
   ギリシアの内紛である。

4. ペロポネソス戦争によって、マケドニアのアレクサンドロス大王がアテネ・テーベ連合軍を破ってギリシアの支配権を確立した。　　　　　（オリジナル）

   4. ×
   ペロポネソス戦争ではなく、カイロネイアの戦いである。また、アレクサンドロス大王ではなく、フィリッポス2世である。

02

重要度 ★★　頻出度 ★★★

古代ローマ(1)

古代だと一番出題されます。ローマ帝国の誕生、ローマ帝国が東西に分裂するまで、
東西分裂後のゆくえ、という感じで、時系列で押さえるのがポイントです。

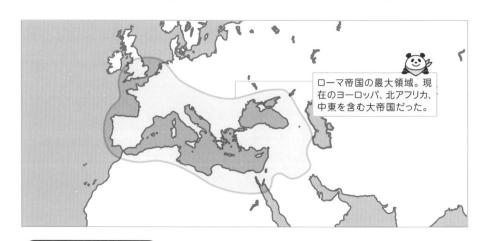

ローマ帝国の最大領域。現
在のヨーロッパ、北アフリカ、
中東を含む大帝国だった。

1. 共和政ローマ

「ローマは一日にして成らず」と言われるように、最初は単なる一都市だったローマ。
そんなローマは貴族共和政からスタートしました。貴族（パトリキ）と
平民（プレブス）に分かれ、官職としては、執政官（コンスル）、独裁
官（ディクタトル。非常時の臨時職でコンスルから選出）、元老院（貴
族より選出）がありました。このように貴族が官職を独占したわけで

> 貴族より選出さ
> れ、最高官職と
> されたよ。2名
> で構成された。

す。しかし、その後、護民官が置かれます。護民官とは、元老院やコンスルの決定に対
する拒否権を持つ平民の代表みたいな存在です。そ
れとともに、平民だけで構成される平民会なるもの
も設置されるようになりました。そして、十二表法
やリキニウス・セクスティウス法、ホルテンシウス
法などがつくられました。徐々に平民の地位が向上
していったので（法的平等が実現）、この時代を民主

> それぞれ、十二表法は従来の慣習や平
> 民の権利を成文化したローマ最古の成
> 文法。リキニウス・セクスティウス法
> は、コンスルのうち1人を平民から選
> 出しましょうという法律。ホルテンシウ
> ス法は、元老院の承認なく平民会の決
> 議で法律をつくれるという法律だよ。

共和政と呼びます。

2. ローマ内乱の時代

　ローマは、対外的にはポエニ戦争でフェニキア人植民地のカルタゴと３回にわたって戦い、勝利を収めました。２回目の戦いの時にカルタゴの将軍ハンニバルの戦象作戦に敗れましたが（カンネーの戦い）、ザマの戦いで名将大スキピオがカルタゴを攻め、勝利に導きました。その後小スキピオがポエニ戦争を終結させました。一方、国内では、奴隷使用に基づく大土地経営（ラティフンディア）が発展し、このあおりを受けて中小農民が没落してしまいます。彼らは無産市民となり都市に流入。結果的に、ローマの治安が悪くなってしまいます。しかも、元老院と平民会の対立も顕著になってきました。

　このような状況を立て直そうと、護民官であるグラックス兄弟が改革政治を行いましたが、貴族の嫌がらせを受けて失敗し、その後は内乱の１世紀に突入します。閥族派（元老院中心）のスラと平民派（平民会中心）のマリウスが争い、スラが終身独裁官となって平民派を弾圧しました。

3. 帝政ローマの時代へ

　史上最大の剣奴の反乱と呼ばれるスパルタクスの反乱をポンペイウスとクラッススが鎮圧した後、カエサルを加えて第１回三頭政治が行われました。３トップの政治ですね。しかし、この中で頭角を現したカエサルは、ポンペイウスを討ち、終身独裁官になりました。独裁官、護民官、インペラトルなどを兼任したわけです。ただ、最後はあっけなく、部下たちに殺されてしまいます。「ブルートゥスお前もか……」という言葉はあまりにも有名です。一番の舎弟であったブルートゥスが暗殺集団の中にいたことに驚いて言った言葉です。

8年間ガリア（フランス付近）遠征をし、『ガリア戦記』を記したよ。また、ユリウス暦を採用したよね。

　カエサルの死後、再び第２回三頭政治が行われます。今度はオクタウィアヌス、レピドゥス、アントニウスの３人ですね。このうち、オクタウィアヌスはカエサルの養子で、カエサルと同じような行動に出ます。アクティウムの海戦でアントニウスを破りました。そして、元老院からアウグストゥス（尊厳者）という称号をもらい、元首政（プリンキパトゥス）を敷き帝政を開始しました。ですから、オクタウィアヌス＝アウグストゥスは初代ローマ皇帝ということになりますね。

このオクタウィアヌスの時代から200年くらいを「ローマの平和」（パックス・ロマーナ）といいます。特に五賢帝時代は繁栄を極めました。ネルウァ、トラヤヌス、ハドリアヌス、アントニヌス・ピウス、マルクス・アウレリウス・アントニヌスの5人が五賢帝で、2番目のトラヤヌス帝の時代に領土が最大となります。この間、ヨーロッパの各地にパリやウィーンなどの都市がつくられました。

4. 帝政ローマの衰退

　まず、ディオクレティアヌス帝の時代に一度帝国が分裂しかけますが、その際は、専制君主政（ドミナートゥス）を敷いて、帝国の危機を回避しました。この人は、1人で統治をするのは無理だと悟り、2人の正帝と2人の副帝をおく四分統治を始めました。

> 330年に首都をビザンティウムに遷都し、自分の名にちなんでコンスタンティノープルと命名したんだよ。今のイスタンブールだね。

　次に、コンスタンティヌス帝の時代。この人は賢帝ですね。財政基盤を整備するため、コロヌス（小作人）を土地にしばりつけて税収入を確保し、人々の身分や職業を世襲化しました（コロヌス土地緊縛令）。そして、当時迫害の対象となっていたキリスト教徒たちに歩み寄り、キリスト教を公認しました。これがミラノ勅令（313）です。そして、ニケーア公会議（325）でアタナシウス派を正統であるとしました。これは神＝キリストと考える三位一体説ですね。このように、キリスト教を政治的に上手く利用することで帝国をまとめていきました。

　そして、ついにこの時がやってきてしまいます。395年、テオドシウス帝の死後に帝国が東西に分裂してしまいます。395年は「錯誤で分裂」と覚えましょう。なお分裂後、ローマを首都とする西ローマ帝国の方は、ゲルマン人傭兵隊長のオドアケルに攻められ、潰れてしまいます。潰れたのが476年ですから、100年ともたなかったわけです。一方、東ローマ帝国はビザンツ帝国と呼ばれ、コンスタンティノープルを首都として、1453年まで続きます。よって、こちらは1000年以上も続く大帝国になったわけです。ビザンツ皇帝と

> オスマン帝国のメフメト2世に滅ぼされてしまうんだ。オスマン帝国はオスマン1世がつくった帝国で、スレイマン1世の時代が最盛期だよ。プレヴェザの海戦でスペインやヴェネチア、ローマ教皇の連合艦隊を撃破した。

しては、6世紀ユスティニアヌス帝が有名です。彼の時代が最盛期で「ローマ法大全」（古代からの法律をまとめたもの）が編纂されました。また、皇帝レオン3世は聖像禁止令（726）を出したため、ローマ・カトリック教会と対立・断絶し、ギリシア正教会を成立させました。

▶ 東西ローマ帝国の行く末

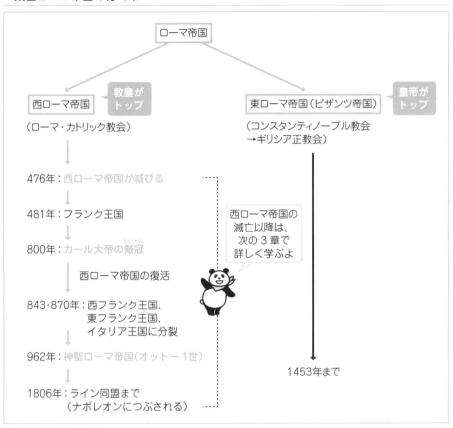

ローマ帝国

西ローマ帝国 　教皇がトップ
（ローマ・カトリック教会）

東ローマ帝国（ビザンツ帝国）　皇帝がトップ
（コンスタンティノープル教会
→ギリシア正教会）

476年：西ローマ帝国が滅びる

481年：フランク王国

800年：カール大帝の戴冠

西ローマ帝国の復活

843・870年：西フランク王国、
　　　　　　東フランク王国、
　　　　　　イタリア王国に分裂

962年：神聖ローマ帝国（オットー1世）

1806年：ライン同盟まで
　　　　（ナポレオンにつぶされる）

西ローマ帝国の
滅亡以降は、
次の3章で
詳しく学ぶよ

1453年まで

世界史

02

古代ローマ（1）

魅力的な
五賢帝の時代に
タイムスリップ、
いやスリップ

PLAY&TRY

1. オクタウィアヌスは、アントニウス、レピドゥスと第2回三頭政治を行い、紀元前31年にはアクティウムの海戦でエジプトのクレオパトラと結んだアントニウスを破り、前27年に元老院からアウグストゥスの称号を与えられた。

   （特別区R3）

   1. ○
   そのとおり。
   事実上の初代ローマ皇帝になった。

2. 元老院からアウグストゥス（尊厳者）の称号をあたえられたオクタウィアヌスは、専制君主政（ドミナートゥス）を始めた。

   （特別区H25改題）

   2. ×
   専制君主政（ドミナートゥス）ではなく、元首政（プリンキパトゥス）の誤り。

3. ディオクレティアヌス帝は、二人の正帝と二人の副帝をおく四分統治を始めた。そして、皇帝の権威を高めるため、元首政（プリンキパトゥス）を採用した。

   （特別区H25改題）

   3. ×
   元首政は、オクタウィアヌス（アウグストゥス）が採用した。専制君主制（ドミナートゥス）の誤り。

4. 3世紀末、テオドシウス帝は、2人の正帝と2人の副帝が帝国統治にあたる四分統治制を敷き、皇帝権力を強化し、以後の帝政はドミナトゥスと呼ばれた。

   （特別区R3）

   4. ×
   ディオクレティアヌス帝の誤り。

5. テオドシウス帝は、ミラノ勅令でキリスト教を公認した。その上で、ニケーア公会議を開いて、三位一体説をとるアタナシウス派を正統とした。

   （特別区H25改題）

   5. ×
   テオドシウス帝ではなく、コンスタンティヌス帝の誤り。

6. コンスタンティヌス帝は、313年にミラノ勅令でキリスト教を公認し、また、325年にはニケーア公会議を開催し、アリウス派を正統教義とした。

   （特別区R3）

   6. ×
   アリウス派ではなく、アタナシウス派を正統教義とした。

7. コンスタンティヌス帝は、財政基盤を強固なものと
   するため、コロヌスを土地にしばりつけて税収入を
   確保した。また、都をローマからビザンティウムに
   移し、アレクサンドリアと改称した。

   （特別区 H25改題）

   7. ×
   アレクサンドリアではなく、
   コンスタンティノープルの
   誤り。

8. ローマ帝国は、395年、テオドシウス帝の死後に分
   裂し、その後、西ローマ帝国は1千年以上続いたが、
   東ローマ帝国は476年に滅亡した。 （特別区 R 3）

   8. ×
   西ローマ帝国と東ローマ
   帝国が逆である。

9. 帝国を東西に分割したテオドシウス帝の死後、東ロー
   マ帝国（ビザンツ帝国）は1000年以上続く大帝国と
   なるが、西ローマ帝国はゲルマン民族の傭兵隊長オ
   ドアケルによって滅亡した。 （特別区 H25改題）

   9. ○
   そのとおり。
   なお、ローマ帝国の東西
   分裂は395年である。

10. 帝国を東西に分割したテオドシウス帝の死後、ビザ
    ンツ帝国はギリシア正教とギリシア古典文化を融合
    した独自の文化的世界をつくり、商業と貨幣経済は
    繁栄を続けた。ビザンツ帝国の首都コンスタンティ
    ノープルは、アジアとヨーロッパを結ぶ貿易都市と
    して栄え、ユスティニアヌス帝の時代には、一時的
    に地中海のほぼ全域にローマ帝国を復活させた。

    （特別区 H30改題）

    10. ○
    そのとおり。
    ユスティニアヌス帝の時代
    が最盛期である。

11. 7世紀以降、ビザンツ帝国の領土は東西ヨーロッパ
    の諸勢力やイスラーム諸王朝に奪われ縮小し、1453
    年にスペインのフェリペ2世により滅ぼされた。

    （特別区 H30改題）

    11. ×
    オスマン帝国のメフメト2
    世により滅ぼされた。

世界史 02 古代ローマ（1）

03

古代ローマ（2）

この章では、ローマ帝国分裂後の「西ローマ」についてみていきます。
神聖ローマ帝国ができるまでの流れが大切です。

1. フランク王国の台頭

　375年、アジア系のフン族の西進にともなって、それに押される形でゲルマン民族が大移動を始めました。その後、ローマ帝国が東西に分裂すると、西ローマ帝国はゲルマン人傭兵隊長のオドアケルに滅ぼされてしまいます（476）。

　481年、クローヴィスがフランクの王となりメロヴィング朝を開きました（フランク王国）。彼は3000人の家臣を連れてともどもキリスト教（アタナシウス派に改宗）に改宗し、ローマ教会と提携しながら、政治を行いました。郷に入っては郷に従えってやつです。このようにフランク王国は安定的な支配を可能にしたわけですね。

　対外的には、トゥール・ポワティエ間（現在の西フランス）の戦い（732）が有名です。フランク王国がイスラーム勢力を撤退させた戦いです。大きな槌を振り回してカール・マルテルが活躍したのですね。その子である小ピピンはメロヴィング朝を倒して、カロリング朝を開きました。支配の仕方は従前と同様、ローマ教会の支持を受けながら安定的な政治を行います。そして、ついに、800年、小ピピンの子であるカール大帝が、ローマ教皇レオ3世に皇帝としての王冠を授かりました。クリスマスにサン・ピエトロ大聖堂に呼ばれて行ったら王冠をくれた、というわけですから、ビッグサプライズですよね。いずれにしても、これにて西ローマ帝国が復活したことになります。

2. 神聖ローマ帝国の成立

　カール大帝が亡くなると、その後西ローマ帝国は3つに分裂してしまいます。ヴェルダン条約とメルセン条約の2つの条約によって、西フランク王国（フランス）、東フランク王国（ドイツ）、イタリア王国となるわけです。このうち、力をつけてきたのが東フラン

現在のフランス、ドイツ、イタリアの国境の原型となった。

ク王国です。

　962年、オットー１世（ザクセン家）がローマ教皇ヨハネス12世から皇帝の王冠を授けられ、神聖ローマ帝国が成立しました。この神聖ローマ帝国は以後850年くらい続きます。最初はオットー系が皇帝を継いだのですが、最後の方はハプスブルク家に独占されます。神聖ローマ帝国時代の知識はあまり試験的には出題されないのですが、しいて言うならカノッサの屈辱が有名です。これは、教皇グレゴリウス７世が、当時の皇帝ハインリヒ４世をキリスト教会から破門したという事件です。叙任権闘争が原因です。ハインリヒ４世はグレゴリウス７世の許しを請うために北イタリアにあるカノッサ城の外で雪の中３日間裸足で立ち続けたというのです。結局破門は解いてもらったのですが、ハインリヒ４世は「くそー」

世界史

03

古代ローマ（２）

当時、皇帝が行使していた聖職者の叙任権を教皇が通達を出して奪おうとしたんだ。そこで、ハインリヒ４世は教皇の通達をかたくなに拒んだ。

と思ったのでしょうね。だからカノッサの屈辱と呼ばれるわけです。この事件は皇帝よりも教皇の権威の方が上であることを示したという意義があるといわれています。ちなみに、その後1122年のヴォルムス協約で皇帝は叙任権を正式に失うこととなりました。

　神聖ローマ帝国は、成立当初から、国内では諸侯・自由都市が分立していて、相対的に皇帝の力が弱かったといわれています。それゆえ、歴代の皇帝たちは国内の政治にはあまり関心を持たず、海外政策（イタリア政策）ばかりを行っていたようです。一時、17年間皇帝不在の時代（大空位時代）もありました。ただ、この超地方分権の緩い感じが長期の帝国維持につながったという評価もあります。最終的には、1805年にアウステルリッツの三帝会戦でフランスのナポレオンに敗れ、翌1806年のライン同盟によって帝国は名実ともに消滅することになります。

PLAY&TRY

1. ローマ帝国の東西分裂後、西ローマ帝国は十字軍の遠征の混乱の中で滅亡した。 （特別区H30改題）

   1. ×
   ゲルマン人の大移動の混乱の中で滅亡した。

2. カール大帝は、732年にトゥール・ポワティエ間の戦いで、イスラーム勢力を撤退させた。（オリジナル）

   2. ×
   カール大帝ではなく、「カール・マルテル」の誤り。

3. 神聖ローマ帝国は、成立当初から皇帝の権力が極めて強く、帝国を中央集権的に統一していた。 （オリジナル）

   3. ×
   神聖ローマ帝国では、もともと諸侯や自由都市の力が強く、皇帝の権力は弱かった。

4. 皇帝ハインリヒ4世は、教皇グレゴリウス7世を北イタリアにあるカノッサ城に幽閉した。これをカノッサの屈辱という。 （オリジナル）

   4. ×
   カノッサの屈辱とは、皇帝ハインリヒ4世が教皇グレゴリウス7世に破門を解いてもらうために、カノッサ城の外で許しを請うた事件である。

04 中世ヨーロッパ

中世ヨーロッパ

中世ヨーロッパに関する知識はあまり出題されません。
ですから、ノーガードでもよいのですが、一応、目を通しておきましょう。

1. 十字軍の遠征

　十字軍の遠征のきっかけは、キリスト教の聖地イェルサレムがイスラーム教のセルジューク朝に占領されたことにあります。聖地奪回のためにキリスト教は結束しよう！というわけです。具体的には、ビザンツ皇帝アレクシオス１世がローマ教皇ウルバヌス２世に救援を求めました。これに対して1095年、教皇がクレルモン公会議で、十字軍の遠征を決めました。十字軍の遠征は何回も行われたのですが、ぶっちゃけ１・３・４回のみ押さえておけば足ります。次に表にしてまとめておきます。

> 4回と5回の間に、少年十字軍が派遣されたこともあった。ただ、悪い商人に騙されてアレクサンドリアに奴隷として売り飛ばされたんだ。

▶ 十字軍の遠征のポイント

第１回	聖地イェルサレムの奪回→イェルサレム王国建国（キリスト教徒の国）
第３回	イギリスのリチャード１世の遠征が行われたが、アイユーブ朝のサラディン（エジプト）との間で講和。
第４回	教皇インノケンティウス３世（教皇の最盛期）が提唱したが、船が集まらなかった。そこで、ヴェネツィア商人の商業圏の拡大要求に応じて、船を出してもらうが、ビザンツ帝国の首都コンスタンティノープルを占領し（商敵であったため）、ラテン帝国を建国した。

　このように、十字軍の遠征は行われましたが、結局のところ失敗します。イェルサレムは、1917年にイギリスに占領されるまで、イスラーム教徒の支配が続きました。なお、十字軍の遠征によってもたらされた効果は、教皇の権威の失墜と、国王の権威の高まりです。その後各国は国王や君主を中心とする中央集権国家へと移行していきます。また、十字軍の輸送を担当したイタリア諸都市は大いに繁栄しました。そこで得たお金

を使ってルネサンスへと移行します。さらに、第4回をきっかけに聖地奪回という政治上の対立よりも、経済的利益の方が優先されました。ここが明暗の分かれ目でしたね。ヴェネツィア商人の要求に屈し、商敵のコンスタンティノープルを占領してしまうあたり、聖地奪回という目的自体がどこかにいってしまったわけですね。キリスト教内部で足並みがそろっていなかったということです。

2. 中世都市

　中世は都市が発展しました。特に、各地で結ばれた都市同盟は割と重要です。例えば、北海・バルト海などの北方貿易は、北ドイツのリューベックを盟主としてハンザ同盟が結ばれました。また、地中海の東方貿易は、イタリアのミラノが中心となってロンバルディア同盟が結ばれています。ほかにも、ライン川流域の市が結んだライン都市同盟などがあります。

3. 百年戦争

1 イギリス

　ジョン王は、欠地王とか失地王とか呼ばれていて、ある意味有名です。ローマ教皇インノケンティウス3世と争って教会から破門されたり、フランスのフィリップ2世（尊厳王）と争って領土を失ったりしたことから、このように呼ばれます。しかも、重税を課したので身分制議会のメンバーである貴族や僧侶（聖職者）が反発し、大憲章（マグナ・カルタ）を突き付けられてしまいます。「お前、いい加減にせ〜よ」というわけですね。ジョン王はこれをやむなく承認しました

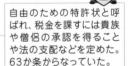

自由のための特許状と呼ばれ、税金を課すには貴族や僧侶の承認を得ることや法の支配などを定めた。63か条からなっていた。

（1215）。このように、イギリスでは、貴族や僧侶が国王の政治に物申せる時代に突入し、これがイギリスの議会政治の基礎となったわけです。ちなみに、ジョン王の子ヘンリ3世の政治も失敗だらけだったそうです。

2 フランス

　一方のフランスでも王権が強化されていきました。ジョン王から領地を奪ったフィリップ2世、アナーニ事件（1303）を起こしたフィリップ4世の2人が有名です。フィリップ4世は端麗王と呼ばれていて、超イケメンなのですが、やっていることは過激です。

教皇ボニファティウス8世をとっ捕まえて（アナーニ事件）、憤死に追いやり、続く教皇クレメンス5世が弱いのをいいことに、教皇庁を南フランスのアビニョンに移してしまいました。こうして教皇の力を奪っていったわけですね（教皇のバビロン捕囚）。

> この時王権を強化するために、僧侶（聖職者）・貴族・平民の代表が集まる「三部会」を開いたよ。フランスの議会は平民が入っている点がポイントだよ。

3 百年戦争

百年戦争は、フランスとイギリスとの間で行われた戦いで、毛織物の産地として重要とされていたフランドル地方の支配を巡る経済抗争というイメージが強いです。きっかけは、イギリスのエドワード3世がフランスの王位継承権を主張し、フランス王フィリップ6世に宣戦布告をしたことにあります。最初こそイギリスが優勢だったのですが、次第に形勢が逆転し、ジャンヌ・ダルクの活躍もあり、フランスが勝利を収めました。敗れたイギリスでは、その後国内で王位争奪戦のバラ戦争が勃発し、諸侯や騎士階級が没落していきます。これが逆に王権を強める効果を生み、絶対王政への道が開かれたというわけです。

> 神のお告げを受けた農民の少女だよ。後に捕らえられ、宗教裁判で魔女と判断された。結果、火あぶりにより処刑されてしまったんだ。

PLAY&TRY

1. 教皇インノケンティウス3世は、クレルモン公会議をひらいてイェルサレム奪回を目指して十字軍の派遣を決めた。　　　　　　　　　（特別区 H27改題）

   1. ×
   ウルバヌス2世の誤り。

2. 第1回十字軍は、イェルサレム王国を建てたが、イェルサレムはアイユーブ朝のサラディンによって奪回された。　　　　　　　　　（特別区 H27改題）

   2. ○
   そのとおり。
   サラディンはキーパーソンである。

3. 教皇ウルバヌス2世が提唱した第4回十字軍は、
   ヴェネツィア商人の要望により、イェルサレムには
   向かわず、商敵のアレクサンドリアを占領してラテ
   ン帝国を建てた。 （特別区H27改題）

3. ×
教皇インノケンティウス3
世の誤り。また、コンスタ
ンティノープルの誤り。

4. 十字軍の遠征は失敗に終わり、これにより国王の権
   威が失墜し、教皇の権力が伸長した。
   （特別区H27改題）

4. ×
国王の権力が伸長し、教
皇の権威が失墜した。

5. 百年戦争は、14世紀にはじまったイギリスとドイツ
   （神聖ローマ帝国）の争いである。 （裁判所R1改題）

5. ×
ドイツ（神聖ローマ帝国）
ではなく、フランスである。

6. 百年戦争で敗北したフランスは、国内の立て直しに
   よって諸侯の力が増大したため、王権が弱まった。
   （裁判所R1改題）

6. ×
フランスは百年戦争に勝
利し、王権を強化した。

7. 百年戦争中、ペストが流行したが、神のお告げを受
   けたと信じる農民出身のジャンヌ・ダルクが現れ、
   ペストを治療した。これが功を奏し、フランス軍は
   勢いを取り戻した。 （裁判所R1改題）

7. ×
確かに、ペストが流行した
が、フランス軍が勢いを取
り戻したのは、ペストの治
療が原因ではない。

8. イギリスでは、王位継承権を巡り内乱であるバラ戦
   争が起こったが、これによって諸侯や騎士が没落し、
   王権が強まって絶対王政への道が開かれた。
   （裁判所R1改題）

8. ○
そのとおり。
バラ戦争でみんなばらば
らになった、と覚えよう。

05

ルネサンス・大航海時代・宗教改革

この３つは、近代ヨーロッパの成立の要素として試験ではそこそこ出題されます。
特にルネサンスは思想や文学・芸術の方で出題されることもあるので、
押さえておくことをおススメします。

1. ルネサンス

1 ルネサンスとは

　ルネサンスは、イタリアから起こった古代ギリシア・ローマの文芸を復興（再生）させる文化運動のことを意味します。イタリアのフィレンツェから始まり、各国に波及しました。メディチ家やローマ教皇などがパトロンとなり、14〜16世紀まで行われたと思っておきましょう。ルネサンスの三大発明は、羅針盤・火薬・活版印刷の３つですが、羅針盤と火薬は中国が起源となっていて、活版印刷はドイツのグーテンベルクが発明しました。このルネサンスが流行した背景には、十字軍の遠征によるローマ教皇の伝統的権威が衰退し、新しい生き方を求める人が増えていた点、同じく十字軍の遠征による、イタリア諸都市の経済的な繁栄があった点を覚えておくとよいでしょう。ただ、その後の明暗は分かれてしまいます。ルネサンスを経て絶対王政に進んでいく国もあれば、イタリアのようにルネサンスに浸って、統一的な国家づくりを怠ってしまう国もあるわけですね。それゆえ、イタリアはその後他国からの侵略の危機にさらされることになってしまいます。

2 主な作品

　ルネサンスの作品は試験ではよく出題されるので、次に有名なものだけを列挙しておきます。ちなみに、ミケランジェロ、レオナルド・ダ・ヴィンチ、ラファエロがルネサンス三大巨匠です。

ミケランジェロ(伊)	「ダビデ像」「天地創造」「最後の審判」
レオナルド・ダ・ヴィンチ(伊)	「モナ・リザ」「最後の晩餐」　ほかにも絵画、物理学、天文学など各分野で活躍(万能の人)。

ラファエロ（伊）	「モナ・リザ」に感化されて、聖母像ばかりを描く。「カルデリーノの聖母」など。
ボッティチェリ（伊）	「ヴィーナスの誕生」「春」など裸の女性が出てくる絵を描く。
コペルニクス（ポーランド）	アリストテレスやプトレマイオスなどの天動説（当時のカトリックの通説）を否定し、地動説を説いた。しかし、発表後は教会から「禁書」扱いにされた。
ガリレオ・ガリレイ（伊）	望遠鏡を発明して、地動説が正しいと主張した。
ダンテ（伊）	『神曲』（宇宙を旅するという内容）をトスカナ方言（イタリア語）で書いた。他、『新生』など。
セルバンテス（スペイン）	『ドンキホーテ』（勘違い騎士物語）
ラブレー（仏）	『ガルガンチュアとパンタグリュエル』（巨人親子が主人公の作品）
チョーサー（英）	『カンタベリ物語』 英国国民文学の祖。
ボッカチオ（伊）	『デカメロン』（10人の男女が10日で語る100の物語）
モンテーニュ（仏）	『随想録（エセー）』 モラリストとして有名。
シェークスピア（英）	元俳優の劇作家（戯曲の人）。「ハムレット」「オセロー」「リア王」「マクベス」は4大悲劇。ほかにも「ロミオとジュリエット」（悲劇）、「ヴェニスの商人」（喜劇）がある。
トマス・モア（英）　トマス・アクィナスと間違えないように注意しよう。彼はスコラ哲学を大成した人物で中世ヨーロッパの時代を生きた人。『神学大全』は有名だね。	『ユートピア』で第一次囲い込みを批判（羊が人を食う）。理想社会を描いて、理想と現実のギャップを嘆く。
エラスムス（ネーデルラント）	人文主義者。『愚神礼賛』でローマ・カトリックの堕落っぷりを批判した。

マキャヴェリ（伊）	フィレンツェの外交官で近代政治学の祖。『君主論』を書いた人。君主は狐の智恵とライオンの見せかけを備えた人物が望ましく、道義的責任よりも結果責任を重視した。時として謀略をも許すという権謀術数を説いた。

2. 大航海時代

大航海時代は、15世紀後半から16世紀にかけて、ポルトガルとスペインが積極的に海外に進出するために、航路開拓を競った時代を指します。この当時、アジアに対する関心が高まっていました。インドや東南アジアの希少な香辛料を求めて貿易をしたいな～と思っていたわけです。ところが、この東方貿易にはネックとなることがありました。それは、オスマン帝国の存在です。それまでの地中海経由の東方貿易では中間にオスマン帝国が介入してきて、高い通行料（マージン）をとられていました。そこで、インドや東南アジアと直接貿易をしようとした、というわけです。ほかにも、キリスト教の布教を図ろうとした（スペイン）、ポルトガルのエンリケ航海王子が北アフリカ探検をして地理的に明らかになってきたことが多かった、羅針盤の改良が進んだなど、さまざまな背景があります。大航海時代を押さえるポイントは、ポルトガルは東側航路、スペインは西側航路という特徴を押さえることです。そして、両者との間には早い段階でトルデシリャス条約（1494）が結ばれて、大西洋上の境界線が引かれました。次に年表形式でまとめておきます。

> 13世紀に元を訪れたマルコ・ポーロの『世界の記述』（東方見聞録）でアジアへの興味はあったんだよね。

▶ ポルトガル（東側航路）

1488年：バウトロメウ・ディアスがアフリカ最南端の喜望峰に到達

1498年：ヴァスコ・ダ・ガマがインド西南岸のカリカットに到達。インド航路を開拓→その後、ゴアにインド総督府を置き、東南アジアに進出、マラッカを占領（インドで病死）

1500年：カブラルがブラジルに到達

▶ スペイン（西側航路）

1492年： コロンブスがスペイン女王イザベルの援助を受け、西インド諸島（サンサル
　　　　バドル島）に到達し、新大陸を発見

1494年： スペインとポルトガルの間でトルデシリャス条約が結ばれ、新領土発見によ
　　　　る分割方式が決められた（東はポルトガル、西はスペイン）

1521年： コルテスがアステカ王国(メキシコ)を征服・滅亡

1522年： マゼランが世界周航に成功(本人はフィリピンで1521年に死亡)

1533年： ピサロがインカ帝国(ペルー、チリなど)を征服・滅亡

1565年： フィリピンを植民地化

1580年： ポルトガルを併合し、「太陽の沈まぬ国(大帝国)」となる

　大航海時代がもたらした結果は、商業革命と価格革命です。前者は、貿易の中心が地
中海から大西洋に移ってしまったので、イタリア諸都市が没落しました。後者は、新大
陸（アメリカ大陸）から大量の安価な銀がもたらされたため、インフレになりました。

3. 宗教改革

　宗教改革とは、プロテスタント（新教）によるカトリック（旧教）に対抗する一連の動
きを指します。カトリックとプロテスタントがどのようになっているのかが分からないと
厳しいと思いますので、説明の前にまず、構図を示しておきます。参考にしてみて下さい。

▶ カトリックとプロテスタント

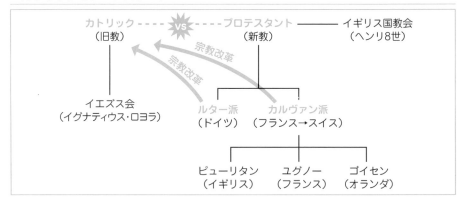

❶ ルター派

　ルターは、大学の神学教授をしていましたが、教皇レオ10世がサン・ピエトロ大聖堂の新築費用を捻出するために、贖宥状（免罪符）を販売し始めたことを批判し、1517年、「95か条の論題」を発表しました。教会の入り口にデカデカと抗議文を書いた紙を貼り付けたわけです。信仰のみによって救われるという「信仰義認説」を唱えて、農民をはじめ、領主、貴族たちの間で一大ブームとなりました。ところが、これに触発されて1524年、農奴制の廃止を訴えるミュンツァーが反乱を起こしました。ドイツ農民戦争です。その際、ルターは最初こそ農民を支持しましたが、農民たちの暴走に歯止めが利かなくなるや、諸侯側に寝返ってしまいました。これによって、完全に信頼を失ってしまったわけです。ルターはその後裏切り博士と呼ばれるようになります。ルター派の暴走は止まらず、1530年には、ルター派がカトリックに対抗するためにシュマルカルデン同盟を結びます。そして、シュマルカルデン戦争へと突き進むのです（ルター派は敗れる）。最終的には、1555年にアウクスブルクの和議でルター派は公認されることとなります。

> ただ、これは諸侯や自由都市がルター派を選べるという話であって、個人の信仰の自由が認められたのではないよ。

❷ カルヴァン派

　フランス人のカルヴァンは、ドイツに遅れてスイスで宗教改革を起こした人物です。予定説を説いたことで有名です。予定説は、救われる者は、神によって決められているので、与えられた職業を全うしなさいという教えです。倹約と勤労による富の貯蓄（蓄財）を認めた点がポイントで、商工業者から支持されました。これが資本主義バックボーンとなります。このカルヴァン派は、後に西ヨーロッパに拡大し、イギリス（イングランド）では「ピューリタン」、フランスでは「ユグノー」、オランダでは「ゴイセン」といった感じで、それぞれの固有名詞で呼ばれるようになります。

> M.ウェーバーは、『プロテスタンティズムの倫理と資本主義の精神』という本を書いて、カルヴァン派の考えが西欧の資本主義の精神的な支柱となっていることを説いたよ。

3 イギリス国教会

イギリス国教会ですが、これはプロテスタントではあるものの、やや成立が特殊なのでルター派やカルヴァン派とは一線を画します。当時の国王、ヘンリ8世には男子がなかなか産まれませんでした。そこで、男子をもうけるために妻を替えようとしたのです。しかし、カトリックでは離婚は禁止されているわけで、これを巡り教会と対立して破門されてしまいました。そこで思い切ってカトリックと決別し、自ら新教をつくったわけです。それがイギリス国教会です。具体的には、1534年にヘンリ8世が首長法を発布してイギリス国教会を創設し、その後1559年にエリザベス1世が統一法を発布して、イギリス国教会体制を確立しました。

> ヘンリ8世は何度も妻を替えるんだけど、結局男子は産まれなかったんだ。

4 反宗教改革

最後に、反宗教改革について説明しておきましょう。これはプロテスタントに対抗するために、カトリック内部で行われた改革全般を指します。イエズス会の創設やトリエント公会議による教義信仰の再確認などがこれにあたります。特に、イエズス会は試験に出ます。スペインのイグナティウス・ロヨラがザビエルと一緒につくった宗派で、南ヨーロッパをプロテスタントの侵攻から守るという防衛ラインとしての役目を期待されました。この役目は果たしたと言えるでしょう。フランスやスペイン、ポルトガル、イタリアはカトリックが保たれましたからね。また、海外布教にも力を入れました。日本に来たことはご存じのとおりです。

PLAY&TRY

1. ルネサンスは、フランスから始まり、教皇はこれに批判的だった。有名な作品には、レオナルド・ダ・ヴィンチの「最後の審判」などがある。（オリジナル）

   1．×
   イタリアのフィレンツェから始まった。また、教皇はパトロン的存在であった。さらに、レオナルド・ダ・ヴィンチの作品は「最後の晩餐」の誤り。

2. ルネサンスの三大発明は、火薬、羅針盤、活版印刷であり、これらはすべて中国が起源となっている。（オリジナル）

   2．×
   活版印刷は、ドイツのグーテンベルクが発明した。

3. エラスムスは、『ユートピア』で、第一次囲い込みを批判した。（オリジナル）

   3．×
   エラスムスではなく、「トマス・モア」の誤り。

4. 大航海時代には、ポルトガルとスペインが新航路の開拓を競い合った。1494年には、トルデシリャス条約が結ばれ、新領土発見による分割方式が決められた。（オリジナル）

   4．○
   そのとおり。
   トルデシリャス条約は割と早い段階で結ばれた点がポイント。

5. スペインのコルテスは、インカ帝国を、同じくスペインのピサロは、アステカ王国をそれぞれ征服・滅亡させた。（オリジナル）

   5．×
   コルテス→アステカ帝国、ピサロ→インカ帝国の組合せである。

6. カルヴァンは、カトリックが贖宥状を販売し始めたことを批判し、「95か条の論題」を発表した。（オリジナル）

   6．×
   カルヴァンではなく、「ルター」の誤り。

7. ルターは予定説を唱えて、倹約と勤労による富の貯蓄を認めたため、商工業者からの支持を得た。（オリジナル）

   7．×
   ルターではなく、「カルヴァン」の誤り。

06

絶対王政

絶対王政から市民革命までの流れは試験では頻出です。
絶対王政の要となるのは、王権神授説と重商主義政策の2つ。
これらを満たすと絶対主義となると思っておきましょう。国ごとに見ていきます。

1. スペイン

　絶対王政といえば、まずはスペインを見なければなりません。
カルロス1世（カール5世）が絶対王政を始め、フェリペ2世
の時代に最盛期を迎えます。こうしてスペインは太陽の沈まぬ
大帝国になっていきます。出来事をまとめてみましょう。

> この人はスペイン王位を
> 継承しつつ、神聖ローマ
> 皇帝も兼任した。だから
> 2つの名前があるんだ。

▶ スペインの絶対王政の流れ

1479年：スペイン王国成立（カスティーリャ王女イザベルとアラゴン王子フェルナンドの結婚によって成立）
1492年：イスラーム勢力（ナスル朝）の最後の拠点グラナダを陥落させ、レコンキスタ（国土回復運動）完成
1516年：カルロス1世（ハプスブルク家）がスペイン王位を継承し、絶対王政を確立
1556年：フェリペ2世が王位を継ぐ。熱血カトリック教徒で、新大陸の銀を財源として発展した。具体的には、ラテンアメリカのポトシ銀山の銀を独占し、スペイン領ネーデルラント（現オランダ）から毛織物を輸入した
1571年：レパントの海戦でオスマン帝国海軍を破る
1580年：ポルトガルを併合し、ポルトガルの領土を継承
1588年：アルマダの海戦でイギリスに敗れる

転機は<ins>アルマダの海戦</ins>での敗北でした。これがきっかけで、17世紀初めには衰退の道をたどることになります。スペインの没落の原因は、自国産業を育てなかったことにあると考えられます。銀や毛織物を輸入に頼り、国内の産業振興に努めなかったわけですね……。重金主義に傾いてしまい、産業が振るわなかったと言われています。

2. オランダ

　オランダは当初<ins>スペインの属国</ins>でした。つまり、スペイン領ネーデルラントであったということです。この地はもともとプロテスタントの多い国だったのですが、フェリペ2世がカトリックを強制する政策をとったものですから、これに反発してオランダ独立戦争へと発展します。

▶オランダ独立までの流れ

1568年：<ins>オランダ独立戦争</ins>が始まる

1579年：<ins>北部7州</ins>が<ins>ユトレヒト</ins>同盟を結成（カトリックの多かった南部10州は脱落）

1581年：<ins>オラニエ公ウィレム</ins>の指導のもと抵抗を続け、<ins>ネーデルラント</ins>連邦共和国として独立を宣言

1609年：休戦条約により、事実上の独立を果たす

1648年：<ins>ウェストファリア条約</ins>で正式に独立が承認される

　オランダは、17世紀前半に<ins>アムステルダム</ins>などが世界の商業・金融の中心として繁栄しました。しかし、<ins>中継貿易</ins>に依存しすぎたことや<ins>英蘭戦争に負けた</ins>ことなどが原因で徐々に衰退していきます。

3. イギリス

　イギリスは、突如として世界デビューしたイメージが強いです。そもそも、フランスとの<ins>百年戦争</ins>で敗れた後に、国内で<ins>バラ戦争</ins>なんかをやってしまったものですから、いったん衰退するわけです。しかし、その後ヘンリ7世により絶対王政の基礎が築かれ、<ins>ヘンリ8世</ins>がイギリス国教会制度を創設し、<ins>エリザベス1世</ins>がこ

ヘンリ8世が首長法（1534）、エリザベス1世が統一法（1559）を発布したんだったよね。リマインドだよ。ちなみに、エリザベス1世は<ins>テューダー朝の最後の女王</ins>だよ。

れを確立することで絶対王政の最盛期を迎えました。イギリスの絶対王政は他の国とは異なります。次の2点が特徴なので、覚えておきましょう。まず、毛織物工業の育成に努めたということです。スペインやオランダとの違いはここにあります。次に、大地主階級のジェントリ（郷紳）が王権強化に協力してくれた点です。したがって、通常絶対王政なら見られる強力な常備軍や官僚制機構を持ち合わせていなかったわけです。ボトムアップ的な絶対王政と言えると思います。そして、何と言っても世界デビューは1558年のアルマダの海戦です。スペインの無敵艦隊を撃破して、一気に海上帝国の基礎を固めました。貿易でも1600年に東インド会社を設立します。

東インド会社は、ほかにも1602年にオランダ、1604年にフランスが相次いで設立したよ。

4. フランス

　フランスは絶対王政の花形で、絵にかいたようなトップダウンの絶対王政を築いた国です。当時のフランスは、ユグノー戦争の真ったダ中でした。フランスはスペインと同じくカトリックの国です。そこで、フランスの歴代国王がユグノー（カルヴァン派）を弾圧したため、両者の間に軋轢（あつれき）が生まれ、戦争に突入してしまったわけです。サン・バルテルミの大虐殺（カトリックがプロテスタントを大虐殺した事件）やアンリ3世の暗殺など、悲惨な出来事にまで発展してしまいます。このような時代に国王になったのが、アンリ4世です。1589年、アンリ4世が即位してブルボン朝を開き、絶対王政の基礎をつくりました。そして、彼自身はもともとプロテスタントだったのですが、カトリックに改宗し、新教徒に信仰の自由を認めました（ナントの勅令）。これにより、30年余り続いていたユグノー戦争が一気に終結に向かいます。自らが犠牲になってまでプロテスタントを守ろうとしたといってもいいでしょうね。しかし……、アンリ4世は後にカトリック教徒に暗殺されてしまいます。ちなみに余談ですが、フランス人は自分の子供に「アンリ」という名前をつけることがよくあります。この「アンリ」はアンリ4世からとったものです。フランス人に「好きな国王は誰？」と聞くと必ず出てくるのがこのアンリ4世。そのくらいアンリ4世は今もなおフランス人から愛されています。アンリ4世が倒れてからはルイの時代が続きます。次の年表に目を通しておきましょう。

これで、ヴァロワ朝が途絶えてしまったんだ。

ブルボン朝は3回中断しながらも1830年まで続くんだ。最大のライバルはハプスブルク家だよね。

▶ フランスの絶対王政（最盛期以降）

1610年：ルイ13世が9歳で即位する。宰相としてリシュリューを任命した。三部会
を解散し王権を強化した。ドイツ三十年戦争時に、プロテスタント側に立っ
て戦い、そのトリッキーなスタンスが逆に国際的なプレゼンス向上につな
がった

1643年：ルイ14世(太陽王)が5歳で即位する。当初の宰相はマザラン(超独裁者)。貴
族たちの反乱であるフロンドの乱(1648～53)を5年がかりで鎮圧し、絶対
王政を確立した。マザランの死後、後任の宰相を置かずにまさかの国王親政
を始める。「朕は国家なり」という言葉が有名で、フランス絶対王政を完成さ
せた。財務総官にコルベールを任命し、重商主義政策を推進した

1685年：ナントの勅令を廃止したため、多くのユグノーが国外に逃亡し、国力が衰退し
た

5. ロシア

　ロシアは1480年にモスクワ大公国のイヴァン3世がモンゴルから独立したことを起源
としています。イヴァン3世の孫であるイヴァン4世（雷帝）が親政を開始し、正式に
「ツァーリ」（皇帝）を使用し始めました。農業を重視し、農奴制を強化したようです。
時代が下り、1600年代になるとロマノフがロマノフ朝を開きます。試験的に重要なのは
次の2人の治世です。

1 ピョートル1世(大帝)の時代

　ピョートル1世は、戦争大好きな皇帝といったイメージです。まず、清の康熙帝との
間で国境を定め、貿易を始めました。これをネルチンスク条約といいます。次に、北方
戦争でスウェーデンを撃破し、バルト海に進出しました。ロシアはこの時代から近現代
に至るまで、不凍港を求めて西へ南へと勢力を拡大しようとする傾向にあります。特に、
南の方への動きは南下政策と呼ばれますよね。バルト海沿岸には、人工都市サンクト・
ペテルブルクを建設しました。これは聖ペテロの街という意味らしいです。

2 エカチェリーナ2世の時代

　あだ名は「玉座の上の娼婦」です。愛人12人という破天荒な啓蒙専制君主です。かな

りの教養人だったらしく、彼女の時代にオスマン帝国からクリミア半島など、黒海北岸を奪いました。そして、3回にわたるポーランド分割に参加し、西の方に領土を広げました。日本に使節ラクスマンを派遣したことでも知られています。ロシアの近代化の遅れは農奴制にあり、これを彼女も認識したはずですが、コサック貧農のプガチョフが農民反乱を起こしたため（プガチョフの農民反乱）、農奴制を逆に強化しました。残念です。

> ちなみに、農奴解放令を発したのは1861年のアレクサンドル2世の時代だよ。また、プガチョフ農民反乱は、1670年にコサックが起こした農民反乱（ステンカ・ラージン）の影響を受けているよ。

6. ドイツ

　1618～48年までドイツ三十年戦争が繰り広げられました。最初はボヘミアのプロテスタントが、神聖ローマ皇帝（ハプスブルク家）のカトリック強制に反発して始まった宗教戦争でした。しかし、フランスの宰相リシュリューが、

> 17世紀のヨーロッパはペスト（黒死病）の流行や寒冷化による飢饉が続き、17世紀の危機と呼ばれている。ドイツ三十年戦争もこの表れだった。

「ハプスブルク家には賛同できない」といって、プロテスタント側に立って戦ったことから（フランスはカトリックの国……）、いつの間にかブルボン家（フランス）VSハプスブルク家（オーストリア）の戦いのような形になっていきました。これにいろいろな国が加わったので、歯止めの利かない国際戦争になってしまったわけです。ドイツ三十年戦争は、その後プロテスタント優勢の状態で、史上初となる国際会議ウェストファリア会議が開かれ、そこでウェストファリア条約（1648）が結ばれました。この条約により、ドイツ三十年戦争は、いろいろな功績を残すこととなりました。自然法思想で有名なオランダの

> ドイツの約300の領邦に主権を認め、スイス・オランダは正式に独立を果たした。ここに主権国家体制ができあがったわけだね。また、カルヴァン派も含めてアウクスブルクの和議を再確認した。

法学者グロティウスは、戦乱の最中に『戦争と平和の法』という本を書き、国際法の必要性を説きました。その意味で、彼は「国際法の父」と呼ばれています。

7. プロイセンとオーストリア

　プロイセンは、もともと北の方でできあがったプロイセン公国という軍事国家を母体としています。一方のオーストリアは、神聖ローマ皇帝を輩出するハプスブルク家のある国（神聖ローマ帝国の要となる国）です。それぞれプロイセンにはフリードリヒ2世（大王）、オーストリアには女帝マリア・テレジアがトップにいました。しかし、この両

者は2度にわたり激突します。

1 オーストリア継承戦争（1740～48）

　簡単にいうと、マリア・テレジアがオーストリアの王位を継承（即位）する際に、フリードリヒ2世がいちゃもんをつけたわけです。そして、シュレジエンの地に侵攻しました。結局、マリア・テレジアの王位継承は認められましたが、プロイセンがシュレジエンを占領しました。

神聖ローマ皇帝になったわけではないよ。オーストリアの女帝としてハプスブルク家の家督を継ぐことになっただけだ。

2 七年戦争（1756～63）

　しかし、シュレジエン占領に納得のいかないマリア・テレジアは、フランス・ロシアと同盟を組んでプロイセンからシュレジエンを奪い返そうとしました。しかし、プロイセンはバリバリの富国強兵であったため、勝てませんでした。これにてシュレジエンはプロイセンの領土となりました。

オーストリアのハプスブルク家は、フランスのブルボン家とは仲が悪かった。にもかかわらず、こうして同盟を結んだので、外交革命と呼ばれているよ。マリア・テレジアの末娘マリー・アントワネットを後のフランス国王ルイ16世に嫁がせたんだ。

世界史

06
絶対王政

PLAY&TRY

1.　スペインでは、カルロス1世がレパントの海戦でオスマン帝国海軍を破り、ポルトガルを併合した。こうして「太陽の沈まぬ国」の地位を確固たるものにした。
　　　　　　　　　　　　　　　　　　　（特別区 H24改題）

1. ×
カルロス1世ではなく、フェリペ2世の誤り。

2.　スペインは、フェリペ2世の下で全盛期を迎えていたが、支配下にあったオランダが独立を宣言した。イギリスがオランダの独立を支援したため、スペインは無敵艦隊（アルマダ）を送り、イギリス艦隊を撃滅し、オランダ全土を再び支配下に置いた。
　　　　　　　　　　　　　　　　　　　（国家一般職 H28）

2. ×
アルマダの海戦で、スペインはイギリスに敗れた。

111

3. イギリスでは、エリザベス1世がネーデルラントの独立を支援したため、スペインから無敵艦隊の来襲を受け、大敗した。　　　　　　（特別区 H24改題）

3. ×
イギリスは、アルマダの海戦でスペインの無敵艦隊を破った。

4. フランスでは、ルイ14世がネッケルを財務総監に任命し、重商主義政策を推し進めた。しかし、ナントの勅令を出したことでユグノーが国外に亡命したため、経済的な打撃を受けた。　　　　　　（特別区 H24改題）

4. ×
ネッケルではなく、コルベールの誤り。また、ナントの勅令を廃止したため、ユグノーが国外に亡命した。

5. フランスでは、ルイ14世が即位し、リシュリューが宰相となって国王の権力の強化に努めたが、それに不満を持った貴族がフロンドの乱を起こした。国内の混乱は長期化し、ルイ14世が親政を始める頃にはフランスの王権は形骸化していた。

（国家一般職 H28）

5. ×
ルイ14世時代の宰相はマザランである。また、親政を開始してからフランスの王権は実質化した。

6. ロシアは、ステンカ=ラージンによる農民反乱が鎮圧された後に即位したイヴァン4世（雷帝）の下で、軍備の拡大を背景にシベリア経営を進め、中国の清朝とネルチンスク条約を結び、清朝から九竜半島を租借した。　　　　　　（国家一般職 H28）

6. ×
ネルチンスク条約を結んだのは、ピョートル1世である。

7. ロシアでは、エカチェリーナ2世と清がネルチンスク条約を結び国境を画定した。さらに、ロシアは北方戦争でスウェーデンを撃破し、バルト海へと進出し人工都市サンクト=ペテルブルクを建設した。

（特別区 H24改題）

7. ×
エカチェリーナ2世ではなく、ピョートル1世である。

8. ヨーロッパにおける三十年戦争の激化により、戦局はしだいに植民地側に有利になり、18世紀末、イギリスはウェストファリア条約でアメリカ合衆国の独立を承認した。その後、人民主権、三権分立を基本理念とする合衆国憲法が制定され、初代大統領にワシントンが就任した。 (国税専門官 H28)

8. ×
三十年戦争及びその終結のウェストファリア条約とアメリカの独立とは関係がない。ウェストファリア条約で独立が承認されたのはオランダとスイスである。

9. 神聖ローマ帝国内に大小の領邦が分立していたドイツでは、ハプスブルク家がオーストリア領ベーメン（ボヘミア）のカトリック教徒を弾圧し、それをきっかけに百年戦争が起こった。その後、ウェストファリア条約によって戦争は終結した。 (国家一般職 H28)

9. ×
ボヘミアのプロテスタントが、神聖ローマ皇帝（ハプスブルク家）のカトリック強制に反発して始まったのがドイツ三十年戦争である。百年戦争は、フランスとイギリスの戦い。

10. プロイセンでは、フリードリヒ2世（大王）がハプスブルク家のマリア＝テレジアの即位をめぐってオーストリア継承戦争で争い敗れ、続く七年戦争でも敗れたため、シュレジエンは獲得できなかった。 (特別区 H24改題)

10. ×
プロセインは、オーストリア継承戦争及び七年戦争で勝利したため、シュレジエンを獲得した。

11. 18世紀半ば、プロイセンのフリードリヒ二世は、長年敵対関係にあったイタリアと同盟してオーストリアに侵攻し、資源の豊富なアルザス・ロレーヌを奪って領土とした。その後、オーストリアは英国と同盟して七年戦争を起こし、アルザス・ロレーヌを取り戻した。 (国家一般職 R2)

11. ×
七年戦争は、オーストリアがオーストリア継承戦争で失ったシュレジエンをプロイセンから取り戻すために起こした戦争である。結果、シュレジエンはプロイセン領土に確定した。なお、オーストリアと同盟を結んだのはフランスである。

07

重要度 ★★★　頻出度 ★★★

市民革命

市民革命は絶対王政と並び近代における頻出テーマです。イギリス、アメリカ、
フランスの順番で起こったので、それぞれのポイントを押さえていきましょう。

1. イギリスの市民革命

　イギリスの市民革命は2度起こりました。ピューリタン（清教徒）革命と名誉革命で
す。特に、前者では国王チャールズ1世が処刑されてしまいます。イギリス人はダメな
国王でも一応顔を立てる傾向がありますが、この人だけは歴代国王の中で唯一処刑され
ています。それだけ、絶対王政が支持を得ていなかったのでしょう。また、イギリスの
市民革命はおおむね国王と議会（聖職者、貴族）の対立から起こったと言われています。
以下、年表形式でまとめておきます。ちなみに、イギリスの国王の順番は、ジェームズ
1世→チャールズ1世（ピューリタン革命で処刑）→チャールズ2世→ジェームズ2世
（名誉革命で追放）となります。

▶ イギリスの市民革命

1603年：ジェームズ1世がステュアート朝を開き、王権神授説
　　　　を唱え、専制体制に突入。イギリス国教会を強制

これに反発し、メイ
フラワー号でアメリ
カに渡ったのがピル
グリム・ファーザーズ
（巡礼始祖）だよ。

1628年：議会で可決し、いったん自己が認めた権利の請願を無
　　　　視して、チャールズ1世が専制政治を開始（その後、11
　　　　年間議会は開かれず……）。そして、イギリス国教会を
　　　　信じないピューリタンやカトリックを弾圧しまくる

1642年：スコットランドでピューリタン（清教徒）革命が勃発

1649年：指導者クロムウェルがチャールズ1世を処刑し、共和政を開始

1651年：クロムウェルが航海法を発布→オランダ大打撃……（中継貿易ができなくな
　　　　る）

1653年：クロムウェルが「統治の章典」を発布し自ら護国卿となり、議会を解散、軍事独裁政治をはじめる。これが国民の不満を募らせる結果に……

1660年：クロムウェルの死後、チャールズ2世の王政復古。最初は議会と協力しようとしたが権力におぼれ、やがて専制政治を行うようになる

1673年：議会で審査法を制定(イギリス国教会の信者しか公職に就けないとする法)

1679年：議会で人身保護法を制定(不当逮捕を禁止する法)

1685年：チャールズ2世が病死し、弟ジェームズ2世が国王になる。もちろん国王専制体制

1688年：名誉革命が勃発。議会(トーリー党とホイッグ党)がオラニエ公ウィレムとその妻メアリをオランダから呼び戻し、カトリックの復活を図り、専制政治を強めていたジェームズ2世を国外に追放した。そして、両者はウィリアム3世、メアリ2世として即位し(共同統治)、権利の宣言を承認。これを権利の章典として発布した。以後イギリスは議会主義へ突入する

　ちなみに、名誉革命後の議会政治は、ハノーヴァー朝のジョージ1世の時代に転機を迎えます。この国王はドイツから招かれたため、フランス語(当時の公用語)しか話せず、英語による閣議を開けなかったので、政治を首相任せにしました。「国王は君臨すれども統治せず」ってやつです。ここで首相に任命されたのがホイッグ党(後の自由党)のウォルポールでした。彼は閣議を主宰して政治を行い、続くジョージ2世の時代にも国王の信頼を得て政治を行いました。ところが、ある時、ウォルポールの所属政党が下院選挙で負けてしまい、議会の支持を失いました。もちろん国王は続投を命じたわけなのですが、「議会の信任なしでは続投は不可能です」といって総辞職してしまいました。これが今に続く責任内閣制(議院内閣制)の走りとなりました。その後、ヴィクトリア女王の時代には、自由党と保守党による二大政党制が確立し、議会政治が安定期を迎えました。

2. アメリカの独立

　アメリカは、市民革命というよりは、イギリスから独立したといったイメージが強いですね。1607年のヴァージニア植民地から、1732年のジョージア植民地まで、13の植民地(現在のアメリカ東部)がつくられ、イギリスからの入植者が相次ぎました。入植

者はタウン・ミーティングを開いたり、植民地議会をつ
くったりして、自治を行ったわけです。

1619年に、最初の植民地議会がヴァージニア植民地のジェームズタウンで開かれたよ。

　ところが、イギリス本国からの税金攻撃に四苦八苦しま
す。1765年の印紙法では、文書や新聞にイギリス発行の印紙をは
ることを要求されブチ切れます。また、1773年の茶法の制定の際
には、植民者が船から積み荷である茶を海に投げ捨てるというボ

「代表なくして課税なし」と抗議したということだよ。

ストン茶会事件が起こりました。翌1774年には、しびれを切らし
た植民者たちが、代表者を募ってフィラデルフィアで会議を開きました。これが第1回
大陸会議です。ここで今後どうするかを決めたと言われます。独立する？ しない？ ど
うする？ みたいな感じです。あとは流れに任せて開戦となるので、年表で簡単にまとめ
ておきます。

▶ アメリカの独立

1775年：ボストン郊外のレキシントンとコンコードの戦いで、独立戦争が始まる

1776年：民衆にトマス・ペインの『コモン・センス』がバカ売れする
　　　　アメリカ独立宣言を発表（トマス・ジェファソンが起草）
　　　　→基本的人権の尊重、人民主権（国民主権）、抵抗権（ロックの思想）
　　　　　ただし、奴隷解放条項は削除された

1781年：植民地側はフランスやスペイン、オランダから援助を受け、ヨークタウンの
　　　　戦いに勝つ

1783年：パリ条約で13の植民地は独立を達成→フランス、スペインとの間ではヴェ
　　　　ルサイユ条約で領土を割譲

1787年：合衆国憲法を制定し（フィラデルフィアの憲法制定会議にて）、連邦主権、三
　　　　権分立主義、人民主権を定めた

1789年：ワシントンが初代大統領に就任した

1791年：修正条項10か条で、憲法に基本的人権の尊重を追加する

　このように、アメリカの独立は成功に終わり、その後のアメリカはモンロー宣言（相
互不干渉主義）により、西部開拓時代へと突入します。西に領土を広げることに注力し
たわけですね。買収や戦争を繰り返して、ついにアメリカ・メキシコ戦争（米墨戦争）

に勝利し、メキシコから、カリフォルニアを手に入れることに成
功しました。このように、最前線の地帯（フロンティア）は、
19世紀半ばには大西洋岸から太平洋岸に至り、アメリカは広大

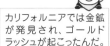

カリフォルニアでは金鉱
が発見され、ゴールド
ラッシュが起こったんだ。

な領土を手にすることになったわけです。しかし、このような中でひそかに生まれてき
たのが南北の亀裂でした。主要産業の違いや奴隷制の考え方の違いから、南北が対立す
るようになったわけです。北部は商工業が発達し、保護貿易を唱えて奴隷制には反対し
ました。一方の南部は大農園が発達したため、自由貿易を唱えて奴隷制に賛成しました。
そして、北部は共和党支持が多かったようです。リンカーン大統領が共和党ですね。一
方、南部は民主党支持が多かったとされます。結局、この構図
が戦争へと発展し、南北戦争（1861〜65）になってしまいま
す。1863年の奴隷解放宣言、ゲティスバーグの戦いによる北軍
勝利などを経て、1965年に南軍の総司令官リー将軍が降伏し
て、北軍の勝利で終わりました。

追悼演説（ゲティスバー
グの演説）の「人民の、
人民による、人民のため
の政治」は有名だね。

　その後のアメリカは、大陸横断鉄道（1869）を開通させ、独占資本を形成していきま
す。19世紀末になると、イギリスを抜いて世界一の工業国、すなわち「世界の工場」の
座をゲットします。

3.　フランス革命

　フランスでは、1774年にルイ16世がフランス国王となります。王妃はオーストリア
から外交革命の象徴としてやってきたマリー・アントワネットですね。彼女は、フラン
スのブルボン家最大のライバル、ハプスブルク家から政略的に送りこまれた側面があっ
たので、フランス人から受け入れられませんでした。ストレスからなのでしょうか……、
浪費癖がひどく、これによりフランスが財政難に陥ったとも言われます。その後、フラ
ンスはアメリカ独立戦争に植民地側に立って戦いますが、戦費の重圧で財政難は解消さ
れませんでした。そこで、ルイ16世はテュルゴー（重農主義者）とネッケル（銀行家）
を起用して、特権的身分に課税をしようとしたのですが、反発さ
れ久しぶりに三部会を開くことになりました。ところが、三部会
では議決方法を巡りもめました。これではにっちもさっちもいか
ないと思ったのでしょう、しびれを切らして第三身分の代表シェ
イエスらは国民議会を結成し、テニスコート（球戯場）の誓いを
行います。内容は、われわれ（第三身分）の新しい憲法をつくる

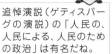

第一身分は僧侶（聖職
者）、第二身分は貴族、
第三身分は平民だよ。
第三身分の議決（一票
の価値）は第一身分や
第二身分と比較して差
別されていた。

までは国民議会は解散しないというものでした。その後、パリ民衆がフランス革命を起こすことになります。年表でまとめておきましょう。

▶ フランス革命の流れ

1789年7月：パンの値上がりに苦しんだパリ民衆がバスチーユ牢獄を襲撃し、フランス革命が始まる
→フランス人権宣言を採択（ラ・ファイエットが起草）

> ルソーの影響を受けているとされるよ。人間の自由と平等、人民主権、言論の自由、権力分立、所有権の不可侵など17条からなるんだ。

1791年6月：ルイ16世が、フランスを脱出しマリー・アントワネットの実家のオーストリアに逃亡しようとするが失敗する（ヴァレンヌ逃亡事件）
→フランスでは裏切り者と扱われる

1791年9月：国民議会が憲法を発布（立憲君主政と制限選挙を規定）
→国民議会は解散し、制限選挙を行い、立法議会を召集
→当初は王権に寛容なフイヤン派が優勢であったが、徐々に共和政穏健派のジロンド派に主導権が移っていく

1792年8月：立法議会が王権を停止する

1792年9月：ヴァルミーの戦いでプロイセン・オーストリア連合軍を撃破する

1792年9月：初の男子普通選挙を行い、国民公会を召集（第一共和政）
→共和政急進派のジャコバン派が勢力を伸ばす

1793年1月：ルイ16世がギロチンで処刑される
→ジャコバン派ロベスピエールの恐怖政治

> このようなフランスの暴挙に驚いたヨーロッパ諸国は、イギリス首相ピットの呼びかけで第1回対仏大同盟を結成したよ。フランス包囲網だね。

1794年7月：ロベスピエールがテルミドール9日のクーデタで処刑される
→総裁政府が樹立される（ジロンド派による穏健な共和政）

1799年11月：ブリュメール18日のクーデタでナポレオンが総裁政府を倒して「統領政府」を樹立
→フランス革命が終わる

このように、フランス革命は、バスチーユ牢獄の襲撃から始まり、ブリュメル18日のクーデタで終わる、と覚えてください。ただ、これで終わらないのがフランスの厄介なところです。次にナポレオン時代を見ていかなければなりません。以下に簡単に年表でまとめておきます。

▶ ナポレオンの時代

1802年：アミアンの和約でイギリスと戦わずして和約した。これにより、一時的な平和が訪れる。この間、ナポレオン法典（フランス民法典）を制定・発布した（1804）

> 西洋民法典の走りで、私有財産の不可侵（所有権の絶対性）、契約自由の原則などが特徴。その後日本の民法にも一部影響した。

1804年：国民投票でナポレオンが皇帝になる（ナポレオン1世）→第一帝政へ

> この第一帝政に対抗するため、イギリスの首相ピットが第3回対仏大同盟を結成した。

1805年10月：トラファルガー海戦（ナポレオンVSネルソン提督）でイギリス海軍に敗北

1805年12月：アウステルリッツの三帝会戦で、オーストリア、ロシア連合軍に勝利→第3回対仏大同盟が解消

1806年7月：ナポレオンを盟主とするライン同盟を結成。これにより神聖ローマ帝国が名実ともに滅亡する

1806年11月：大陸閉鎖令を出し、大陸諸国にイギリスとの貿易を禁じた。しかし、後にロシアが破る（イギリスに穀物を輸出）。結局、不徹底で終わる……

1812年：モスクワ遠征を行うが失敗する

1813年：ライプチヒの戦い（諸国民戦争）でロシア、プロイセン、オーストリア連合軍に敗れる。これにて、ライン同盟は解消

1814年：ナポレオンは退位し、エルバ島へ流刑となる。国内ではルイ18世が即位し、王政復古が実現する（ブルボン朝の復活）

1815年3月：ナポレオンがエルバ島を脱出し、パリに戻って100日天下を実現する

1815年6月：ワーテルローの戦いで、イギリス、プロイセン連合軍に大敗。ナポレオンは大西洋絶海の島、セントヘレナ島へ流刑。国内ではルイ18世が復位する

このように、ナポレオンは最終的には島流しとなり、そこで亡くなります。「私の辞書には不可能という文字はない」と言ったとか、言わないとか……。ただ、フランスの急進的な動きで、国際秩序はある意味ぐちゃぐちゃになってしまいました。これを立て直そうと、1814〜15年にかけて開かれた会議がウィーン会議です。ヨーロッパ諸国の代表が集まって「これからのヨーロッパをどうする？」と話し合ったわけです。試験的に重要なのは、主催者がオーストリア外相（後に宰相）のメッテルニヒ、正統主義を唱えたのがフランス外相のタレーランであったということです。正統主義は、フランス革命以前の絶対王政の時代（アンシャン・レジーム）に戻そうぜ、という呼びかけです。絶対王政時代の方がまだましだったよね（安定していた）、という発想からくるものです。しかし……、こんなことをしたらまた革命が起きるのでは？ と思った方は鋭いです。その懸念は的中し、結局ウィーン体制も革命が起こり、もののみごとに崩れ去ります。最後はナポレオンの甥がナポレオン3世となって、帝政を敷きます。そして、これにとどめを刺したのがプロイセンでした。フランスは普仏戦争で大敗し、ドイツ帝国の建国をヴェルサイユ宮殿で宣言されてしまうのです。

▶ ウィーン体制の成立・崩壊

1815年：ルイ18世が復位（ブルボン朝復活）

1824年：ルイ18世の死を受け、シャルル10世が国王になり、絶対王政を行う

1830年7月：七月革命が起き、民衆の蜂起によりシャルル10世がイギリスに亡命（ブルボン朝が終わる）
　　　　　　→オルレアン家のルイ・フィリップを国王にする（七月王政）

1848年2月：二月革命が起き、ルイ・フィリップがイギリスに亡命。七月王政が終わり、第二共和制へ。12月の男子普通選挙でルイ・ナポレオン（ナポレオン1世の甥）が当選し大統領となる

1848年3月：ウィーンで三月革命が起こり、メッテルニヒが失脚する→ウィーン体制の崩壊

1852年：ルイ・ナポレオンが国民投票でナポレオン3世として即位する→第二帝政へ

1853〜56年：クリミア戦争（オスマン帝国VSロシア）に参戦し、オスマン帝国側につき、勝利をもたらす

二月革命の影響で起こったんだ。革命の順番は七→二→三。最後の三だけフランスじゃないんだね。

1870〜71年：普仏戦争でプロイセンに敗北し、退位する→第二帝政が崩壊

1871年3月：市民たちの自治政府、パリ・コミューンがつくられる。しかし72日で崩
　　　　　　壊→第三共和制へ

4. イタリアの統一

　最後に、イタリアの統一を見ていきます。イタリアは古くからルネサンスを推進して
きたため、統一国家がなかなかできあがらなかった国です。そんなイタリアも1861年に
ようやく統一されるに至りました。流れとしては、まず1849年にサルデーニャでエマヌ
エーレ2世が即位し、カヴールを首相として政治を行います。その後、青年イタリア党
のガリバルディが赤シャツ千人隊を率いて、南の方から北上してきました。そして、ガ
リバルディがエマヌエーレ2世に両シチリア王国を献上したことで、イタリア王国が成
立しました。

PLAY&TRY

1. クロムウェルに率いられた議会派は、国王軍を破る
   と、国王チャールズ2世を裁判にかけて処刑し、共
   和政をはじめる十月革命をおこした。　（東京都R2）

2. クロムウェルの独裁に不満を持った国民は王制を復
   古させ、王権神授説をとったチャーチルが立憲君主
   政の頂点に立った。　（東京都R2）

3. イギリスでは、国王の権威を重んじるトーリ党と、
   議会の権利を主張するホイッグ党が生まれた。国王
   ジェームズ2世がカトリックの復活を図り、専制政
   治を強めると、両党は協力して、王女メアリとその
   夫のオランダ総督ウィレムを招いて王位に就けよう
   とした。　（国家一般職H28）

1. ×
処刑された国王はチャー
ルズ1世である。また、十
月革命ではなく、ピューリ
タン革命である。

2. ×
チャーチルではなく、
チャールズ2世である。

3. ○
そのとおり。
いわゆる名誉革命であ
る。

4. 1823年に、第5代大統領モンローは、ラテンアメリカ諸国の独立を支持するため、ヨーロッパ諸国のアメリカ大陸への干渉に反対し相互不干渉を表明するモンロー宣言を発表した。 (東京都H30)

4. 〇
そのとおり。
そして、モンロー主義の下、国内では西部開拓を進めた。

5. アメリカ合衆国では、1846年からアメリカ・ポルトガル戦争が勃発し、カリフォルニアを併合した。 (東京都H30改題)

5. ✕
アメリカ・メキシコ戦争（米墨戦争）に勝利し、カリフォルニアを併合した。

6. 1863年、南部反乱地域の奴隷解放宣言を出し内外世論の支持を集めたリンカンは、ミズーリの演説で「人民の代表者による、人民のための政治」を訴えた。 (東京都H30)

6. ✕
演説の場であるゲティスバーグはペンシルベニア州にある。また、演説内容は「人民の、人民による、人民のための政治」である。

7. 国王の召集により三部会が開かれると、議決方法をめぐり紛糾し、第三身分の代表は自ら国民公会と称した。その後民衆がテュイルリー宮殿を襲撃して、フランス革命が始まった。 (特別区H26改題)

7. ✕
国民公会ではなく、国民議会である。また、テュイルリー宮殿ではなく、バスチーユ牢獄である。

8. 国王一家は、マリ＝アントワネットの実家のオーストリアに逃げようとしたが、途中で発見されて連れもどされた。これをヴァレンヌ逃亡事件という。 (特別区H26改題)

8. 〇
そのとおり。
これによりルイ16世は完全にフランス国民の信頼を失った。

9. 1791年に立憲君主政の憲法が発布され、この憲法のもとで男子普通選挙制に基づく新たな立法議会が成立した。 (特別区H26改題)

9. ✕
制限選挙に基づいて立法議会が成立した。

10. 国民議会は、ラ＝ファイエットらが起草して、全ての人間の自由・平等、国民主権、私有財産の不可侵などをうたった人権宣言を採択した。また、教会財産の没収、ギルドの廃止などの改革が進められて、立憲君主政の憲法が発布された。　　　（国税専門官H30）

10. ○
そのとおり。
フランス人権宣言は、ラ・ファイエットらが起草した。

11. ロベスピエールらのジロンド派は、恐怖政治を行ったが、反発が強まり「ブリューメル18日のクーデタ」によりロベスピエールが処刑された。

（特別区H26改題）

11. ×
ジロンド派ではなく、ジャコバン派の誤り。また、ロベスピエールが処刑されたのは、「テルミドールのクーデタ」である。

12. ロベスピエールを中心とするジロンド派政権は、ヴェルサイユ体制を維持するため、これの反対派とも話合いを重ね、協働して民主化を図った。この政権は、権力の掌握を狙うナポレオン＝ボナパルトが起こしたテルミドール９日のクーデタによって倒された。

（国税専門官H30）

12. ×
ジロンド派ではなく、ジャコバン派である。また、テルミドール９日のクーデタはナポレオンが起こしたわけではない。

13. 19世紀初頭、クーデタによって権力を握ったナポレオンは、ナポレオン法典を制定して地方分権や封建制を強化したほか、トラファルガーの海戦でプロイセンに勝利し、皇帝に即位した。しかし、その後自らもロベスピエールらのクーデタにより失脚し、処刑された。　　　（国家一般職R２）

13. ×
トラファルガーの海戦ではイギリスに敗れた。また、ロベスピエールはナポレオンよりも前に出てくる人物で、ナポレオンは処刑されていない。

14. ナポレオン＝ボナパルトは皇帝に即位し、第一帝政を開始した。彼は、ワーテルローの戦いでネルソンが率いるイギリス軍に勝利したが、トラファルガーの海戦ではプロイセン・ロシア軍に大敗した。

（国税専門官H30）

14. ×
ネルソン率いるイギリス軍に敗れたのが、トラファルガーの海戦で、プロイセン・ロシア軍に大敗したのが、ワーテルローの戦いである。

15. フランスの皇帝ナポレオン3世は、ヨーロッパ大陸をほぼ征服し、大陸封鎖令を出したが、ロシア遠征に失敗し、ワーテルローの戦いで敗れた。

（東京都R3）

15. ×
ナポレオン3世ではなく、ナポレオン1世の誤り。

16. 西アジアでは、オスマン帝国がロシア国内のイスラム教徒の保護を理由にロシアと開戦し、クリミア戦争が勃発した。イギリスとフランスは、ロシアの南下を阻止するため、オスマン帝国を支援したが、同帝国はロシアに敗北し、クリミア半島はロシア領となった。

（国家一般職H29）

16. ×
クリミア戦争に敗北したのはロシアである。

17. 19世紀前半、ヨーロッパの秩序再建を討議するために、メッテルニヒの主催の下、諸国の代表が参加したウィーン会議が開催された。この会議ではフランス革命以前の諸君主の統治権の回復を目指す正統主義が原則とされ、革命や政治変革を防止するためのウィーン体制が成立した。

（国家一般職R2）

17. ○
そのとおり。
主催者がメッテルニヒで、正統主義を唱えたのはフランス外相タレーランである。

18. 19世紀半ば、ロシアは領土拡大を狙うオスマン帝国によって侵攻され、クリミア戦争が始まった。この戦争では、ウィーン体制の維持のためプロイセンとフランスがロシアを支援したことから、ロシアは勝利してオスマン帝国から不凍港を手に入れた。

（国家一般職R2）

18. ×
クリミア戦争では、ロシアVSオスマン帝国、イギリス、フランス、サルデーニャ連合軍の戦いとなった。プロイセンとオーストリアの調停によりパリ条約で終結した。

19. ロシアは黒海から地中海への通路を求めて南下政策を進めたが、1853年、クリミア戦争でオスマン帝国に敗れた。

（東京都R3）

19. ○
そのとおり。
オスマン帝国、イギリス、フランス、サルデーニャ連合軍が勝利した。

フランソワ1世　　寺本 康之　　アンリ3世

イギリスの王朝とフランスの王朝

　世界史の勉強をしていると、多数の王朝が出てきます。現在まで続いている王朝で有名どころと言えば、イギリスがあります。ノルマン朝→プランタジネット朝→ランカスター朝→ヨーク朝→テューダー朝→ステュアート朝→ハノーヴァー朝→サクス・コバーグ・ゴータ朝→ウィンザー朝と続いています。しかし、王朝が途中で終わってしまった国も結構あります。その代表格がフランスです。フランスは、古くはフランク王国からスタートしました。そこではメロヴィング朝とカロリング朝がありましたね。カロリング朝が断絶すると、987年にユーグ・カペーが西フランク王に選ばれ、カペー朝をつくりました。その後は、ヴァロア朝→ブルボン朝→オルレアン朝と続きます。そして最後は、1848年の二月革命で王政が終わってしまうわけです。ちなみに、私が好きな王朝はヴァロア朝です。なぜなら、フランソワ1世やアンリ3世がいるからです。彼らは私が今一緒に暮らしているビション・フリーゼ（犬）を愛玩犬として飼っていたということもあり、親近感を覚えるのですよね。

08

産業革命

**産業革命は、イギリスから始まりました。テーマ史としては割と大切なので、
一応押さえるようにしましょう。覚えることは非常に少なく、ある意味楽勝です。**

1. 産業革命の背景

18世紀後半の**イギリス**で始まったのが産業革命です。なぜイギリスで産業革命がいち早くおこったのかというと、2点あります。まず1点目は、インドやアメリカから**綿花を輸入**することができ、**自国でも石炭や鉄鋼などが採れた**という資源的バックボーンを挙げることができます。特に重工業に使う石炭や鉄鋼が自国で採れるというのは大

> 産業革命の基本的な流れは、**軽工業から重工業へ**と進んでいく。ここでは第一次産業革命を見ていくよ。19世紀後半から始まった第二次産業革命と区別しておこう。第二次の方は、特に鉄鋼、化学工業などの重工業が発展した。ホワイトカラーが登場し、大衆社会となっていくんだ。

きいですよね。2点目は、**第二次囲い込み**によって、領主（領国の支配者）が土地を独占したことにより、農民たちが都市に流入してきて労働の担い手になってくれたという人的バックボーンを挙げることができます。労働力は産業革命の要です。その労働力を奴隷などではなく、自前で賄えたというのがポイントです。

2. 蒸気機関による機械化

産業革命のキーワードは機械化です。生産性を高めるために、機械化は避けて通れません。それを支えたのが**蒸気機関**です。モーターみたいなものと思っておきましょう。この蒸気機関を改良し、さまざまな機械に応用できるようにしたのが、**ワット**です。ここからは、綿織物を例にとって、蒸気機関が使われた機械等を説明します。綿織物は、①紡績機でいったん綿を糸にして、②それを力織機で編み込んで布にします。できあがった綿織物は、③陸送して、④船で他国に輸送します。イギリスの場合は特に島国なので船による輸送は重要ですね。では、次にまとめ

> 自由貿易体制を確立しないと貿易はやりにくいので、のちにそれを制限する**穀物法**や**航海法**などの法律を**廃止**するようになるよ。

る機械等が蒸気機関を使って生産性を高めたものです。先ほどの綿織物の①→④と、次

にあげる①→④をリンクさせて覚えましょう。

▶ 蒸気機関を使った機械等

① ミュール紡績機(1779)
② カートライトの力織機(1785)
③ 鉄道王スティーヴンソンの蒸気機関車(1814)→ロコモーション号
④ フルトンの蒸気船(1807)→クラーモント号

3. 産業革命の結果

　産業革命の結果、生産性の向上と交通革命が起きました。そして、産業資本家というお金持ちたちは、参政権も獲得するに至ります。一方、労働者たちは低賃金で長時間拘束という過酷な労働条件の下で働かされました（人々の商品化）。労働者たちもチャーチスト運動で参政権を獲得するために声を上げたのですが、すぐには実現されませんでした。また、機械化によって仕事を奪われた手工業者たちは、ラダイト運動（機械打ちこわし運動）を起こしました。このように、産業革命はいいことばかりではありませんでした。世の中が激変する時代には、必ずひずみが生まれるものなのですね。ちなみに、イギリスはこのような経緯で「世界の工場」と呼ばれましたが、その地位は19世紀後半に、アメリカに奪われてしまいます。つまり、イギリスの世界の工場時代はそう長くは続かなかったのです。

> これはまずいということで、1833年に工場法がつくられたんだ。今風にいうと、労働法のことだね。また、ロバート・オーウェン（空想社会主義者）やマルクス（科学的社会主義者）などの社会主義思想が生まれた。

PLAY&TRY

1. 第 1 次産業革命とは、17世紀のスペインで始まった蒸気機関等の発明による生産力の革新に伴う社会の根本的な変化のことをいい、第 1 次産業革命により18世紀の同国の経済は大きく成長し、同国は「太陽の沈まぬ国」と呼ばれた。 (東京都H29)

1. ×
産業革命はイギリスから始まった。イギリスは「世界の工場」と呼ばれた。

2. 第 1 次産業革命の時期の主な技術革新として、スティーヴンソンが特許を取得した水力紡績機、アークライトが実用化した蒸気機関車、エディソンによる蓄音機の発明などがある。 (東京都H29)

2. ×
水力紡績機はアークライト、蒸気機関車がスティーヴンソン。エディソンが蓄音機を発明したのは19世紀後半なので、第二次産業革命時であり、時代が異なる。

3. 第 1 次産業革命は生産力の革新によって始まったが、鉄道の建設は本格化するには至らず、第 2 次産業革命が始まるまで、陸上の輸送量と移動時間には、ほとんど変化がなかった。 (東京都H29)

3. ×
鉄道の建設が本格化したので誤り。

4. 19世紀後半から始まった第 2 次産業革命では、鉄鋼、化学工業などの重工業部門が発展し、石油や電気がエネルギー源の主流になった。 (東京都H29)

4. ○
そのとおり。
重工業メインが第二次産業革命である。

5. 第 2 次産業革命の進展につれて、都市化が進むとともに、労働者階層に代わって新資本家層と呼ばれるホワイトカラーが形成され、大衆社会が生まれた。 (東京都H29)

5. ×
第二次産業革命でホワイトカラーが形成された点は正しいが、あくまでも労働者であって、資本家ではない。

09

重要度★★★　頻出度★★★

帝国主義・第一次世界大戦

帝国主義から第一次世界大戦までの流れは世界史の最頻出項目です。
世界がどのようにして戦争に突き進んでいったのかを押さえることがポイントです。

1. イギリス

　イギリスは、三角貿易で儲けていました。それぞれ清の茶をイギリスに、イギリスの綿製品をインドに、インドのアヘンを清に輸出する、という関係が三角貿易です。しかし、インドのアヘンが清に流れることを清が嫌いました。アヘン中毒者が増えてしまい、国が腐敗することを恐れたわけです。こうして、清の林則徐がアヘンの密輸を厳禁にしたため、イギリスと戦争になってしまいます。これがアヘン戦争（1840〜42）です。結果はイギリスの勝ちで、これにより南京条約を結ぶことになりました。出題ポイントは、南京条約の中身です。具体的には、香港の割譲や上海・寧波・福州・厦門・広州の5港を開港したことが重要です。

　しかし、清の災難はこれで終わりません……。その後、イギリスはフランスを呼んで、再度戦争をしかけます。アロー号事件をきっかけに発生したので、アロー戦争（第二次アヘン戦争）と呼ばれています（1856〜60）。もちろん結果はイギリス、フランスの勝利でした。一度1858年に天津条約を締結するのですが、清が批准を拒んだので、イギリス、フランス両軍は再度北京を占領します。そして、天津条約の追加条約的な位置付けで北京条約を締結することになりました。

　一方、イギリスはインドにおいても暴走します。1857年のセポイの反乱を抑えられなかったとして、東インド会社を解散させ、1877年にはインドを植民地にします。ヴィクトリア女王がインド皇帝を兼任する形をとりました。また、エジプトにも手を出します。1875年にスエズ運河の株式を買収して内政に干渉を加え、1882年に保護国化してしまうのです。こんな感じで、イギリスは主にディズレーリ首相の下、帝国主義を推し進めたわけです。

東インド会社の傭兵、セポイがインドでの反乱を起こしたんだ。

保守党の首相で、イギリスの帝国主義政策を始めた人物だよ。

　イギリスの帝国主義の要はアフリカ縦断政策と3C政策と言え

るでしょう。アフリカ縦断政策は、エジプトのカイロと南アフリカのケープタウンを鉄道と通信網で結ぼうとする縦のアフリカ植民地政策です。３Ｃ政策の一環という位置付けですね。一方、３Ｃ政策とは、カイロ、ケープタウンにインドのカルカッタを加え、三角形のイギリス勢力圏を築こうという政策です。３つの都市の頭文字をとって、「３Ｃ」というわけです。

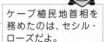

ケープ植民地首相を務めたのは、セシル・ローズだよ。

2. フランス

フランスは、19世紀になるとアルジェリアを占領し、チュニジアを保護国化しました。東南アジアの方では、フランス領インドシナ連邦を成立させました。さらに、アフリカでは、西アフリカとジブチ・マダガスカルを結ぶアフリカ横断政策を展開しました。これはイギリスのアフリカ縦断政策とスーダンのファショダでぶつかりましたが、フランスが譲歩したため、戦争にならずにすみました（ファショダ事件）。それどころか、これを機に仲良くなり、1904年には英仏協商を結び、イギリスのエジプト、フランスのモロッコについてそれぞれの優越権を認め合いました。

ベトナム、ラオス、カンボジアを植民地としたんだ。

▶ ファショダ事件

3. ドイツ

　ドイツは、建国以来、ヴィルヘルム１世と宰相ビスマルクのタッグで政治を行ってきました。いわゆる「鉄血政策」で軍事を拡大し、「飴と鞭」の政策で労働者に対しては社会福祉を充実させる反面、社会主義者は弾圧しました。ビス

疾病保険法（1883）、労働者災害保険法（1884）、養老保険法（1889）の３つはビスマルク３法と呼ばれているよ。

マルクは、アフリカ進出を企てたわけですが、イギリスやフランスとの関係を考慮してやや控えめな感じでした。むしろヨーロッパの覇権を狙った方がいいと考えていたのかもしれません。ところが、ヴィルヘルム２世が新皇帝になると、ビスマルクの政策を弱腰と捉えて解任してしまいます。そして、自ら親政を展開し、海外進出を加速させました。しかし、これがいろいろな軋轢を生んでしまいます。特に問題となったのが、モロッコ事件と３Ｂ政策です。モロッコ事件は1905年と1911年の２回にわたり起こりました。フランスのモロッコ優越権に対していちゃもんを付けたわけですね。しかし、列強はフランスを支持したので失敗して

フランスは、1912年にモロッコを保護国化するよ。

しまいます。また、３Ｂ政策はベルリン・ビザンティウム（イスタンブール）・バグダードを鉄道で結ぶドイツの帝国主義政策です。これはイギリスの３Ｃ政策とぶつかり、両国は対立してしまいます。こんな感じで、ドイツはフランスやイギリスを敵に回し、孤立を深めていくわけですね。

世界史

09

帝国主義・第一次世界大戦

4. 第一次世界大戦

　当時のヨーロッパの情勢を押さえることで、第一次世界大戦の原因が分かります。次の図のようになります。

▶ **ヨーロッパの情勢**

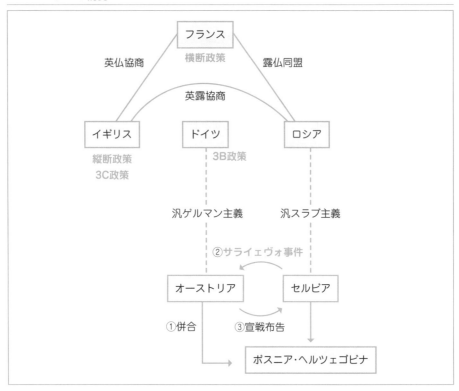

　①～③の流れが理解できれば第一次世界大戦の開戦までの流れが分かります。その前提として、まずは、三国同盟と三国協商を理解しましょう。三国同盟は、ドイツ、オーストリア、イタリアで構成されていました。もともとドイツとオーストリアは汎ゲルマン主義による民族的な結束がありました。そこにイタリアが便乗している構図になるわけです。一方、イギリス、フランス、ロシアの三国協商は、3つの相互友好関係からこのように呼ばれます。1894年の露仏同盟、1904年の英仏協商、1907年の英露協商の3つです。ちなみに、上の図ではロシアとセルビアはバルカン同盟によっ

> イタリアはリビアを植民地としていたよ。後々三国同盟を破棄して三国協商側に立って参戦するんだ。

て汎スラブ主義で結びついていました。

　ヨーロッパが戦争に傾く一因となったのは、オーストリアによるボスニア・ヘルツェゴビナ併合です（図①）。オスマン帝国の混乱に便乗し、もともとセルビアが併合を狙っていたボスニア・ヘルツェゴビナをオーストリアが横取りしてしまったのです。このような経緯から、セルビアとオーストリアは仲が悪くなります。そして、ついに1914年、セルビアの右翼青年がオーストリアの皇太子夫妻を暗殺するというサライェヴォ事件が起こってしまいます（図②）。これに対してオーストリアはブチ切れ、セルビアに宣戦布告し（図③）、これが第一次世界大戦の始まりとなりました。戦争がヨーロッパを巻き込む総力戦へと発展したのは、ドイツがフランス、ロシアの二国を相手取ったからです。ドイツは、東部戦線ではロシアとの間でタンネンベルクの戦いを繰り広げ、勝ちました。一方、西部戦線ではフランスとの間でマルヌの戦いを繰り広げ、戦線が膠着します。

　次に簡単に第一次世界大戦のポイントをまとめておきます。

> その後、第一次バルカン戦争や第二次バルカン戦争が起き、さまざまな国の利害がぶつかり合ったため、バルカン半島はいつしか「ヨーロッパの火薬庫」と言われるようになったんだ。

▶ 第一次世界大戦のポイント

①日本は三国協商側（日英同盟）に立って参戦した。

②イギリスは、パレスチナ地方について、フサイン・マクマホン協定によって、アラブ人に独立を約束した後、バルフォア宣言によってユダヤ人のパレスチナ復帰運動を支援する姿勢をとった（二枚舌外交）。

③アメリカは最初のうちはモンロー主義の立場から中立を保っていた（最初は不参加）。しかし、ドイツの無制限潜水艦作戦にブチ切れ、ウィルソン大統領が大戦に参加（連合国側）。

> イギリスの客船ルシタニア号がドイツの無制限潜水艦作戦で沈没し、アメリカ人の乗客が死亡したんだ。

④ロシアは途中で戦線離脱（ロシア革命の影響「三月革命」「十一月革命」）
　→ブレスト・リトフスク条約でドイツと単独講和（ロシアにはかなり不利な内容だった……）。

⑤ドイツ革命が起こる（キール軍港の水兵の反乱から）。ヴィルヘルム2世がオランダに亡命し、社会民主党のエーベルトが臨時政府をつくり休戦協定を結ぶ。

5. ロシア革命

　ロシアでは、もともと1905年の「血の日曜日事件」をきっかけにロシア革命が始まったとされます。その後国会が開催されるなどの改革が行われたのですが、なかなか近代化は進みませんでした。第一次世界大戦では、敗戦を重ね、物資が不足したこともあって、国民は戦争に嫌気がさしていたわけです。そのような中で、三月革命と十一月革命が起こります。

1 三月革命

　1917年3月に首都ペトログラードで労働者がデモやストライキを起こし、ソヴィエト（評議会、代表者会議という意味）が結成されて、ニコライ2世が退位し、ロマノフ朝が崩壊しました。

2 十一月革命

　1917年11月にレーニン率いるボリシェヴィキ（多数派）が武装蜂起し、ケレンスキー首相の臨時政府を倒してソヴィエト政権を樹立しました。

> 後で名称変更して、ロシア共産党になるよ。

　ロシア革命の後は、1918年にドイツとの間でブレスト・リトフスク条約を結んで早々に戦線離脱をし、新しい国づくりに向けて歩みを進めます。自分たちに対して反発する勢力に対しては、譲歩をしました。具体的には、国有化を弱め、余剰農作物の自由販売を認め、中小企業の私的営業を許しました（資本主義への譲歩）。このような寛容策を「新経済政策（ネップ）」といいます。そして、ついに1922年、ソヴィエト社会主義共和国連邦（ソ連）ができあがりました。

6. 第一次世界大戦の終結

　第一次世界大戦は、ドイツの臨時政府が連合国と休戦条約を締結し、終結したわけですが、その後1919年にパリ講和会議が開かれ、ヴェルサイユ条約が締結されました（ヴェルサイユ体制）。敗戦国のドイツに対する仕打ちはとても厳しく、ドイツは領土を全て失い、多額の賠償金を課されます。そして、アメリカのウィルソン大統領が14か条の平和原則により、秘密外交の廃止、民族自決、国際平和機関の設立などを呼びかけました。このうち、国際平和機関として、国際連盟（1920）ができました。集団安全保障の走りの機関で、本部はスイス・ジュネーブに置かれました。日本はイギリス、フランス、イタリアとともに常任理事国入りを果たします。しかし、国際連盟には大きな欠陥が４つありました。それは、アメリカが上院の否決で終始参加しなかったこと、当初ソヴィエト政権下のロシアやドイツが

1320億金マルクという天文学的数字の賠償金を課された。

東ヨーロッパにしか適用されなかったよ。フランスのクレマンソーとか、イギリスのロイド・ジョージなどが反対したんだ。だから、アジア、アフリカには民族自決の波はやってこなかった。

排除されていたこと、経済制裁のみで軍事的制裁手段を欠いていたこと、総会や理事会の決議が全会一致で機動性ゼロであったこと、の４つです。つまり欠点だらけだったわけです。結局、後の第二次世界大戦を防ぐことができませんでした。

　なお、パリ講和会議では、中国が大戦中の1915年に日本に押し付けられた二十一か条の要求の撤回を求めたのですが、受け入れられず（特に山東省の旧ドイツ権益の返還を迫った）、国内で五・四運動が起こりました。

7. ワシントン体制

　国際連盟に入れなかったアメリカは、1921〜22年にかけて、自分たちは自分たちのスタンスで世界をけん引していこうと、ワシントン会議を開きました。アメリカ大統領ハーディングの呼びかけでした。ここで成果を出せば、世界の覇権を握れるかもしれない、と気合を入れて臨み、３つの条約を実現させました。次にまとめてみます。

▶ ワシントン会議における3つの条約

四か国条約	太平洋諸国の現状維持を求めた。これにより、日英同盟は自動的に消滅した。
九か国条約	中国の領土保全、主権尊重、機会均等、門戸開放を決定した。これにより、日本はヴェルサイユ条約で認められた山東省の旧ドイツ権益を返還した。
ワシントン海軍軍縮条約	主力艦の保有トン数を制限した。保有割合は、アメリカやイギリスが5なのに対して、日本は3であった（米・英・日・仏・伊＝5：5：3：1.67：1.67）。

　このように、戦後はヴェルサイユ体制とワシントン体制が二元的に走り、国際協調へと歩みを進めていくことになります。1928年には、パリ不戦条約が結ばれ、国際紛争解決の手段として武力に訴えかけるのはやめようと決めました。また、1930年にはロンドン海軍軍縮条約で、補助艦の保有トン数をも制限することになりました。ちなみに、この時の保有割合は、アメリカとイギリスが10なのに対して、日本は7であったため、日本の軍部や右翼が猛反発しました（結局「7」で締結）。

アメリカ国務長官ケロッグとフランス外相ブリアンにより提唱されたので、ケロッグ・ブリアン協定とも呼ばれるよ。

PLAY&TRY

1. 中国では、イギリスが支配するインドに中国産の茶を輸出し、インド産のアヘンを輸入する密貿易が盛んとなり、アヘン問題で対立したイギリスと清との間にアヘン戦争が勃発した。清は、兵力に勝るイギリスに敗北し、香港島とマカオを割譲させられた。

（国家一般職H29）

1. ×
南京条約では、香港島の割譲は含まれていたが、マカオの割譲は含まれていない。そもそもマカオは1999年までポルトガル領であった。

2. インドでは、イギリスが、ムガル帝国の皇帝を廃し、東インド会社を解散して、インドの直接統治に乗り出した。その後、ヴィクトリア女王がインド皇帝に即位して、イギリス領インド帝国が成立した。

（国家一般職H29）

2. ○
そのとおり。
インドはイギリスの植民地となった。

3. ムガル帝国の滅亡後、英国は、東インド会社を解散させ、旧会社領を英国政府の直轄領に移行させるとともに地方の藩王国も併合して、エリザベス女王（1世）を皇帝とし、インド全土を政府直轄領とするインド帝国を成立させた。 （国家一般職R1）

3. ×
エリザベス女王（1世）ではなく、ヴィクトリア女王の誤り。

4. 東南アジアでは、植民地支配を強めるイギリスとフランスとの対立が激しくなり、両国はベトナムの宗主権をめぐって軍事衝突を繰り返した。その結果、フランスはベトナムを保護国とし、隣国のタイを編入して、フランス領インドシナ連邦を成立させた。

（国家一般職H29）

4. ×
タイではなく、カンボジアである。フランス領インドシナ連邦は、フランスの植民地である。

5. イギリスは、ユダヤ人に対しパレスチナでのユダヤ人国家の建設を約束するバルフォワ宣言を発したが、アラブ人に対しては、独立国家の建設を約束するフサイン＝マクマホン書簡を交わしていた。（東京都R3）

5. ○
そのとおり。
イギリスのいわゆる二枚舌外交である。

6. 第一次世界大戦が始まると、ロシアがオーストリア を支持して戦争に加わった。これに対して、ドイツ もセルビアを支持して戦争に加わった。（オリジナル）

6. ×
ロシアがセルビアを、ドイツがオーストリアを支持して戦争に加わった。

7. 第一次世界大戦では、日本は日英同盟をきっかけに 中国の山東省に出兵し、旧ドイツ権益を奪った。そ して、二十一か条の要求を行い、袁世凱政府にこれ を受諾させた。 （オリジナル）

7. ○
そのとおり。
日本の動向も押さえておこう。

8. 大戦終盤になると、イギリスが無制限潜水艦作戦に 打って出た。これによりドイツは敗北を認め、4年 以上にわたる大戦がようやく終結した。（オリジナル）

8. ×
無制限潜水艦作戦を行ったのはドイツである。

9. ロシアでは、十一月革命が起こって帝政が崩壊し、 臨時政府が発足した。その後臨時政府の首相として レーニンが任命され、社会主義革命を推し進めた。
（オリジナル）

9. ×
帝政が崩壊したのは、三月革命である。また、臨時政府の首相となったのはケレンスキーである。

10. 第一次世界大戦の戦後処理のために開かれたパリ講 和会議において、対独講和条約が結ばれ、ドイツは 巨額の賠償金を課されたが、対外植民地はそのまま 保全された。 （オリジナル）

10. ×
対外植民地も全て失った。

11. ヴェルサイユ条約は、1919年6月に調印されたが、 この条約で、ドイツは全ての植民地を失い、巨額の 賠償金が課された。 （特別区 H29改題）

11. ○
そのとおり。
ダブルショックであったことを確認しておこう。

12. 第一次世界大戦後、ウィルソン大統領は、14か条の 平和原則を提唱し、国際連盟の発足を呼びかけたが、 上院の否決で加盟できなかった。 （オリジナル）

12. ○
そのとおり。
ヴェルサイユ条約を批准できなかった。

13. パリ講和会議は、1919年1月から開かれ、アメリカ大統領セオドア゠ローズヴェルトが1918年1月に発表した十四か条の平和原則が基礎とされた。

（特別区 H29改題）

14. 国際連盟は、1920年に成立した史上初の本格的な国際平和維持機構であったが、イギリスは孤立主義をとる議会の反対で参加せず、ドイツやソヴィエト政権下のロシアも当初排除された。　（特別区 H29改題）

15. アメリカ合衆国は、ウィルソン大統領が提案した国際連盟の常任理事国となり、軍縮や国際協調を進める上で指導的な役割を果たした。世界恐慌が始まると、フーヴァー大統領がニューディールと呼ばれる政策を行い、恐慌からの立ち直りを図ろうとした。

（国税専門官 H29）

16. ワシントン海軍軍縮条約では、アメリカ、イギリス、日本、フランス、イタリアの主力艦保有トン数の比率及びアメリカ、イギリス、日本の補助艦保有トン数の比率について決定された。　（特別区 H29）

17. 四か国条約では、中国の主権尊重、門戸開放、機会均等が決められ、太平洋諸島の現状維持や日英同盟の廃棄が約束されたほか、日本は山東半島の旧ドイツ権益を返還することとなった。　（特別区 H29）

13. ×
「ウィルソン」の誤り。

14. ×
イギリスではなくアメリカが上院の否決で参加できなかった。

15. ×
アメリカは国際連盟に入れなかった。また、ニューディール政策を行ったのはフランクリン・ローズヴェルト大統領である。

16. ×
補助艦保有トン数の比率を決定したのはロンドン海軍軍縮条約である。

17. ×
山東半島の旧ドイツ権益の返還は九か国条約による。

10

戦間期

第一次世界大戦と第二次世界大戦の戦間期に起こったのが世界恐慌です。
頻出とまではいえませんが、意外と穴になる箇所なので、各国の対応を押さえましょう。

1. アメリカ

　ワシントン体制を打ち立てて大繁栄時代を謳歌したアメリカでしたが、1929年にニューヨーク株式市場の株式が暴落し、世界恐慌を引き起こしました。原因は過剰生産にあったと言われています。これに対して、フランクリン・ローズヴェルト大統領がニューディール政策を実施し、経済に政府が介入する修正資本主義政策を実施しました。ニューディール政策のポイントは次の通りです。

▶ニューディール政策の内容

①全国産業復興法(NIRA)：工業生産量を調整した
②農業調整法(AAA)：農業生産物を減少させた
③テネシー川流域開発公社(TVA)：ダム建設等の公共工事によって雇用を創出した
④ワグナー法を制定：労働者の団結権と団体交渉権を認めた

　簡単に言うと、①②が工業製品、農業生産物をつくりすぎるな、という政策で、③④が雇用創出策＋それに伴う労働法の制定です。こんな感じで政府が積極的に介入したわけです。

2. イギリス・フランス

　戦後のイギリスは、労働党が大躍進をとげ、二大政党制の一翼を担うようになります。1924年にはマクドナルド労働党内閣が登場し、新しい時代に突入しました。世界恐慌に対しては、ブロック経済（スターリング・ブロック）を実施して乗り切り

ブロック経済とは、先進資本主義諸国に対しては排他的になる反面、植民地とは積極的に貿易を行うやり方だよ。つまり、勝てる相手とだけしか貿易をしないんだ。

ました。なお、イギリスの植民地インドではガンディーが非暴力・不服従の活動を展開し、イギリスからの独立を目指しました。特に塩の行進は有名ですね。

1919年にインド民族に対する弾圧立法であるローラット法が施行された。これに対して、ガンディーが非暴力・不服従の民族運動を展開したんだね。しかし、残念ながら独立には至らなかった（独立は第二次世界大戦後の1947年）。

　一方、フランスは、戦後、ドイツに対する賠償金の請求が滞ります。そこで、フランス右派政権ポワンカレ内閣がドイツのルール地方を占領しました。金を支払えないのなら担保差押えだ、と強硬策に出たわけです。しかし、国際的批判を浴びて失敗してしまいました。その後、世界恐慌のあおりを受けましたが、これに対してはイギリスと同じく、ブロック経済を実施して乗り切ります。そして、1936年にはドイツのナチスに対抗してブルムを首相とした反ファシズムを掲げる人民戦線内閣が成立しました。

3. ドイツ

　ドイツは戦後、多額の賠償金に苦しみます。1919年に社会民主党（エーベルト大統領）を中心とするワイマール共和国政府が国民主権を軸とするワイマール憲法を制定しました。世界で初めて生存権や労働者の団結権・団体交渉権などの社会権を認め、20歳以上の男女に選挙権を与えました。ところが、空前のハイパー・インフレーションで経済は大混乱……。このままではまずいと考えたシュトレーゼマン首相が新通貨であるレンテンマルクを発行して、貨幣価値の安定を目指しました。ドイツ復活のきっかけは1924年のアメリカによるドーズ案でした。賠償金の緩和やアメリカ資本の導入を提示したのです。これで経済的に復活してくるわけですね。1925年にはロカルノ条

1929年にはドーズ案を修正する形でヤング案を提唱したよ。賠償金はさらに緩和されたんだ。

約で、非武装と国境の維持を約束したので、翌1926年には国際連盟にようやく加盟することができました。ところが、1933年にヒトラー率いるナチス党が圧倒的支持で（合法的手段で）政権を獲得します。全権委任法などをつくって一党独裁へと傾いていってしまうのです。共産党の弾圧、言論出版の自由を制限、ユダヤ人の迫害など、排外思想的な動きを加速化させました。国際連盟からの脱退やロカルノ条約の破棄など、ヴェルサイユ体制を崩壊させた張本人でもあります。ただ、国内的には土木工事を行ったり、軍需産業を拡大したりして失業者を救済したため、人気があったわけですね。

4. イタリア

　イタリアは、ドイツと同じように、ムッソリーニのファシスト党が一党独裁体制を敷き、政治を行っていました。ローマに軍をさし向けて政権を獲得したわけです（ローマ進軍）。当時のイタリアは、もともと経済がヤバかったのに、そこに追い打ちをかけるように世界恐慌の波が直撃することになります。国内は大変な不況に陥ったそうです。しかも、イタリアは植民地をあまり有していなかったため、ブロック経済で乗り切ることもできず……、ドイツと足並みをそろえるようにファシズムに傾倒していきます。1935年にはエチオピア侵攻、翌年併合しました。この時、国際連盟が経済制裁決議を採択したのですが、逆ギレして1937年に国際連盟を脱退しました。

5. ソ連

　ソ連は、世界恐慌の煽りを受けませんでした。この事実はポイントですね。ソ連は社会主義の国で、スターリンが計画経済を遂行していたため、資本主義の不況に巻き込まれずに済んだわけです。1928年の第一次五か年計画では重工業重視、1933年の第二次五か年計画では軽工業も重視して計画を実行しました。国際的には、1934年に国際連盟にようやく加盟するのですが、1939年に除名されてしまいます。

PLAY&TRY

1. イギリスでは大戦後、労働党が勢力を失った結果、新たにイギリス連邦が誕生した。　　　（東京都R１）

1. ×
むしろ、大戦後は労働党が勢力を伸ばし、二大政党制の一翼を担うようになった。

2. イギリスでは、マクドナルド挙国一致内閣が金本位制の停止などを行ったほか、オタワ連邦会議を開き、イギリス連邦内で排他的な特恵関税制度を作り、それ以外の国には高率の保護関税をかけるスターリング（ポンド）＝ブロックを結成した。

（国税専門官H29）

2. ○
そのとおり。
イギリスは世界恐慌の煽りをブロック経済で乗り切った。

3. フランスの植民地であったインドでは、国民会議派の反仏闘争と第一次世界大戦の民族自決の世界的な流れにより、1919年に自治体制が成立し、同時に制定されたローラット法により、民族運動は保護された。　　　（東京都R３）

3. ×
インドはイギリスの植民地であった。また、ローラット法は、インド民族に対する弾圧立法である。

4. 1919年の国民会議でヴァイマル憲法が制定されたドイツでは、この後、猛烈なインフレーションに見舞われた。　　　（東京都R１）

4. ○
そのとおり。
ハイパー・インフレーションとなった。

5. 1923年にフランスは、ドイツの賠償金支払いの遅れを口実にボストン地方を占領しようとしたが、得ることなく撤兵した。　　　（東京都R１）

5. ×
ボストンではなく、ルール地方である。

6. 1925年にドイツではロカルノ条約の締結後、同年にドイツの国際連合への加盟を実現した。（東京都R１）

6. ×
ドイツが国際連合に加盟したのは、ロカルノ条約が締結された1925年ではなく、1926年である。

7. ドイツは、巨額の賠償金の支払などに苦しみ、政治・経済は安定せず、ソ連によるルール地方の占領によって激しいインフレーションに襲われた。この危機に、シュトレーゼマン外相は、ヴェルサイユ条約の破棄、ドイツ民族の結束などを主張し、ドイツは国際連盟を脱退した。
　　　　　　　　　　　　　　　　　　（国税専門官H29）

7. ×
ルール地方を占領したのはフランス。また、後半はシュトレーゼマンではなく、ヒトラーに関する記述である。

8. イタリアは、第一次世界大戦の戦勝国であったが、領土の拡大が実現できず、国民の間で不満が高まった。世界恐慌で経済が行き詰まると、ムッソリーニ政権は、対外膨張政策を推し進めようとオーストリア全土を併合したが、国際連盟による経済制裁の決議の影響を受けて、更に経済に困窮した。
　　　　　　　　　　　　　　　　　　（国税専門官H29）

8. ×
オーストリア全土の併合ではなく、エチオピアの併合の誤り。

9. イタリアでは、ムッソリーニが率いるファシスト党が勢力を拡大し、1922年にミラノに進軍した結果、ムッソリーニが政権を獲得し、独裁体制を固めた。
　　　　　　　　　　　　　　　　　　（東京都R１）

9. ×
ミラノではなく、ローマである。

10. ソ連では、レーニンの死後、スターリンがコミンテルンを組織して、世界革命を主張した。スターリンは、五カ年計画による社会主義建設を指示し、工業の近代化と農業の集団化を目指したが、世界恐慌の影響を大きく受けて、経済は混乱した。
　　　　　　　　　　　　　　　　　　（国税専門官H29）

10. ×
ソ連は、世界恐慌の影響をほとんど受けずに済んだ。

11

第二次世界大戦

第一次世界大戦ほど出題されませんが、地味に重要です。
戦後の冷戦と一緒に学習しておくと得点力がアップするかもしれません。

1. 第二次世界大戦の始まり

　1937年、日本は中国との間で盧溝橋事件を引き起こし、日中戦争がはじまります。そして、ファシズムの国と組んで日独伊三国防共協定を成立させました。共産主義の流れが国内にまん延することを防ごうというわけです。一方、世界では、ドイツが再び暴走し始めました。1938年、ドイツはオーストリア国内においてナチスが抑圧されているとして、オーストリアを併合しました（オーストリア併合）。それのみならず、チェコのズデーテン地方にドイツ人が多いことから、その割譲を要求しました。これに対して、イギリス、フランス、イタリアなどはミュンヘン会談を開き、ズデーテン地方をドイツに割譲することを決めたのです。これは融和策をとったことを意味し、これ以上周りに手を出さないでくれよな、というメッセージが込められていたものと考えられます。しかし、ドイツは、1939年に独ソ不可侵条約を締結し、翌月にポーランドに侵攻します。これにはさすがのイギリス、フランスもブチ切れます。「約束が違うじゃないか〜」というわけですよね。両国はドイツに宣戦布告をし、第二次世界大戦が始まりました。その後ドイツは一気にフランスを攻略します。1940年には、パリが陥落し、アメリカやイギリスに対抗するために、日独伊三国軍事同盟を締結するに至ります。日本は1941年12月8日の真珠湾攻撃を皮切りに太平洋戦争に突き進みます。ここでは、世界史なのですが、あえて日本目線で戦況をまとめてみましょう。

> 一方、日本は太平洋戦争を控えていたので、1941年にドイツを真似して日ソ中立条約を締結したよ。しかし、直後にドイツがソ連侵攻したため、日本は混乱しただろうね。

▶ 第二次世界大戦中の日本の戦況

1941年12月8日：日本は真珠湾攻撃（奇襲攻撃で勝利）→これにより太平洋戦争開始

1942年6月：ミッドウェー海戦で初めて負ける……しかも大敗した

1944年7月：サイパン島玉砕。B29が直接日本の領土を攻撃できるようになった
　　　　　　→東条英機内閣総辞職

1945年3〜6月：沖縄戦で壊滅→小磯国昭内閣総辞職

　　　　8月6日：AM8：15　広島に原子爆弾投下（推計14万人が死亡）→ウラン型

　　　　8月9日未明：ソ連の対日参戦（ヤルタ協定に基づき満州へ大軍を送る）

　　　　8月9日：AM11：02　長崎に原子爆弾投下（推計7万4千人が死亡）→プル
　　　　　　　トニウム型

　　　　8月15日：ポツダム宣言受諾→日本終戦

2. 首脳会談のまとめ

　第二次世界大戦が進んでいく中、戦後の国際秩序の安定を目指して幾度となく首脳会談が行われました。代表的なものをまとめておくので、一読ください。

大西洋会談 （1941）	戦後処理と国際協調、安全保障などを話しあった。8条からなる大西洋憲章を採択した。 米＝ローズヴェルト、英＝チャーチル
カイロ会談 （1943）	対日処理を議論し、カイロ宣言を発表した。 米＝ローズヴェルト、英＝チャーチル、中＝蒋介石
テヘラン会談 （1943）	対独処理とポーランド問題を話しあった。対独処理では、北フランス上陸作戦（ノルマンディー上陸作戦）（第二戦線）を協議し実行することで合意。 米＝ローズヴェルト、英＝チャーチル、ソ連＝スターリン

ヤルタ会談 (1945)	対独処理とソ連の対日参戦を決めた（ヤルタ協定）。 ドイツ降伏後3か月以内に対日参戦することを条件に樺太南部の返還と千島列島をソ連に引き渡すことを約束した。また、国際連合の設立について話し合い、5大国に拒否権を認めることとした。 米＝ローズヴェルト、英＝チャーチル、ソ連＝スターリン	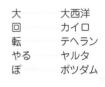この部分は秘密裏に結ばれたので、秘密協定と呼ばれているよ。
ポツダム会談 (1945)	日本に無条件降伏を勧告（ポツダム宣言）。 米＝トルーマン、英＝チャーチル（後にアトリー）、ソ連＝スターリン	

　戦後は、さっそく国際連合が発足します。国際連合発足までの流れは、次のようになります。まず、1944年にダンバートン・オークス会議が開かれ、国際連合憲章の原案がつくられました。その後、1945年4〜6月にサンフランシスコ会議が開かれ、ここで国際連合憲章が採択されます。そして、ついに1945年10月、国際連合が発足することになりました。本部はアメリカのニューヨーク、原加盟国51か国からスタートすることになるのです。

現在は193か国加盟している。日本は1956年（鳩山内閣時）に加盟したよ。

大	大西洋
回	カイロ
転	テヘラン
やる	ヤルタ
ぽ	ポツダム

代表的な首脳会談は
ゴロ合わせで
「大回転やるぽ」と
覚えよう

PLAY&TRY

1. ドイツがフランスに侵攻すると、イギリス、ソ連、ポーランドの三国同盟がドイツに宣戦布告して、第二次世界大戦が始まった。　　　　　　　　（東京都H27改題）

1. ✕
ドイツがポーランドに侵攻し、これに対してイギリスとフランスがドイツに宣戦布告して、第二次世界大戦が始まった。

2. カイロ会談では、イギリス、フランス及びオーストリアの３首脳が集まり、中国の戦後処理を話しあった。　　　　　　　　　　　　　　（東京都H27改題）

2. ✕
対日処理を議論したのがカイロ会談。また、アメリカ、イギリス及び中国の３首脳が集まった。

3. ヤルタ会談では、フランス、イタリア及びスペインの３首脳が集まり、エジプトの戦後処理を話しあった。　　　　　　　　　　　　　（東京都H27改題）

3. ✕
ドイツの戦後処理とソ連の対日参戦を決めたのがヤルタ会談。アメリカ、イギリス及びソ連の３首脳が集まった。

4. アメリカによって長崎に２度目の原子爆弾が投下された後、ソ連の対日参戦が行われた。これによって、日本はポツダム宣言を受諾した。　　（東京都H27改題）

4. ✕
ソ連の対日参戦後に２度目となる長崎の原爆投下がなされた。

世界史

12

重要度★★　頻出度★★

戦後のアジア

戦後のアジア史は冷戦史と共に出題されることがあります。
主要な国だけでいいのでざっと確認しておきましょう。

1. 朝鮮半島

　1948年に、それぞれアメリカ支持のもと大韓民国（韓国）が、ソ連支持のもと朝鮮民主主義人民共和国（北朝鮮）ができました。そして、1950年に朝鮮戦争が始まることになります。きっかけは北朝鮮が北緯38度線を突破して南下したことにあります。国連は北朝鮮へ軍隊を送りました。これに対して中国の人民義勇軍が北朝鮮を支援する形で参戦してきたので、戦線は膠着し、1953年に休戦協定を結ぶことになります。結果、北緯38度線が休戦ラインとされました。

指導者は金日成、2代目が金正日、3代目が金正恩だよ。

2. 中国

　第二次世界大戦中は、抗日民族統一戦線（第二次国共合作）を形成して一致団結していた中国ですが、戦後、再び国民党と共産党がケンカを始めます。1949年に国民党が台湾に逃れ、大陸では中華人民共和国が成立しました。国家主席は農民から人気の毛沢東、首相は周恩来というタッグでした。一方、国民党はアメリカが支持して中華民国政府として残存することになりました。1950年には中ソ友好同盟相互援助条約を締結し、社会主義圏にコミットすることが決まりました。

　ただ、中国の場合、1966～76年までの10年間、プロレタリア文化大革命（文革）を行ったため、深刻な社会・経済の停滞期を迎えることになります。それを打破したのが「四つの現代化」を

資本主義に対抗し、人民による強力な社会主義国家をつくろうという思想運動だよ。

再提唱した鄧小平です。これは、工業、農業、国防、科学技術の4つの分野で現代化を進めようとする動きです。彼は人民公社を解体したり、市場経済への開放に舵を切ったりして、改革を進めました。一方、中国は度々民主化を求める運動が起こる国として有

名です。中でも1989年の第二次天安門事件では、学生や知識人が民主化を求めたわけですが、これに対して政府は武力をもって抑えつけました。

3. ベトナム

　ベトナムは、戦後直ちにホー・チ・ミンが独立を宣言したのですが、宗主国であったフランスがこれを認めなかったので、インドシナ戦争となってしまいます。1954年にジュネーブ休戦協定が結ばれて、フランスが撤退することになりました。この時、北緯17度線が南北の軍事境界線とされ、南はアメリカの援助を受けて、ベトナム共和国を成立させました。

　その後、1965年にアメリカのジョンソン大統領が北爆を開始したことにより、かねてから行われていたベトナム戦争が本格化してしまいます。戦争は泥沼化し、結局1973年にベトナム和平協定が結ばれ、アメリカ軍が撤退することになりました。1976年にベトナムの南北統一が実現し、ベトナム社会主義共和国となりました。

ニクソン大統領の時代だよ。アメリカは財政赤字が拡大していたので、戦争を続ける体力がなかったんだ。

4. インド

　インドはイギリスから独立するのですが、統一インドの構想むなしく、1947年にインド（ヒンドゥー教）とパキスタン（イスラーム教）の2つに分かれて独立することになりました。ちなみに、インドの初代首相はネルーです。ガンディーではないので注意しましょう。

ガンディーは1948年に暗殺されてしまうんだ。

5. インドネシア

　インドネシアは、1945年にスカルノが独立を宣言したのですが、宗主国オランダがこれを認めず武力で阻止しようとしました。最終的には1949年にハーグ協定が結ばれ、インドネシア連邦共和国として独立を果たしました。

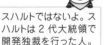

スハルトではないよ。スハルトは2代大統領で開発独裁を行った人。

6. フィリピン

　フィリピンは、1946年にアメリカから独立しましたが、その後も親米的な政策をとり続けました。ところが、1965年にマルコスが大統領になったとたん、開発独裁が行われ、それが長らく続くことになります。

どんな事情が
あるにせよ、
戦争はいやだな〜

PLAY&TRY

1. 1950年、大韓民国（韓国）が北緯38度線を突破して北上したことから、朝鮮戦争が勃発した。

   （オリジナル）

   1. ×
   北朝鮮が北緯38度線を突破して南下したことが原因である。

2. 1949年に国民党は台湾に逃れ、ソ連の支持を受けて中華民国政府として残存することになった。

   （オリジナル）

   2. ×
   ソ連ではなく、「アメリカ」である。

3. ベトナムでは、ホー・チ・ミンが独立を宣言したが、アメリカがこれを認めず、インドシナ戦争となった。その後、1954年にジュネーブ休戦協定が結ばれて、アメリカは撤退することになった。　（オリジナル）

   3. ×
   アメリカではなく、「フランス」である。

13

冷戦

重要度★★　頻出度★★★

戦後の世界史で問われる知識はほぼ冷戦に関するものになります。
したがって、試験的には結構目にすると思います。
社会科学とも接点があるので、しっかりと押さえていきましょう。

1. 冷戦とは

　冷戦とは、第二次世界大戦後にアメリカ中心の西側陣営とソ連中心の東側陣営の対立を指します。俗にヤルタ会談から始まり、マルタ会談で終わった、と言われます。まずは簡単に勢力関係を示していきます。

▶ 冷戦の勢力関係

	西側陣営	東側陣営
政治的スタンス	1947年3月：トルーマン・ドクトリン（共産主義封じ込め政策）	1947年9月：コミンフォルム（共産党・労働者党情報局） →1956年に解散
経済的な支援	1947年6月：マーシャル・プラン（ヨーロッパ経済復興援助計画） →アメリカによる西側陣営に対する経済援助	1949年1月：COMECON（東欧経済相互援助会議） →1991年に解散 →ソ連の東側諸国への経済援助（ソ連＋東欧6か国）
軍事的組織	1949年4月：NATO（北大西洋条約機構）	1955年5月：WTO（ワルシャワ条約機構） →1991年に解散

2. 冷戦を象徴する主な出来事

　ここでは、冷戦時の主な出来事をまとめていきます。まず、1948年のベルリン封鎖と1961年のベルリンの壁構築を間違えないようにしましょう。前者は、ソ連が西側陣営の西ベルリンに向かう陸路を封鎖した事件です。その後、西側陣営のドイツ連邦共和国（西ドイツ）と東側陣営のドイツ民主共和国（東ドイツ）が成立しました。一方、後者は、東ドイツが、自国民が西ベルリンに流出することを防ぐために通行をすべて遮断して壁をつくったというものです。この事件によりドイツの分断は決定的になりました。ただ、このような冷戦構造が鮮明になっていく中でも、冷戦に巻き込まれずに、第三勢力として国際社会で生き抜いていこうとする国もでてきます。それらの国々が集まり会合を開いたのが1961年の非同盟諸国首脳会議です。

> 物資が運べなくて困ったわけだ。西側陣営は航空機による空輸作戦で乗り切ったよ。

> ユーゴスラビアのベオグラードで開かれたよ。インドのネルー、エジプトのナセル、ユーゴスラビアのティトーが中心。

　次に、キューバ危機を説明します。これは1962年にソ連がキューバにミサイル基地を建設しようとしていることがばれ、ケネディ大統領がキューバ海上を封鎖したという事件です。一触即発の核戦争の危機を迎えたわけですが、最終的にはソ連が折れてミサイル基地を撤廃しました。核戦争の危機を外交で乗り越えた事件として有名なのです。その後、両首脳はホットラインを設置し、大切な事柄は直接トップが話し合える環境をつくりました。これにより緊張緩和（デタント）が実現されたことになります。

> キューバでは、1959年に親米のバティスタ政権がカストロらに倒されたんだ（キューバ革命）。そして、アメリカと1961年に断交した。

　冷戦の中期に位置付けられる出来事としては、1968年のプラハの春を挙げておきたいと思います。これは、ドプチェクが率いた「人間の顔をした社会主義」と評されるチェコの民主化運動です。これに対してはソ連が軍をさし向けて武力で制圧しました（チェコ事件）。

　冷戦後期にさしかかる1979年には、ソ連がアフガニスタンを侵攻したため、アメリカがブチ切れます。いい感じのデタントの流れは突然終わりを迎え、新冷戦がはじまりました。アメリカはレーガン大統領の下、「戦略防衛構想（SDI）」により宇宙からミサイル等を撃ち落とす壮大な計画を考えるなど軍拡に傾倒していきます。

> スターウォーズ計画と呼ばれているよね。

　しかしそんな中、ソ連に1人のカリスマが現れたことにより、一気に冷戦終結に向かうことになります。その人物はゴルバチョフ書記長です。彼が冷戦を終わらせたと言っ

ても過言ではありません。ゴルバチョフは改革政治を断行し、具体的にはグラスノスチ（情報公開）、新思考外交（米ソにとらわれない外交）、ペレストロイカ（改革）を行いました。

　その後、1989年にベルリンの壁が崩壊し、マルタ会談が開かれました。そこで冷戦終結が宣言されることとなります。続く1990年には西ドイツが東ドイツを吸収し東西ドイツの統一がもたらされ、アルマ・アタ宣言に基づき、ソ連が崩壊します。これにより独立国家共同体（CIS）が発足しました。

アメリカのブッシュ大統領と、ソ連のゴルバチョフ書記長がマルタ島で会談したんだ。

3. 軍縮に対する取組み

1 世界の枠組み

　まず、世界では核実験を禁止する動きから始まりました。これには2つあります。一つ目が1963年の部分的核実験禁止条約（PTBT）です。アメリカ、イギリス、ソ連の枠組みで同年に発効したのですが、地下における核実験は禁止しませんでした。また、検証制度もなし……という欠陥がありました。二つ目は1996年の包括的核実験禁止条約（CTBT）です。こちらは、地下を含めたすべての場所で核実験を禁止しようとするものでした。しかし、アメリカや中国が批准していないので、未発効となっています。

ただ、コンピューターによるシミュレーション実験や未臨界実験（爆発する前に止める実験）は可能だよ。

　次に、核兵器の保有関係に関する条約を2つご紹介します。まずは1968年の核拡散禁止条約（核不拡散条約、NPT）です。この条約は1970年に発効したのですが、ポイントは核保有国と非核保有国とに世界を二分した点にあります。核保有国はアメリカ、ソ連、イギリス、フランス、中国の5か国です。国際連合の常任理事国ですね。この核保有国は軍縮義務を負い、非核保有国に対して核兵器を譲渡してはならないとされています。一方、条約を締結している非核保有国は国際原子力機関（IAEA）の査察を受け入れなければならないとされています。日本の原子炉も査察を受け入れていますね。長らくこの枠組みで世界は動いてきたわけですが、突如として2017年に採択されたのが、核兵器禁止条約です。この条約は開発、製造、保有、使用などを禁止する条約です。ただ、内容的に核拡散禁止条約と相反することが含まれていることもあり、核保有国やその傘下にある日本、はたまたNATO加盟国の大多数の国が採択しませんでした。近時、同条約50か国目の中米ホンジュラスが批准したため、2021年に発効しました。

☑ 米ソ（ロ）間の枠組み

　戦後、アメリカとソ連（ロシア）は冷戦下で軍縮交渉を積み重ねてきました。ここではその歴史を見ていくのですが、年表形式で示していきます。ポイントとなるのは次の2点です。まず、1970年代は「制限」が進み、1990年代以降は「削減」が進んだ、ということ。次に、SALTやSTARTは「Ⅰ」だけ上手くいく（つまり発効する）原則がある、ということです。この2つを意識して次の表を眺めてください。そうすると、おそらくスッと頭に入ってきますよ。

▶ 米ソ（ロ）間の条約

1972年：SALT Ⅰ（第一次戦略兵器制限条約）　発効

1979年：SALT Ⅱ（第二次戦略兵器制限条約）　ソ連のアフガニスタン侵攻により新冷戦状態となり、アメリカが批准しなかったため未発効

1987年：INF全廃条約（中距離核戦力全廃条約）　発効（史上初の米ソ間の核軍縮条約ということで注目された。しかし、2019年8月に失効）

1991年：START Ⅰ（第一次戦略兵器削減条約）　発効

1993年：START Ⅱ（第二次戦略兵器削減条約）　アメリカが批准しなかったため未発効

1997年：START Ⅲ（第三次戦略兵器削減条約）　交渉開始を合意しただけ……

2010年：新START（第四次戦略兵器削減条約）　START Ⅰの後継条約として発効

2021年：新STARTの5年間延長が決定

PLAY&TRY

1. 米国のフランクリン＝ローズヴェルト大統領は、共産主義の拡大を封じ込めるニューフロンティア政策としてギリシアとオーストリアに軍事援助を与え、さらにヨーロッパ経済復興援助計画（マーシャル・プラン）を発表した。これに対して、ソ連・東欧諸国はコミンテルンを設立して対抗した。

   (国税専門官R2)

2. トルーマン大統領は、ソ連と対立していたイランに援助を与えるなど、ソ連の拡大を封じ込める政策（トルーマン＝ドクトリン）を宣言した。また、マーシャル国務長官は、ヨーロッパ経済共同体（EEC）の設立を発表した。

   (国家一般職H30)

3. 戦後ヨーロッパの経済的困窮が共産党拡大の原因とみて、1947年にアメリカのアイゼンハワー大統領がヨーロッパ経済復興援助計画を発表した。

   (特別区H28改題)

4. 分割占領下のドイツでは、西ベルリンを占領する米・英・仏が、ソ連が占領する東ベルリンへの出入りを禁止するベルリン封鎖を強行し、東西ベルリンの境界に壁を築いた。その後、西側陣営のドイツ連邦共和国（西ドイツ）と東側陣営のドイツ民主共和国（東ドイツ）が成立した。

   (国税専門官R2)

5. ドイツでは分断が進み、1948年、ソ連は西側地区の通貨改革に反対し、西ベルリンの境界線にベルリンの壁を築いた。

   (特別区H28改題)

1. ×
トルーマン大統領の誤り。ニューフロンティア政策は、ケネディ大統領が行った改革政治。差別の解消や貧困の解消を目指した。また、コミンテルンではなく、COMECONである。コミンテルンとは、1919～43年までに存在した共産主義インターナショナルである。

2. ×
ヨーロッパ経済共同体（EEC）ではなく、マーシャル・プランの誤り。また、マーシャル・プランの受入機関はヨーロッパ経済協力機構（OEEC）である。

3. ×
トルーマン大統領の誤り。

4. ×
ベルリン封鎖は、ソ連が西ベルリンへの出入りを禁止したことに起因する。また、ベルリンの壁構築はベルリン封鎖とは時代が異なる。

5. ×
ベルリンの壁は東ドイツ政府が1961年に築いた。

6. 冷戦の激化に伴い、アジア・アフリカの新興独立国を中心とする、東西両陣営のいずれにも属さない第三勢力が台頭してきた。こうした第三勢力の国々が参加して、国際平和・非暴力・不服従を掲げた非同盟諸国首脳会議が中国の北京で開催された。

(国税専門官R２)

6. ×
非同盟諸国首脳会議は、ユーゴスラビアのベオグラードで開かれた。

7. ソ連では1956年、フルシチョフ第一書記が、スターリン体制を批判し、資本主義国との平和共存を唱え、コミンフォルムを解散するペレストロイカを行った。

(特別区H28)

7. ×
ペレストロイカは、1980年代にゴルバチョフ書記長が行った改革政治である。

8. キューバでは、米国の援助を受けた親米政権がカストロの指導する革命運動に倒された。その後、ソ連がキューバにミサイル基地を建設しようとしたことから、米国が海上封鎖を断行し、米ソ間で一気に緊張が高まるキューバ危機が発生した。

(国税専門官R２)

8. ○
そのとおり。
結局、核戦争の危機は免れた。

9. ジョンソン大統領は、北ベトナムを支援するため、ソ連やインドが援助する南ベトナムへの爆撃を開始し、ベトナム戦争が起こった。その後、ニクソン大統領は、国内で反戦運動が高まったことから、インドを訪問して新しい外交を展開し、ベトナム（パリ）和平協定に調印してベトナムから軍隊を撤退させた。

(国家一般職H30)

9. ×
ジョンソン大統領は、北爆を開始したので、北ベトナムを支援するはずがない。

10. 東ドイツの自由選挙で早期統一を求める党派が勝利を収めると、東ドイツは西ドイツを吸収し、ドイツ統一が実現した。これを受けて、米国のクリントン大統領とソ連のゴルバチョフ書記長がアイスランドのレイキャビクで会談し、冷戦の終結を宣言した。

(国税専門官R２)

10. ×
米国のブッシュ大統領とソ連のゴルバチョフ書記長が地中海のマルタ島で会談し、冷戦の終結を宣言した。これを受けて、西ドイツが東ドイツを吸収し、ドイツ統一が実現した。

11. レーガン大統領は、ソ連のゴルバチョフ書記長と米ソ首脳会談を行い、中距離核戦力（INF）の全廃などに合意し、米ソ間の緊張緩和を進めた。その後、ジョージ・H・W・ブッシュ大統領は、ゴルバチョフ書記長と地中海のマルタ島で首脳会談を行い、冷戦の終結を宣言した。

(国家一般職H30)

11. 〇
そのとおり。
冷戦終結はマルタ会談にて合意された。

12. 部分的核実験禁止条約（PTBT）は、1963年にアメリカ、イギリス、ソ連が調印した、大気圏内外と地下での核実験を禁止する条約である。 (特別区H29)

12. ×
地下での核実験は禁止されていなかった。

13. 核拡散防止条約（NPT）は、1968年に締結された、国際原子力機関による査察受け入れを条件に、非核保有国に新たな核兵器の保有を認める条約である。

(特別区H29)

13. ×
非核保有国は核兵器を新たに保有してはならない。

14. 中距離核戦力（INF）全廃条約は、1987年にアメリカとソ連の間で結ばれた史上初の核軍縮条約である。 (特別区H29)

14. 〇
そのとおり。
SALT Ⅰは発効したが、これは核兵器数を制限するだけのものであったため、軍縮という意味ではINF全廃条約が史上初である。

15. 包括的核実験禁止条約（CTBT）は、1996年に国連総会で採択され、翌年発効した爆発を伴う核実験を全面的に禁止する条約である。 (特別区H29)

15. ×
包括的核実験禁止条約（CTBT）は、発効していない。

16. 新戦略兵器削減条約（新START）は、2010年にアメリカと中国の間で結ばれた戦略核弾頭数の削減に合意する条約である。　　　　　　（特別区H29）

16. ×
中国ではなく、ロシアの誤り。

僕は冷戦後に
生まれた世代だから
イメージがわからないけど、
歴史は勉強して
おかないとね

世界史

14

中国王朝史

重要度 ★★　頻出度 ★★

中国王朝史は、数年に一度のペース（特に地方公務員）で周期的に出題されます。
しかし、多くの受験生は捨てています。キーワードで正誤を判断できるレベルに
しておくだけでも他の受験生に差をつけることができます。

1. 殷・周

　殷は、現在確認されている中国最古の王朝です。神権政治を行い、甲骨文字が使われ
ました。青銅器の使用などでも有名です。

　一方、周は、封建制を採用していました。封建制は、王が一族や地方の有力豪族に対
して土地と人民の支配権を与え、統治していくシステムです。

2. 春秋・戦国時代

　春秋時代は、有力諸侯（覇者）が主導権を握り、春秋の五覇が登場します。一方、戦
国時代は、鉄製農具が普及し、貨幣も青銅の貨幣が使用されるようになりました。これ
により豪商みたいな人が生まれます。一方、戦国時代は、戦国の七雄（斉・楚・秦・燕・
韓・魏・趙）が登場し、強国秦とどんな関係を築いて
いくかをめぐり、合従・連衡策が採られました。

> 合従策は、6国が合同して秦に対抗
> する政策、連衡策は、6国がそれぞ
> れ単独に秦と同盟を結ぶ政策だよ。

3. 秦

　秦は中国最古の統一王朝です。政王、すなわち始皇帝が中国を
統一したわけです。そして、郡県制を採用し、思想弾圧の政策で
ある焚書坑儒を行い、儒家を弾圧しました。思想的には法治主義
を採用したことでも知られています。万里の長城を修築したこと
も有名（明の時代に完成）です。しかし、秦は長続きせず、大農
民反乱である陳勝・呉広の乱で致命的ダメージを受け、15年で終了しました。

> 地方を有力者に任せ
> るのではなく、中央か
> ら官吏を派遣するシス
> テムだね。中央集権
> 体制の真骨頂だよ。

4. 漢

① 前漢

　紀元前202年に、項羽（こうう）（楚の名門出身）と劉邦（りゅうほう）（農民出身）が戦い（垓下（がいか）の戦い）、劉邦が皇帝の位（高祖）に就いて前漢をつくりました。最初は、郡国制（郡県制と封建制の併用形態）で統治しましたが、後に郡県制的なシステムへと変わっていきます。

きっかけは紀元前154年の呉楚七国（ごそしちこく）の乱だよ。外戚や諸侯たちの実権を奪ったことから、彼らがキレて起こった反乱だ。

　前漢の最盛期は何と言っても武帝の時代です。董仲舒（とうちゅうじょ）の提案によって儒学を官学とします。そして、地方長官の推薦によって官吏を任用する郷挙里選（きょうきょりせん）という官吏登用制度を採用しました。対外的にも積極策を展開し、東方の朝鮮半島に楽浪郡など4郡を設置し、北方の匈奴（きょうど）を討ち、西方の大月氏には張騫（ちょうけん）を派遣しました。文化史としては、司馬遷（しばせん）の『史記』だけ覚えましょう。これは古（いにしえ）から武帝までの歴史を紀伝体でまとめたものです。

　滅亡原因は8年に、王莽（おうもう）が前漢を破り、新を建国したことにあります。ただ、王莽は周の時代をモデルに政治を行おうとしたのですが、反発が強く農民反乱である赤眉の乱（せきびのらん）が起こって失脚、新は滅亡します。

② 後漢

　25年に、劉秀（りゅうしゅう）が王莽を失脚させ建国したのが後漢です。彼は後漢の初代皇帝（光武帝）となりました。劉秀（りゅうしゅう）（光武帝）は「優秀すぎて光っちゃった」と覚えればいいでしょう。この人は、内政重視の方針で漢王朝を再興した感じです。歴史書として、班固（はんこ）の『漢書』地理志が有名ですね。しかし、184年に宗教的結社である太平道を母体とした農民反乱黄巾の乱（こうきんのらん）（太平道の指導者張角によるもの）が起こって滅亡に向かってしまいます。

黄色い布を標識として掲げたんだ。後に出てくる「紅巾の乱」と間違えないように。

5. 三国時代

　みんな大好きな時代なのですが、試験ではほとんど出ません。魏（曹操→曹丕）・呉（孫権）・蜀（しょく）（劉備（りゅうび））の三国に分かれて争ったわけですね。263年、魏が蜀を滅ぼしたのですが、外戚の司馬炎が国を奪い、265年に晋（西晋）を成立させます。この晋が後に呉を倒して中国を統一しました。試験で出題されるのは、魏の官吏登

劉備玄徳の出自は前漢の景帝の子孫らしい。208年の赤壁の戦いでは呉・蜀連合軍が魏を破った。蜀の軍師、諸葛亮が天下三分の計を実現したんだ。

用制度である九品中正くらいです。これは、9段階評価をして、それをもとに役人を任命する制度です。

6. 隋

　隋は非常に短く、わずか2代で滅びます。しかし、日本史で登場するので割と有名なのですよね。まず、581年に楊堅（文帝）が建国し、589年に中国を統一しました。2代目の煬帝は大運河建設に没頭しました。これは中国史上初めての南北を結ぶ交通網として有名です。しかし、対外政策は失敗が続き……、高句麗遠征に3度も失敗し、これに不満をもった農民が反乱を起こした結果、潰れました。隋は、官吏登用制度として、九品中正をやめて、科挙制度を開始したことで有名です。ペーパーテストを課したわけです。また、均田制を採用し、租庸調制で税金を取りました。これは日本も真似をしましたよね。

7. 唐

　唐はめちゃめちゃ試験で出ます。まず建国は618年、李淵（高祖）が隋を滅ぼして建国しました。都は長安に定めます。2代目は李世民（太宗）、3代目は高宗です。あとは、中国史で唯一の女帝、則天武后も登場します。

高宗の奥さん（皇后）だよ。

　最盛期は、6代皇帝の玄宗の時代です。開元の治を行い、府兵制を募兵制に変えました。その指揮官が後で力を握る節度使です。ところが、玄宗は途中からおかしくなります。楊貴妃を寵愛し、楊一族を重用し始めたのです。これにブーイングしたのが、節度使たちでした。755年には安史の乱が起こり、節度使である安禄山・史思明が反乱を起こしました。唐はこの反乱をウイグル族の協力を得て何とか鎮圧します。異民族の協力がなければ鎮圧できないというのは、なんとも頼りない……。みんなそう思ったことでしょう。そして、この不安は的中します。すなわち、節度使が地方で暴れまくり、抑えがきかない時代に突入するわけです。日本でいう戦国大名みたいな節度使を藩鎮といいます。これにより、唐の力が衰退し、財政悪化も生じたため、これを立て直すために租庸調制を辞めて両税法に変えました。税制改正ですね。

節度使は、辺境の地に置かれた国境防衛軍の長官だよ。

対外的には時を同じくして、751年にタラス河畔の戦いが起き、アッバース朝（イスラーム）に惨敗したよ。これにより製紙法が西の方に伝わっていった。

夏と秋に2回税金をとる仕組みだよ。

163

しかし、時すでに遅し……。875年には塩の密売人黄巣が農民たちを率いて反乱を起こします（黄巣の乱）。この反乱は全国に波及した後鎮圧されるのですが、そこで登場した節度使朱全忠に唐は滅ぼされることとなります。

なお、唐代の文化と言えば詩ですね。杜甫や李白・白居易などの大家が活躍します。また、玄奘三蔵（三蔵法師）の弟子が書いた『大唐西域記』も有名ですね。西遊記はこれを面白く書きかえたものです。

8. 宋

宋は、960年に趙匡胤（太祖）が建国しました。特徴は文治主義への転換です。科挙を完成させ、殿試というものを導入し、皇帝自らが試験官となりました。しかし、これにより軍事力が低下してしまいます。遼（契丹）や金（女真）、西夏などをはじめとする異民族の侵入を受けることになります。特に遼との関係では、澶淵の盟（1004）といって貢をもって戦争を回避する道を選びました。貢物をあげるので攻めないでね……という和議です。

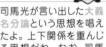

州試・省試・殿試の三段階で試験を行ったんだ。科挙に合格したエリート官僚を士大夫というよ。

しかし、こんな消極外交をしていたらなめられてしまいますね。そこで、宰相の王安石が富国強兵策を実施しました。これが王安石の新法と呼ばれる一連の改革政治です。しかし、大地主や大商人の反発で失敗に終わります。これにより、その後ますます宋の国力は衰退してしまうのです。

そんな中、靖康の変（1126〜27）が起こり、宋は北方の金に攻められて滅亡し、南に逃亡しました。これが南宋の始まりです。北は金が支配し、南は南宋が支配するといういびつな感じになったわけです。ちなみに、南宋では朱熹（朱子）が朱子学を大成することに成功しました。

司馬光が言い出した大義名分論という思想を唱えたよ。上下関係を重んじる思想だね。なお、司馬光は歴史書『資治通鑑（しじつがん）』を著した。

9. 元

元は漢民族王朝ではありません。モンゴル民族の国ですね。そういった意味では征服王朝と言えます。1206年にチンギス・ハン（初代）がモンゴル帝国を建国し、2代目のオゴタイ・ハンが金を滅ぼしました。バトゥに西征を命じ、なんとワールシュタットの戦い（1241）で、ポーラン

漢民族以外の国は元が初めてだよ。

ド・ドイツ連合軍を破りました。ヨーロッパ各国は超ビビったそうです。また、フラグは西アジアの遠征でバクダードを占領しアッバース朝を滅ぼしました。こうしてモンゴル帝国は空前の大帝国へと成長したのです。

そして、ついに1271年、フビライ・ハン（5代）が首都を現在の北京にあたる大都に移し、国号を中国風の元に改めました。元寇（日本史5章）でご存じのように、その後も日本やベトナム、ジャワなどに侵略の手を伸ばしますが、さすがにこれは失敗に終わりました。ただ、1279年には南宋を滅ぼし、中国全土を統一していますので、超強い国であることは間違いありません。

しかし、元は意外と長続きしませんでした。それは、モンゴル人第一主義という階級社会をつくったからです。具体的には、モンゴル人、色目人、漢人、南人の4つに分け、モンゴル人と色目人を支配者階級としたわけです。漢人は被支配者階級に回されたわけで、ブーイングというわけです。

科挙を一時廃止したよ。また、駅伝制（ジャムチ）により交通網の整備を行った。

世界史
14
中国王朝史

文化的には西方との交流が進み、マルコ・ポーロ（イタリアの商人）による『世界の記述』（東方見聞録）やイブン・バットゥータによる旅行記『三大陸周遊記』など、外国人が著した書物がたくさん残されました。最後には農民反乱である紅巾の乱（白蓮教徒の乱、1351〜66）が起こり、頭角を現した朱元璋が洪武帝となり、漢民族の王朝を復活させました。これが明です。

10. 明

洪武帝となった朱元璋は皇帝独裁政治を行いました。皇帝親政としたわけです。財政を立て直すために、賦役黄冊（租税台帳 兼 戸籍台帳）と魚鱗図冊（土地台帳）を整え、農村では里甲制という連帯責任制度を敷き、徴税や治安維持に努めました。民衆に対しても六諭を定め、父母に孝順なれ、目上を尊敬せよ、などと唱えさせたといいます。

里老人という老人に毎月6回唱えさせたよ。日本の教育勅語にも影響を与えたんだ。

3代目の永楽帝の時代は、宦官が大活躍します。積極外交を展開し、宦官鄭和には7回も南海遠征を行わせました。そして、南海諸国に朝貢の勧誘をしに行ったのです。明の特徴は、洪武帝以来の海禁政策にあります。朝貢貿易以外の民間貿易を禁止する政策ですね。この政策をさらに推進するために、いろいろな国に遠征を行ったというわけです。日本も日明貿易（勘合貿易）という朝貢貿易を行いました。

明が衰退していった理由は、北虜南倭という言葉に集約されています。これは、北方

の異民族と南の倭寇に苦しめられたことを意味します。軍事費がかさみ財政難にもなりました。明の後期には両税法に代わり、土地税と丁税をまとめて銀納させる一条鞭法(いちじょうべんぽう)に変えましたが、最後は農民反乱で滅亡してしまいます。それが1644年の李自成の乱(りじせい)です。

　文化史としては、宣教師マテオ・リッチ（イエズス会）の中国最初の世界地図「坤輿(こんよ)万国全図(ばんこくぜんず)」を覚えておけば十分です。

11. 清

① 清の繁栄

　清は元と同じように、漢民族の国ではありません。女真族（満州族）(じょしんぞく)の王朝だと思っておきましょう。1616年、女真族のヌルハチが後金を建国しました。そして、1636年に2代目のホンタイジが国号を清に改めて自らが皇帝であると言い出します。3代目の順治帝(じゅんちてい)の時に李自成の乱が起き、明が滅亡しました。その後、清は全盛期に突入します。次の3人の皇帝を押さえるのがポイントです。

▶ 全盛期の3人の皇帝

康熙帝(こうきてい)（4代）	1681年に廃藩政策に文句を言ってきた呉三桂(ごさんけい)（明の武将）らを三藩の乱(さんばん)で平定し、1683年には台湾で抵抗を続けていた明の遺臣、鄭成功(ていせいこう)の一族を倒した。これにて中国を統一した。また、1689年にはロシア（ピョートル1世）との間でネルチンスク条約を結び、国境を画定した。税制も一条鞭法を地丁銀制(ちていぎんせい)に変えた。典礼問題でイエズス会以外の布教を禁じた。	土地税に丁税を組み込み、一本化した上で銀納させる制度だよ。 イエズス会宣教師は、中国の文化や伝統を尊重して布教していたんだ。でもドミニコ会やフランシスコ会の様子をローマ教皇にチクって教皇がイエズス会の布教方法を禁止した。康熙帝は激怒し、イエズス会以外の布教を禁止したってわけだ。
雍正帝(ようせいてい)（5代）	1724年に典礼問題でキリスト教の布教を全面的に禁止した。1727年にロシアとキャフタ条約を結んで、モンゴル北方の国境を画定した。モンゴルまで支配の手を伸ばす。	

乾隆帝 （6代）	領土が中国史上最大となった。藩部の拡大に対処するため理藩院（中央官庁）を整備した。公行と呼ばれる特権商人が貿易を管理した。もっとも、晩年には清が衰退しはじめた。

　清の政策の特徴は、満漢併用制にあります。これは、科挙を用いて、重要なポストを満州人と漢人で分け合うという政策です。これはモンゴル人第一主義を採用していた元とは大分異なりますね。また、漢人対策としては辮髪を強制しました。これはあまり評判が良くなかったようです。そして、文字の獄を発令し、清をディスるような言論には統制を加えました。貿易は当初海禁政策をとっていましたが、康熙帝の時代から海禁政策を辞めました。

② 清の滅亡

　18世紀の末くらいから官僚の腐敗が進み、重税によって農民たちが苦しみました。そして、ついに白蓮教徒の乱（1796〜1804）という農民の反乱が起きてしまいます。この乱の鎮圧には郷村の義勇軍が加わったので、清朝の弱体ぶりが露呈してしまいました。続いて、1840〜42年にかけてはアヘン戦争が起こり、イギリスに負けてしまいます。南京条約を結ばされ、香港を割譲しました。続く太平天国の乱では、洪秀全がキリスト教系組織の拝上帝会を組織し、「滅満興漢」をスローガンにして反乱を起こしました。スローガンの意味から何となく推測できてしまいますが、この反乱は漢民族の再興を唱えるものでした。そして、なんと南京を首都天京として太平天国をたててしまうのですよね。天朝田畝制で土地の均等配分などを実施しました。ところが、李鴻章や曽国藩の義勇軍（郷勇）、ウォードやゴードンの義勇軍（常勝軍）によって鎮圧されてしまいます。そして太平天国内部でも紛争が起こり、1864年に天京は陥落、太平天国は滅亡してしまいました。その後は洋務運動で近代化を進める中で国内が一時安定しました。これを同治中興といいます。

> 1856年から60年にかけて、アロー号事件をきっかけにアロー戦争が起きたよ。イギリスがフランスを誘って清を攻撃したんだ。清はいったん天津条約を締結したが、批准を拒んだ。そこで、改めて北京条約を締結したよ。

　1900年代になると義和団事件が起こり、山東省で義和団が「扶清滅洋」をスローガンにして蜂起しました。これに対して、日本やロシアをはじめとする列強8か国が共同出兵し、北京を占領しました。1901年には北京議定書を結び講和となります。これにより、中国の半植民地化が強まったとされます。

　1911年には鉄道国有化に対して四川で暴動が起こり、ついに武昌の軍隊の中にいた革

命派が蜂起して辛亥革命が始まりました。そして、孫文が中華民国の成立を南京で宣言し、臨時大総統となりましたが、清の側では袁世凱を交渉役に抜擢し、孫文の臨時大総統の地位を受けつぐことを条件に宣統帝溥儀の退位を決めました（その後袁世凱は正式に大総統となる）。これにより清が滅亡したのです。

PLAY&TRY

1. 秦の始皇帝は、封建制に代わって、中央集権体制を築くため、中央から官僚を派遣して統治させる郡国制を全土に施行した。 （特別区 H22改題）

1. ×
郡国制ではない。郡県制の誤り。

2. 秦の始皇帝が没すると、全土で反乱が発生し、反乱勢力のうち、農民出身の項羽と、楚の名門出身の劉邦が相次いで長安を占領し、秦は統一からわずか15年で滅びた。 （特別区 H22改題）

2. ×
項羽と劉邦が逆である。

3. 劉邦は皇帝の位につき、前漢を建てた。その後前漢は郡県制を行いつつ、外戚や諸侯の実権を奪ったために黄巾の乱が起こった。 （特別区 H22改題）

3. ×
郡県制ではなく、郡国制。また、黄巾の乱ではなく、呉楚七国の乱である。

4. 前漢の王族の一人劉秀が後漢を建てたものの、赤眉の乱が起こって魏に滅ぼされた。 （特別区 H22改題）

4. ×
赤眉の乱は新が滅亡することになるきっかけとなった農民反乱。

5. 漢代には歴史書の編纂も進んだ。紀伝体が採用され、司馬遷の『史記』、班固の『漢書』が完成した。 （特別区 H22改題）

5. ○
そのとおり。
なお、『漢書』は後漢の時代に班固らが編纂した。

15 イスラーム史

イスラーム史

イスラーム史は、試験ではほとんど出ませんが、オスマン帝国だけはよく試験で
出題されます。ポイントを押さえておく程度で十分。深入りは禁物です。

1. ムハンマドの誕生

ムハンマドが布教を始めた一神教がイスラーム教です。キリ
スト教やユダヤ教の影響を受けていて、唯一神アッラーへの帰
依を説きます。ムハンマドは大商人の富の独占を批判したため、

聖典は『コーラン』だよ。

迫害を受けました。これを逃れるため、622年にメッカからメディナへ移住しました。
これを聖遷（ヒジュラ）といいます。

　イスラーム教徒にはスンニ派（多数派）とシーア派があります。スンニ派は、正統カ
リフとウマイヤ朝以降の歴代カリフを正統とするイスラーム教の多数派です。一方、シー
ア派は、4代カリフのアリーの子孫のみが最高指導者であるとする少数派です。現在も
イランやイラク、シリアなどに散在していますね。

2. 3つの主なイスラーム王朝

1 ウマイヤ朝

　ムアーウィアが建国しました。ここからカリフはウマイヤ家の世襲制に移行します。
都はダマスクスですね。732年のトゥール・ポワティエ間の戦い
では、フランク王国に敗退しました。そして、アラブ人を特権的
身分として、優遇しました。

被征服民に対しては、
人頭税のジズヤや土
地税のハラージュを納
めることを強制した。

2 アッバース朝

　マワーリーがアッバース家と組み、ウマイヤ朝を倒して建国しました。都はバグダー
ドです。5代目のハールーン・アッラシードの時代が全盛期です。751年のタラス河畔
の戦いでは、唐を破り、製紙法が西伝してきました。

❸ オスマン帝国

　オスマン1世が建国したのがオスマン帝国です。バヤジット1世はニコポリスの戦い
で、ハンガリー率いるキリスト教連合軍を撃破しましたが、アンカラの戦いでティムー
ル軍に大敗を喫し、一時帝国の勢いがなくなりました。

　その後、復活を遂げたのはメフメト2世の時代です。1453年にビザンツ帝国を滅ぼし
ました。コンスタンティノープルをイスタンブールへと改称したのは有名ですね。

　オスマン帝国最盛期は、スレイマン1世のときです。ハンガリー
を征服後、第一次ウィーン包囲で西欧諸国にオスマン帝国の力を
見せつけました。また、カピチュレーションを同盟国であったフ

非イスラーム教徒の
外国人に与えた特権
だよ。居住や通商の
自由を与えたんだ。

ランスに与え、続いてイギリス、オランダにも与えました。そし
て、1538年のプレヴェザの海戦では、スペイン・ヴェネツィア・

プレヴェザの英傑バル
バロスが指揮官だよ。

ローマ教皇の連合艦隊を撃破し、地中海の制海権を西に広げまし
た。しかし、その後1571年に起きたレパントの海戦で、セリム2
世はスペイン（フェリペ2世）に敗れてしまうのですけどね……。

　なお、オスマン帝国の兵士はイェニチェリと呼ばれる常備歩兵軍団でした。デヴシル
メと呼ばれる強制徴用を行い、14世紀から19世紀の初頭まで組織されていました。

PLAY&TRY

1. イェニチェリは、キリスト教徒の子弟を徴用し、ムスリムに改宗させて官僚や軍人とする制度であり、これによって育成された兵士で、スルタン直属の常備歩兵軍団であるデヴシルメが組織された。

（特別区R２）

1. ×
イェニチェリとデヴシルメの記述が逆である。

2. カピチュレーションは、オスマン帝国内での安全や通商の自由を保障する恩恵的特権であり、イギリスやオランダに対して与えられたが、フランスには与えられなかった。 （特別区R２）

2. ×
まずフランスに与え、その後にイギリスやオランダにも与えた。

3. セリム１世は、13世紀末にアナトリア西北部でオスマン帝国を興し、バルカン半島へ進出してアドリアノープルを首都としたが、バヤジット１世は、1402年のニコポリスの戦いでティムール軍に大敗を喫した。 （特別区R２）

3. ×
オスマン帝国を興したのは、オスマン１世である。また、ティムール軍に大敗を喫したのはアンカラの戦いである。

4. メフメト２世は、1453年にコンスタンティノープルを攻略し、サファヴィー朝を滅ぼして、その地に首都を移し、更には黒海北岸のクリム＝ハン国も服属させた。 （特別区R２）

4. ×
滅ぼしたのはビザンツ帝国である。

5. スレイマン１世のときに、オスマン帝国は最盛期を迎え、ハンガリーを征服してウィーンを包囲し、1538年にプレヴェザの海戦でスペイン等の連合艦隊を破った。 （特別区R２）

5. ○
そのとおり。
プレヴェザの海戦は有名である。地中海の制海権を広げた。

01

大地形

この章では、プレートや造山運動などを勉強します。
試験では意外と出ますので、しっかりと知識を入れておくことをおススメします。

1. プレートテクトニクス理論

　プレートテクトニクス理論とは、プレートと呼ばれる岩石が高温で柔らかいマントルの対流に乗っかって動いていくことで地形が形成される、という理論です。プレートには大陸系のプレートと海洋系のプレートがあります。日本の場合であれば、北アメリカプレートとユーラシアプレートが大陸系プレート、太平洋プレートとフィリピン海プレートが海洋系のプレートです。プレートとプレートとの境界は次の３つの種類があるとされます。

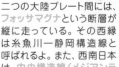

二つの大陸プレート間には、フォッサマグナという断層が縦に走っている。その西縁は糸魚川ー静岡構造線と呼ばれるよ。また、西南日本は、中央構造線（メジアンライン）という断層によって内帯（大陸側）と外帯（太平洋側）に分けられているよ。

▶ プレートの境界

広がる境界	マントルが湧き出してプレートができる場所。左右に分かれて移動する（離れていく）。海嶺（かいれい）と呼ばれる海底山脈が形成される。太平洋東部で南北にのびている、東太平洋海嶺を覚えておこう。
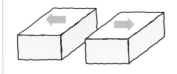	

狭まる境界	プレートが狭まって（ぶつかる）移動。衝突帯は、大陸系プレートがぶつかり合い、両者が譲り合わないのでチベットやヒマラヤなどの大規模な褶曲山脈が形成される。沈み込み帯は、大陸系プレートの下に海洋系プレートが沈み込み、弧状列島や火山列、海溝ができる。海溝は大西洋よりも太平洋に多い。
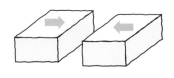	
ずれる境界	逆方向にスライドする形でプレートが動く。横ずれ断層（トランスフォーム断層）のような形となる。アメリカ・カリフォルニアのサンアンドレアス断層が有名。地震がよく発生することでも知られている。

　ちなみに、火山については、詳しくは地学で勉強すると思いますが、成層火山、楯状火山、鐘状火山、溶岩円頂丘などがあります。粘性の高低で区別されますね。なお、成層火山の一部に陥没（マグマだまりに陥没）や爆発によってつくられた窪地をカルデラといいます。そこに水がたまるとカルデラ湖ができるといった感じです。カルデラは阿蘇山が有名です。

　通常、火山と言ったら、プレートの境界（海溝沿い、海嶺）に分布しているというイメージが強いと思いますが、プレート内部を貫いて点状のマントルが湧き上がることにより火山となるケースもあります。これをホットスポットといいます。ハワイの火山はこのホットスポットの例ですね。プレートとは関係ないので、位置が変わらないという特徴を持っています。

2. 造山活動

　造山運動は、地層や褶曲、火山の噴火などを生み出す運動です。形成時期によって古い方から3つありますので、順に説明していきます。覚えておきましょう。

◻1 安定陸塊（安定大陸）

　先カンブリア代の造山活動で形成された最も古い地盤で、それがひたすら侵食されて今は大平原となっている場所です。ほとんど地殻変動を受けていないので、安定しているといったイメージです。先カンブリア代の地層には鉄鉱石がうまっていることが多いですね。より具体的には、楯状地という先カンブリア代の岩石が露出している地域があります。また、楯状地とまではいかないまでも、卓状地といって、先カンブリア代の地層上に古生代以降の地層が積もり侵食された地域があります。楯状地には準平原が広がり、卓状地には構造平野が広がっています。ちなみに、安定陸塊は世界ではメジャーです。日本にはないのでレアキャラに感じますが、意外と世界ではたくさんあります。アフリカやヨーロッパ、ロシア、カナダ、ブラジル、インド（デカン高原）、アラブ、オーストラリアなど、結構どこにでもありますよ。

> 以前は「コンドワナランド」という大陸だったみたいだよ。ランドって楽しそうだよね。

▶ 楯状地と卓状地

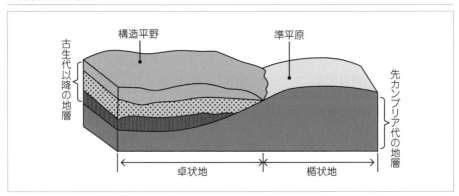

◻2 古期造山帯

　古生代の造山活動で形成され、それ以降、長期の侵食を受けて低くなだらかな山脈が残っている地域です。石炭が多く採れるといわれます。試験的に出題される山脈としては、アパラチア山脈（アメリカ東部）、ペニン山脈（イギリス）、スカンディナヴィア山脈（ノルウェー）、ウラル山脈（ロシア）、グレートディヴァイディング山脈（オーストラリア東部）があります。

❸ 新期造山帯

中生代〜新生代の現在までの造山運動によって形成されたため、侵食があまり進んでおらず高く険しい山脈が形成されている地域です。アルプス＝ヒマラヤ造山帯（チベット高原、ヒマラヤ山脈、アルプス山脈、ピレネー山脈）、と環太平洋造山帯（日本列島、ニュージーランド、ロッキー山脈、アンデス山脈）があります。鉱物資源に恵まれていて、銀や銅、すず、亜鉛などが採れます。また、石油資源が豊富であることも知られています。

PLAY&TRY

1. 地球の表面は、硬い岩石でできたプレートに覆われており、プレートの境界は、狭まる境界、広がる境界、ずれる境界の3つに分類される。　（特別区R3）

1. ○
そのとおり。
それぞれの具体例も押さえておこう。

2. プレートどうしが反対方向に分かれて離れていく境界は「広がる境界」と呼ばれ、主に陸上にあり、アフリカ大陸のサンアンドレアス断層に代表される。そのような断層の周辺では何度も大きな地震が起きている。　（国家一般職H28）

2. ×
広がる境界は主に海底にある。また、サンアンドレアス断層はアメリカのカリフォルニアにあり、「ずれる境界」の代表である。

3. 海洋プレートが大陸プレートの下に潜り込むと海底には海嶺が形成され、これが長期間かけて陸上に隆起すると、弧状列島という弓なりの島列や火山列が形成される。ハワイ諸島はその典型例であり、キラウエア山などでは火山活動が活発である。　（国家一般職H28）

3. ×
海嶺ではなく、海溝の誤り。また、ハワイ諸島の火山はホットスポットに形成されたものが多い。キラウエア山の火山もホットスポットでできたものである。

4. オーストラリア大陸のようなプレートの境界に当たる地域を変動帯といい、火山や断層が多く、地殻変動が活発である。一方、南アメリカ大陸のような安定大陸は、地殻変動の影響を受けないため地震や火山活動はほとんどなく、新たに変動帯になることはない。 （国家一般職H28）

4. ✕
オーストラリア大陸は、ほぼ安定陸塊（安定大陸）なので、変動帯ではなく安定帯である。また、南アメリカでもチリなどでは地震や火山活動が見られる。

5. 大陸プレートどうしがぶつかり合うと、一方が他方に向かってのし上がる逆断層が生じたり、地層が波状に曲がる褶曲が起きたりする。これらにより、ヒマラヤ山脈やアルプス山脈のような高く険しい山脈が作られる。 （国家一般職H28）

5. ◯
そのとおり。
アルプス山脈やヒマラヤ山脈をはじめとする世界の大山脈は、褶曲山脈であることが多い。

6. 二つのプレートが互いに異なる方向にすれ違う「ずれる境界」では、正断層が生まれ、活断層による大規模な地震が頻発する。アイスランド島では、プレートの「ずれる境界」に沿ってトラフと呼ばれる裂け目ができ、線状噴火を起こす火山が見られる。 （国家一般職H28）

6. ✕
正断層ではなく、横ずれ断層の誤り。アイスランドは「ずれる境界」に沿っているわけではない。線状噴火を起こす火山が見られるのはそのとおり。

7. 日本の本州中部には、南北に縦断するプレート境界があり、中央構造線とよばれる。 （特別区H26改題）

7. ✕
糸魚川 ― 静岡構造線である。

8. 諏訪湖付近で糸魚川―静岡構造線と交わる中央構造線は、西南日本を外帯と内帯に分けている。外帯の山地は比較的標高が高く、深いV字谷が刻まれているのに対し、内帯では丘陵や高原状の低い山地が多い。 （特別区H26改題）

8. ◯
そのとおり。
外帯・内帯の特徴も一緒に押さえておこう。

9. 新期造山帯は、古生代の造山運動によって形成されたものであり、アルプス＝ヒマラヤ造山帯と環太平洋造山帯とがある。 （特別区R3）

9. ✕
古生代ではない。中生代～新生代の現在までの造山運動によって形成された。

02

小地形

重要度 ★★★　頻出度 ★★

ここでは、平野を中心に知識を確認していきます。扇状地と氾濫原は超頻出。
苦手な人はここで得意にしてしまいましょう。

1. 平野地形

1 侵食平野

侵食平野は、安定陸塊が侵食を受けて平坦化した平野です。世界で見られる大平野の
多くがこれに該当します。侵食平野は、準平原と構造平野に分かれます。準平原は、先
述しましたが楯状地に存在しています。準平原＝楯状地と考えても試験的にはいいでしょ
う。俗に侵食輪廻の最終地形と呼ばれ、それ以上侵食が進まない点がポイントです。地
形が平坦化していて岩石がむき出しになっている平野です。イメージはドラゴンボール
の戦場ですね（笑）。一方、構造平野は、ほぼ水平な古い地層からなる平野です。卓状地
に多いという点は先述しました。準平原とは異なり、地層が見られる点がポイントです。
ちなみに、構造平野の柔らかい地層が侵食され、硬い地層はそのまま取り残されて（選
択侵食）できあがった傾斜地をケスタといいます。パリ盆地が有名です。

2 堆積平野

堆積平野は、河川などの堆積作用でできた平野です。沖積平野と洪積台地に分けられ
ます。日本によくみられる類型です。

①沖積平野

沖積平野は、山麓から下っていくと、扇状地→氾濫原→三角州という順番でできあが
ります。

▶ 沖積平野

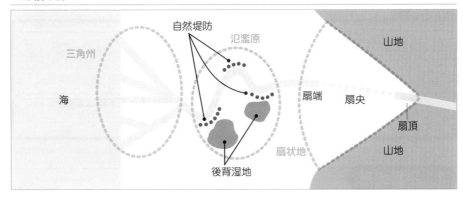

　扇状地は、扇頂、扇央、扇端からなります。扇頂は水が表流します。扇央では水はけがよく、河川は伏流して水無川となります。桑畑や畑作、果樹栽培などに使われますね。扇端は水が湧き出てくる場所なので、水田や集落が見られるようになります。

　氾濫原は、河川の流れに沿って広がる地形で、河川の両サイドには砂礫が堆積して自然堤防ができあがります。土手のような微高地になっている部分ですね。

> 河川の氾濫が多い地域では、河床が高くなり、再び氾濫する危険がある。そうすると更に河床が高くなるから、いつのまにか周囲の平野面よりも河床が高い天井川が形成されるんだ。

そして、その背後には後背湿地が広がります。後背湿地は水はけが悪いので水田に利用されたり、宅地開発が進み、住宅街ができたりします。

　河川を下っていくと、最後は三角州（デルタ）ができます。水流が極めて弱くなり、土砂の運搬力が衰えるため、河川が左右に分流してしまい、残された平地が三角州になるといった感じです。三角州は砂泥の堆積によってできるので、低湿ですが肥沃なので農地や大都市ができることが多いです。広島市などは三角州のまちとして有名ですよね。世界でも流域面積が大きい川で見られます。

> ナイル川河口、ミシシッピ川河口（鳥趾状三角州）などは有名だよね。

②洪積台地

　洪積台地は、平野が隆起、あるいは海面が低下したことにより台地化したものをいいます。河岸段丘や海岸段丘と呼ばれるものも含みます。洪積台地は台地であるがゆえに水を得にくく、水田には適しません。むしろや桑畑や畑作、果樹園などに利用されてきました。

>
> 河岸段丘は、長野県や静岡県を流れる天竜川流域で見られるよ。一方、海岸段丘は高知県の室戸岬や足摺岬で見られる。海岸段丘は海岸平野がより隆起したものと考えておくといいよ。

2. 海岸地形

海岸地形には、離水海岸と沈水海岸の２つがあります。

まず離水海岸とは、土地が隆起したり、海面が低下したりして、水がひいていく感じでできあがった海岸です。前述した海岸段丘のように階段状の地形になることもありますし、そこが開けた平野になると、海岸平野となります。海岸平野は、九十九里が有名ですね。砂浜のあるきれいな海岸線が特徴です。

一方、沈水海岸は、土地が沈降したり、海面が上昇したりして、もともとあった隙間（空間）に水が入り込んでできあがった海岸です。特徴としては、水深が大きいという点が挙げられます。とりあえず試験的には３つ覚えましょう。

▶ 沈水海岸

リアス式海岸 （スペイン北西部） 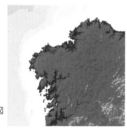 出典：国土地理院地図 電子国土Web	水の浸食でできたV字谷に水が入り込んでできた入り江の多い海岸線。鋸歯状（のこぎり形）の海岸線。水深が大きくて、波が低く穏やかなので、養殖場や漁港ができる。スペイン北西部、三陸海岸、伊勢志摩など。
フィヨルド （ノルウェー・ ソグネフィヨルド） 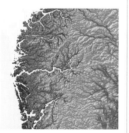 出典：国土地理院地図 電子国土Web	氷河の侵食でできたU字谷に水が入り込んでできた海岸。入り江の奥行が長い（湾口から湾奥が長い）。水深が大きいので漁港ができる。ノルウェーのソグネフィヨルド、チリ南部など高緯度地域に存在している。
エスチュアリー （三角江） （ラプラタ川） 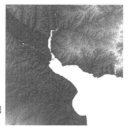 出典：国土地理院地図 電子国土Web	河口が沈水してラッパ状になった地形。水深が大きく開けているので、大貿易港が発達しやすい。セーヌ川、エルベ川、テムズ川、ラプラタ川、セントローレンス川など。

なお、海岸付近では、沿岸流の影響でいろいろな地形ができあがるので、いくつか覚えておきましょう。砂浜海岸と呼ばれるのですが、沿岸流による土砂の堆積作用で、砂嘴、砂州、トンボロ（陸繋砂州）、陸繋島、ラグーン（潟湖）などができあがります。砂州は天橋立、陸繋砂州や陸繋島は江の島、ラグーンはサロマ湖が有名です。

▶砂浜海岸

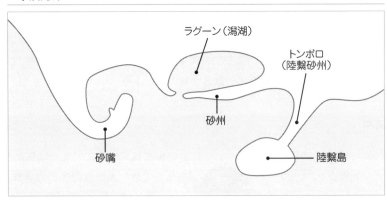

3. その他の地形

その他の地形としては、カルスト地形がよく試験で出題されます。石灰岩が水に溶けて形成される地形ですね。石灰岩の溶食作用でできたものと思っておけばよいでしょう。ドリーネ、ウバーレ、鍾乳洞などができあがります。農業には不適な土地と言えますね。また、氷河地形というものもありますね。U字谷やカール（圏谷）、ホルン、モレーン（堆石）などができるのですが、正直な話、言葉の響きだけ覚えておけばOKです。乾燥地形はほとんど出ませんが、ワジ（涸川）があります。降雨時だけ水があって、それ以外の時は涸れている川です。

一方、サンゴ礁は覚える価値はあるでしょう。たまに出題されています。サンゴ虫の遺骸などが浅瀬の海に堆積してできた岩礁です。石灰質でできているという特徴を持ちます。サンゴ虫は熱帯〜亜熱帯の水温が高く、きれいで、かつ水深が浅い海にしか生きられないという特殊な生物です。裾礁→堡礁→環礁の順に発展していきます。

堡礁は、オーストラリアのグレートバリアリーフが有名だよ。日本の南西諸島には裾礁が多いよ。

▶ サンゴ礁の種類

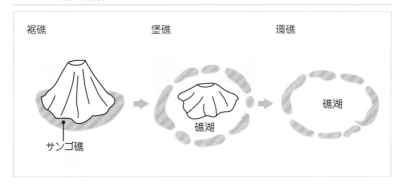

裾礁　　　　　堡礁　　　　　環礁

サンゴ礁

礁湖

礁湖

PLAY&TRY

1. 河川が上流で岩石を侵食し、下流へ土砂を運搬して堆積させることにより、様々な地形が作られる。山地の急流では侵食・運搬作用が働き、これに山崩れや地滑りなどが加わることで、横断面がU字型をしたU字谷が形成される。そこに上流からの土砂が堆積すると氾濫原が作られる。 （国家一般職R2）

   1. ×
   U字谷は氷河の侵食作用で形成されるため、誤り。水の侵食で形成されるのはV字谷である。

2. 河川は、山地を削って土砂を運搬し、堆積させて侵食平野をつくるが、侵食平野には、氾濫原、三角州などの地形が見られる。 （特別区R3）

   2. ×
   堆積平野（沖積平野）の誤り。

3. 河川が山地から平野に出ると、侵食された砂礫(れき)のうち、軽い砂から順に堆積する。氾濫のたびに河川は流路を変え、礫は扇状に堆積し、扇状地が形成される。湧水を得やすい扇央は畑や果樹園などに利用されやすく、水を得にくい扇端には集落が形成されやすい。 （国家一般職R2）

   3. ×
   重い砂から順に堆積する。また、扇央は水を得にくく、扇端は水を得やすい。

4. 河川の氾濫が多い場所では、堤防などで河川の流路が固定されることがある。このため、砂礫の堆積が進んで河床が高くなり、再び氾濫する危険が高まる。更に堤防を高くしても河床の上昇は続くため、周囲の平野面よりも河床が高い天井川が形成されることがある。 （国家一般職R2）

   4. ○
   そのとおり。
   天井川の形成過程は一応押さえておこう。

5. 地殻変動により陸地が沈降したり、気候温暖化により海面が上昇したりすると、陸地は沈水する。山地が広範囲に沈水すると、三陸海岸のように鋸歯(きょ)状の海岸線の河岸段丘ができる。 （東京都H27改題）

   5. ×
   河岸段丘ではなく、リアス式海岸の誤り。

6. 土地の隆起や海面の低下によって海面下にあった場所が陸地になると、谷が連続して海岸線が入り組んだリアス海岸が形成される。平地が少なく内陸との交通も不便であり、内湾では波が高いため、養殖業や港が発達しにくい。　　　　　　　　　（国家一般職R２）

6. ×
土地の沈降や海面の上昇によって、リアス式海岸ができる。また、リアス式海岸の内湾は波が低く穏やかなため、養殖業や港が発達しやすい。

7. 河川が運んできた土砂や別の海岸の侵食により生じた土砂が沿岸流によって運搬され、堆積することにより岩石海岸が形成される。ダムや護岸が整備されると、河川により運搬される土砂が増加するため、海岸侵食が進んで海岸線が後退することがある。
　　　　　　　　　　　　　　　　　（国家一般職R２）

7. ×
岩石海岸ではなく、砂浜海岸の誤り。

8. ノルウェー西海岸では、かつて氷河の侵食でできたカルスト地形がみられる。　　　（東京都H27改題）

8. ×
カルスト地形ではなく、フィヨルドの誤り。

9. 大きな河川の河口部が沈水すると、河口がラッパ状の入江となり、三角州がつくられる。
　　　　　　　　　　　　　　　　　（東京都H27改題）

9. ×
三角州ではなく、三角江（エスチュアリー）である。

03

気候・土壌

気候は系統地理の中では、一番の頻出です。ケッペンの気候区分の特徴を
押さえておけば解ける問題が多いので、一気にマスターしましょう。

1. ケッペンの気候区分

　ドイツの気候学者ケッペンは、気温と降水量に着目し、植物の分布から5つの気候帯
に分類しました。雨温図を思い浮かべるようにしましょう。ちなみに、彼は土壌や湿度
には着目していません（笑）。ひっかけに気をつけましょう。

▌1 熱帯（A）

①熱帯雨林気候（Af）

　年中多雨で、密林に覆われています。また気温の年較差が小さいという特徴を有しま
す。密林は、アマゾンではセルバ、コンゴや東南アジアではジャングルと呼ばれます。
そして、毎日夕方ごろにスコールがあります。農業は焼畑農業で、タロイモやキャッサ
バをつくっています。生産性が低い点がネックです
ね。なお、熱帯赤道付近の東太平洋（南米ペルー沖）
の海水温が上昇すると、各地で異常気象が起きるこ
とが分かっています。この現象をエルニーニョ現象
といい、南東貿易風が弱まり、かつ寒流のペルー海
流も弱まることから起こるとされています。

> エルニーニョ現象が起きると、日本で
> は、夏に北太平洋高気圧（小笠原高
> 気圧）が北に張り出しにくくなるので気
> 温が上がらず、その関係で日照も少な
> くなる傾向にあるよ。冷夏になるんだ。
> 一方、冬は西高東低の冬型の気圧配
> 置が弱まるので、気温が高くなる傾向
> にあるね。暖冬になるということだ。

②サバナ気候（Aw）

　雨季と乾季が明瞭で、疎林が生えていて、長草草原が広がって
います。疎林は、オリノコ川流域でリャノ、アルゼンチンやパラ
グアイでグランチャコ、ブラジルでカンポなどと呼ばれています。

> スーダンの言葉で、サバ
> ナを意味する用語だよ。

② 乾燥帯（B）

①砂漠気候（BW）

　年間降水量が250mm未満で、気温の日較差が大きいという特徴を有します。世界最大の砂漠はサハラ砂漠ですね（その南端はサヘル地方と呼ばれる）。ちなみに、無樹林気候なので、草木は生えません。地中の塩分が地表付近に集積すると塩性土壌となり、アルカリ性を示すようになります。これが砂漠土です。

②ステップ気候（BS）

　年間降水量が250〜500mm未満で、砂漠気候の周りに広がっています。長い乾季と短い雨季に分かれていて、短草草原が広がっています。ステップ気候は乾燥帯ではありますが、灌漑をちゃんとすることによって穀物が育ちます。土がよければなおさら穀物地帯になりやすく、ウクライナはチェルノーゼムという土壌で小麦栽培を行っています。また、ステップ気候では遊牧も行われていますね。

③ 温帯（C）

①温暖湿潤気候（Cfa）

　大陸の東（中緯度）に位置する気候区分です。季節風（モンスーン）の影響を受けるため、降水量は多めです。常緑広葉樹、落葉広葉樹など、樹木の種類も豊富です。夏は高温多雨で湿度が高く、冬は比較的気温が低く乾燥しているイメージですね。本州を中心とした日本の大部分、ニューヨークやワシントン、上海、ブエノスアイレス、オーストラリア東部（シドニーなど）がこの気候に属します。

②西岸海洋性気候（Cfb）

　大陸の西側（中緯度）に位置する気候区分です。一年を通じて暖流（ヨーロッパなら北大西洋海流）と偏西風の影響を受けるため、緯度のわりに冬は温暖、夏は冷涼で気温の年較差が小さいとされます。降水量はそんなに多くはありませんが、安定しています。それゆえ温和な気候と言われることもあります。パリやロンドン、ニュージーランドなどがこの気候に属します。農業は酪農や混合農業が行われています。

> 偏西風が卓越している地域の高層では、ジェット気流という強い西風が吹いているよ。卓越した偏西風がジェット気流だと思っておこう。

③地中海性気候（Cs）

　大陸の西側（比較的低緯度）に位置する気候区分です。夏は高温で乾燥しています。

一方、冬は温暖で比較的多雨です。夏は乾燥に強いオリーブ、ぶどう、オレンジなどを栽培し、冬は小麦を栽培しています（地中海式農業）。ローマ、ケープタウン、カリフォルニアなどがこの気候に属します。

④温暖冬季少雨気候（温帯夏雨気候、Cw）

試験に出ないので無視しても構いませんが、あと一歩で熱帯といった感じの気候区分です。モンスーンの影響で夏は高温多雨となるのですが、冬は温暖少雨となります。中国の華南（香港）、南アフリカのプレトリアなどがこの気候に属します。

🄸 冷帯(亜寒帯)(D)
①冷帯（亜寒帯）湿潤気候（Df）

一年を通じてある程度降水量があります。針葉樹林帯（タイガ・純林）が広がります。南部では小麦やじゃがいもなどの栽培をしたり、酪農をしたりしています。札幌、モスクワ、シカゴなどが冷帯（亜寒帯）湿潤気候に属しています。

冷帯（亜寒帯）は北半球にしかないよ。

②冷帯（亜寒帯）冬季少雨気候（Dw）

ユーラシア大陸北東部にしか見られない気候区分です。シベリア東部が代表的です。

🄵 寒帯(E)
①ツンドラ気候（ET）

最暖月の平均気温がかろうじて０℃以上になります。これを夏というわけですから驚きです。夏には永久凍土（ツンドラ）が溶け、草木が生えたり、地衣類や蘚苔類（せんたい）が育ったりします。農耕はさすがに無理ですが、トナカイの遊牧が有名です。北極海沿岸がこの気候に属します。

カビとかコケのことだよ。

②氷雪気候（EF）

夏でも０℃未満で、年中氷河と積雪に覆われています。草木は生えませんし、非居住地域（アネクメーネ）になっています。グリーンランド内陸部と南極大陸がこの気候に属します。

2. 土壌

　土壌には成帯土壌と間帯土壌の2つがあります。成帯土壌は、気候帯と対応している土壌です。一方、間帯土壌は、地形や母岩の影響を受けてできた土壌です。

1 成帯土壌

①熱帯の土：ラトソル、ラテライトがあります。ともに鉄やアルミニウムを主成分としているため酸性であり、赤色をしています。肥沃度が低く、農耕には不向きです。

②乾燥帯の土：砂漠土（BW）は、強アルカリで農耕には不向きです。チェルノーゼム（BS）は、黒色土で肥沃度が高いです。小麦栽培に適しています。

③温帯の土：プレーリー土やパンパ土は黒色土で肥沃度が高いですね。また、褐色森林土もありますが、これもまあまあの肥沃度です。

④冷帯の土：ポドゾルがあります。灰白色の土壌で、酸性度が高いため、農業には不向きですね。

⑤寒帯の土：ツンドラ土があります。色は白で肥沃度は低いです。

2 間帯土壌

①テラロッサ：地中海沿岸の石灰岩地帯に見られる赤褐色の土壌です。果樹栽培向きとして有名です。果樹土と覚えましょう。

②テラローシャ：玄武岩・輝緑岩地帯に分布する赤紫の土壌です。ブラジル高原でコーヒー豆を栽培するのに適しているので、コーヒー土と覚えましょう。

③レグール土：玄武岩地帯に分布する黒色の土壌です。インドのデカン高原で綿花栽培を行うのに適しています。したがって、綿花土ですね。

PLAY&TRY

1. ケッペンの気候区分では、気温、降水量、土壌、植生の四つの指標を用いて、世界を、熱帯、乾燥帯、温帯、冷帯（亜寒帯）、寒帯の五つの気候帯に区分している。このうち、乾燥帯を除く全ての気候帯は、樹木が生育可能な気候帯である。 (国税専門官R2)

1. ×
気温と降水量の指標を使って、植生を考えた。また、寒帯の氷雪気候も無樹林気候である。

2. 熱帯雨林気候の地域は、年中高温多雨であり、スコールが頻発し、シイ、カシ、クスなどの照葉樹林がみられる。ライ麦の栽培のほか、広大な農地に大量の資本を投入して、単一の商品作物を大量に栽培する焼畑農業が行われている。 (国税専門官H28)

2. ×
シイ、カシ、クスなどの照葉樹林は温帯に見られる。また、単一の商品作物を大量に栽培するのは焼畑農業ではなく、プランテーション農業である。

3. サバナ気候は、熱帯雨林気候よりも高緯度側に分布し、一年を通して降水量が多く、雨季、乾季は明瞭ではない。痩せた土壌が多いが、インドのデカン高原では、テラローシャと呼ばれる玄武岩が風化した肥沃な土壌が広がる。 (国税専門官R2)

3. ×
雨季と乾季は明瞭である。また、テラローシャではなく、レグール土である。

4. 砂漠気候の地域は、一日の気温変化が大きく、3か月程度の短い雨季がある。 (国税専門官H28改題)

4. ×
砂漠気候ではなく、ステップ気候の誤り。

5. 砂漠気候は、主に中緯度帯に分布し、年降水量が250mm以下の地域がほとんどである。一面に岩石や砂が広がっており、オアシス周辺を除いて植生はほとんどみられない。土壌からは水分の蒸発が盛んで、地中の塩分が地表付近に集積すると、塩性土壌がみられる。 (国税専門官R2)

5. ○
そのとおり。
砂漠土のことで、アルカリ性を示す。

6. ステップ気候では、北部ではタイガと呼ばれる針葉樹林がみられる。南部では夏の高温を利用して大麦やジャガイモなどの栽培が盛んであるが、北部では林業が中心である。 　（国税専門官H28改題）

7. ヨーロッパの西岸では、貿易風が吹くため、冬は温和で夏は涼しく、季節にかかわらず適度な降水があり、穀物栽培と牧畜が組み合わされた混合農業や放牧が広く行われている。 　（特別区R2改題）

8. 東アジアの温帯地域では、季節風が吹くため、夏は高温で冬は寒冷となっており、稲作が広く行われている。 　（特別区R2改題）

9. 温暖湿潤気候は、主に中緯度の大陸西部に分布し、最暖月平均気温22℃以上かつ最寒月平均気温−3℃以下の地域となるため、夏は高温多湿で冬は寒冷である。主に褐色森林土が分布し、オリーブやコルクがしなどの硬葉樹林が広がっている。 　（国税専門官R2）

10. 地中海性気候の地域は、冬に降水が集中し、夏は乾燥しており、また、コルクガシなどの硬葉樹林がみられる。ブドウやオリーブなどの乾燥に強い樹木作物の栽培が盛んであり、冬の降水を利用した小麦の栽培や、ブドウを原料とするワインの醸造も行われている。 　（国税専門官H28）

6. ×
ステップ気候ではなく、冷帯湿潤気候の誤り。

7. ×
貿易風ではなく、偏西風。

8. 〇
そのとおり。
温暖湿潤気候を思い出そう。

9. ×
大陸西部ではなく、大陸東部の誤り。また、オリーブやコルクがしなどの硬葉樹林が広がっているのは地中海性気候である。

10. 〇
そのとおり。
地中海性気候は頻出である。

地理

03
気候・土壌

11. 冷帯（亜寒帯）湿潤気候は、主に北緯40度以北の広い地域に分布し、一年を通して降水があり、夏は比較的高温である。北部では、タイガと呼ばれる寒さに強い常緑広葉樹林が広がり、泥炭を大量に含んだ強酸性の痩せたプレーリー土がみられる。

（国税専門官Ｒ２）

11. ×
タイガは針葉樹林である。また、プレーリー土ではなく、ポドソルの誤り。

12. ツンドラ気候の地域は、最暖月の平均気温が０℃未満であり、夏の一時期を除いて氷雪に覆われている。土壌はツンドラ土であり、夏はわずかな草とコケ類などがみられる。

（国税専門官Ｈ28改題）

12. ×
ツンドラ気候は、最暖月の平均気温が０℃以上になる。

04

世界の農業

公務員試験においては頻出ではありません。しかし、地誌の中で
出題されることがあるので、ある程度は知識をまとめておいた方がいいと思います。

1. 自給的農業

1 焼畑農業

　森林を焼き、草木灰を肥料に作物を栽培します。地力が落ちると次の場所へ移動するので、生産性は低いです。また、過度な焼畑は環境破壊の原因にもなります。栽培されるのは、キャッサバやタロイモなどのイモ系ですね。アフリカ、アマゾン、インドネシアなどで行われています。

2 遊牧

　ステップ気候やツンドラ気候に該当する地域で行われています。家畜と共に移動する粗放的な牧畜が盛んなので、生産性が低いですね。

3 オアシス農業

　砂漠気候でも農業ができるという奇跡的な農業手法です。オアシスで灌漑を行い、ナツメヤシや小麦、綿花などを栽培します。小麦や綿花が栽培できるというのは意外ですよね。なお、灌漑の地下水路のことをいろんな名前で呼びます。イランではカナート、北アフリカではフォガラ、アフガニスタンではカレーズといいます。

4 アジア式農業

　土地生産性が高く、労働生産性は低いという特徴を持ちます。降水量が多いところ（大体1000mm以上の地域）では稲作、降水量が少ないところでは、小麦や綿花などの畑作が行われています。

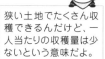

狭い土地でたくさん収穫できるんだけど、一人当たりの収穫量は少ないという意味だよ。

綿花栽培はインドのデカン高原が有名ですね。中国では、東北や華北で畑作が行われ、華中・華南では降水量が1000mmを超えてくるので稲作も行われています。

2. 商業的農業

① 地中海式農業

夏は乾燥に強いオリーブ、オレンジ、ブドウ、コルクがしなどを栽培し、降水量の多い冬に小麦を栽培します。地中海沿岸、カリフォルニア、チリ中部など、地中海性気候の場所で行われています。

② 混合農業

食用作物と飼料作物を作りながら、家畜の飼育を行っています。ルーツは耕地を夏、冬、休閑地の３つに分ける中世の三圃式農業です。土地生産性、労働生産性ともに高いのが特徴です。フランス、ドイツ、アメリカのコーンベルト、南アメリカのパンパなどで行われています。

③ 酪農

飼料作物を栽培して乳牛を飼育します。そして乳製品を作るわけですね。冷涼でやせた土地になると選択肢に入ってくるのが酪農といったイメージです。デンマークは酪農王国として有名です。また、北アメリカの五大湖周辺でも酪農を行っています。

④ 園芸農業

野菜や果樹、花卉などを集約的に栽培して都市部に出荷する形（近郊農業）をとる農業です。オランダのポルダー（干拓した低地）のほか、アメリカのフロリダなどで行われています。

3. 企業的農牧業

1 企業的穀物農業

　降水量が500mm以上という条件下で、とうもろこしや小麦などを大量生産する農業です。土地生産性は低いのですが、労働生産性が高く、国際競争に優れています。アメリカのプレーリーやアルゼンチンの湿潤パンパ、オーストラリアのマーレー・ダーリング盆地、ロシア～ウクライナのチェルノーゼム地帯などで行われています。降水量が若干少ないところではセンターピボット方式で補います。

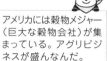

アメリカには穀物メジャー（巨大な穀物会社）が集まっている。アグリビジネスが盛んなんだ。

円形に水を撒けるスプリンクラーだよ。灌漑の方法の一つだ。

2 企業的牧畜

　降水量が500mmを下回ってくると、乾燥ゆえに農作物を育てるよりも、牧畜に向いてきます。そこで、企業的牧畜が行われるわけですね。アメリカのグレートプレーンズ、アルゼンチンの乾燥パンパ、オーストラリアの大鑽井盆地などがこれに該当します。アメリカでは高カロリーの飼料を与えて家畜を太らせるための飼育場、フィードロットがありますよ。

3 プランテーション農業

　大農園で商品作物を育てる農業です。単一耕作、すなわちモノカルチャーに陥ることも多くあります。東南アジアやアフリカ、南米などの熱帯～亜熱帯地域に多いですね。

PLAY&TRY

1. 焼畑農業は、草木灰を肥料として用いる農業であり、土地生産性が高く、現在はアマゾン川流域でのみ行われている。 （オリジナル）

1. ×
土地生産性は低い。また、コンゴや東南アジアなどでも行われている。

2. 砂漠気候では、ヤギやアルパカなどの家畜とともに水と草を求めて移動する粗放的な牧畜が盛んである。 （国税専門官H28改題）

2. ×
粗放的な牧畜が行われているのは、ステップ気候である。

3. 遊牧は、サバナ気候の地域に限って行われている。 （オリジナル）

3. ×
遊牧はステップ気候やツンドラ気候の下で行われている。

4. オアシス農業では、灌漑を行うことで、ナツメヤシや小麦、綿花などを栽培することができる。 （オリジナル）

4. ○
そのとおり。
ナイル川流域やサハラ砂漠で行われている。

5. 熱帯雨林気候では、広大な農地に大量の資本を投入して、単一の商品作物を栽培する焼畑農業が行われている。 （国税専門官H28改題）

5. ×
焼畑農業ではなく、プランテーション農業の誤り。

6. 地中海式農業では、夏にブドウやオリーブなどの乾燥に強い樹木作物の栽培が盛んであり、冬の降水を利用した小麦の栽培や、ワインの醸造も行われている。 （国税専門官H28改題）

6. ○
そのとおり。
地中海性気候とセットで覚えるのがポイントとなる。

7. 地中海式農業は、夏は高温乾燥に強い小麦を生産し、冬は温暖湿潤なためオリーブや、コルクがしを生産している。 （オリジナル）

7. ×
夏にオリーブやコルクがし、冬に小麦を生産している。

8. 混合農業は、食用作物と飼料作物の栽培を組み合わせる農業である。　　　　　　　　　　（オリジナル）

8. ×
食用作物や飼料作物と家畜の飼育を組み合わせて行う。

9. ヨーロッパでは、アルプス山脈を越えて、南側の地中海式農業と北側の混合農業とに分かれている。北フランス、北イタリアなどでは小麦などの栽培が行われ、オランダでは野菜や花卉を栽培する園芸農業、デンマークでは酪農が発達している。

（国税専門官 H23改題）

9. ○
そのとおり。
混合農業は頻出である。

10. アフリカでは、植民地時代にプランテーション農業が発達し、商品作物が単一耕作されていた。現在でもなお、ギニア湾岸でのカカオ栽培、ケニアでの茶の栽培など、特定の一次産品を栽培する国がみられる。

（国税専門官 H23改題）

10. ○
そのとおり。
熱帯～亜熱帯地域の大農園で行われる農業である。

食料安全保障が日本の課題？

　皆さんは「食料安全保障」という言葉をご存じでしょうか？　これは、十分で安全かつ栄養ある食料に「誰でも」「どんなときにも」「アクセスできる」ことを指す言葉で、1999年7月に公布・施行された「食料・農業・農村基本法」では、不測時における食料安全保障に関する規定が置かれています。日本は現在、食糧自給率がカロリーベースで37％と低迷しています（2020年度）。このままだとさすがにまずいので、政府は2030年度までに食料自給率を45％に引き上げることを目標としています。なお、先進国を見てみると、カロリーベースで100％を超えている国は結構あります。例えば、カナダ266％、オーストラリア200％、アメリカ132％、フランス125％などです（いずれも2018年試算）。ヨーロッパの島国で日本とよく比較されるイギリスはというと、65％となっています。昔は食料自給率が低い国として有名で、一時45％まで落ち込んだ時期がありました。しかし、その後、科学の力で農業を改革し、奇跡の回復を見せてきました。日本もこれを見習い、技術革新を起こして政府目標を達成したいところですね。

05

重要度 ★★★　頻出度 ★★★

エネルギー・鉱物資源

公務員試験ではかなり出題される分野になります。
細かい順位などまで覚える必要はなく、方向性だけ覚えておけば得点につながります。

1. 化石燃料

1 石炭

古期造山帯に多く埋蔵されているとされますが、割と世界中で採れます。化石燃料の中では埋蔵量は多いですね。1970年代に一時、生産比が石油にとってかわられましたが、その後も底堅く伸びてきました。石炭生産国では、中国、インド、インドネシア、アメリカ、オーストラリアが上位となっています。この中では中国がぶっちぎりです。一方、中国とインドは石炭の輸入国でもあります。もちろん日本も世界最大レベルの石炭輸入国です。

2 石油

新期造山帯のうち、ペルシア湾を中心とする中東に埋蔵量と生産量が偏っています。石炭に比べて偏在性が著しいということです。1960年にOPEC（石油輸出国機構）、1968年にOAPEC（アラブ石油輸出国機構）が設立され、1970年代以降は最も割合の高いエネルギーとされています。なお、1973年の第一次オイルショック時にはOAPECやOPEC主導で石油戦略を実施し、世界を混乱に陥れました。原油の生産は、アメリカ、ロシア、サウジアラビアが上位ですが、輸出はサウジアラビア、ロシア、イラクが上位となっています。

3 天然ガス

CO_2の排出量が少ないクリーンエネルギーとして有名です。ガスなので石油と同様偏在性が著しく、生産量としてはアメリカとロシアで世界の4割程度を占めています。ヨーロッパはロシアからパイプラインを引いていますね。日本は液化天然ガス（LNG）としてタンカーで輸入しています（オーストラリア、マレーシア、カタールなどから）。

なお、最近は次世代型の天然ガスがどんどん採掘されるようになってきました。まず

シェールガスは、頁岩層（けつがんそう）から採取される天然ガスで、今のところアメリカやカナダに生産が集中しています。一方、メタンハイドレートは、メタンガスが低温・高圧で固まったもので、日本近海に大量に存在していることが分かっています。俗に燃える氷と呼ばれていて、資源の乏しい日本の救世主になり得るのでは？　と期待されています。しかし、メタンはCO_2の約25倍の温室効果ガスと言われるだけに、もし採掘する時にメタンが放出されるとヤバいですね。

シェールオイルという原油の開発にも力を入れているよ。

牛のげっぷに含まれているという話は有名だ。牛が地球温暖化との関係で話題になるのはそのせいなんだ。

2. 電力

1 火力

　欧米や日本などの先進国が依存してきた類型で、石炭や石油、天然ガスなどが原料となってきました。しかし、近時、パリ協定の本格実施に伴い、世界は脱炭素化に舵を切っていますので、今後の動向を注視していく必要があります。

2 原子力

　設備費や補償費が高いという特徴がありますが燃料費は安いです。先進国で言うとフランスが依存度の高い国として有名です（約7割）。近時はドイツや台湾など、脱原発に舵を切る国も多いですね。

3 再生可能エネルギー

　太陽光、風力、水力、バイオマス、地熱といった、温室効果ガスを排出しないエネルギー源を指します。資源がなくならないとされているので再生可能と呼ばれるわけです。風力発電は、偏西風を利用して行われるのが通常なので、デンマークやオランダなどのヨーロッパ、アメリカのカリフォルニアなどで普及しています。水力発電で有名な国は、何と言っても中国です。長江流域にある三峡ダムは世界最大ですね。ブラジルやカナダも有名です。バイオマスには、バイオエタノールやバイオガスがあります。前者は、とうもろこしやサトウキビなどを発酵してつくります。ブラジルとアメリカでは自動車の燃料として利用されています。後者は生物由来の家畜の糞尿を発酵してつくり

なお、三門峡ダムというのもあるけど、こちらは黄河中流域にあるダムだよ。

1975年ごろからブラジルで本格的に使われた。遅れること数年でアメリカも追随したんだ。

ます。さらに、地熱発電は、地下のマグマの熱を利用してター
ビンを回す発電方法です。日本には火山がたくさんあるので、
早く開発が進められてきました。そして、1966年に岩手県の
松川地熱発電所が運転を開始しました。現在も東北や九州な
どに発電所があります。

開発には多くの時間とコスト
を要するんだ。国内総電力
量からするとまだわずかにす
ぎない。でも、世界では上位
に位置付けられているよ。

3. 鉱物資源

1 鉄鉱石

　生産量はオーストラリア、ブラジル、中国の順になっています。ブラジルが入ってく
るのがポイントで、この3国で全体の7割を占めている感じです。なお、中国は上位の
生産量を誇っているのですが、実は世界一の輸入国でもあります。自前では賄えないと
いうことですね。日本はオーストラリアから多くの鉄鉱石を輸入しています。

2 金

　生産量は、中国、オーストラリア、ロシア、アメリカ、カナダ……と続きます。かつ
て有名だった南アフリカは、ランクダウンしてしまいました。

3 銀

　生産量は、メキシコ、ペルー、中国が上位となっています。メキシコとペルーがやや
拮抗している感じではあります。

4 銅

　火山の多い新期造山帯地域で多く産出されます。生産量はチリ、ペルー、中国が上位
で、チリがぶっちぎりの1位です。

5 ボーキサイト

　アルミニウムを含有する鉱石で、熱帯付近に分布しています。生産量はオーストラリ
ア、中国、ギニア、ブラジルの順ですね。

6 レアメタル

　レアメタルは、希少金属のことをいいます。より具体的に言うと、技術的な理由で抽

出困難な金属の総称です。

　生産量で見ると、電池や合金の材料として使われるリチウムは、オーストラリアとチリが多いですね。白金、すなわちプラチナは、南アフリカが圧倒的に1位です。ちなみに、クロムもマンガンも南アフリカが上位。このように南アフリカは金の生産からレアメタルの生産にシフトしているわけですね。ほかにも、コバルトはコンゴ民主共和国が1位、タングステンは中国の一強状態となっています。

工具や合金材料として使われるよ。軍事用として砲弾に使われることもある。

　最後に、レアアースについて、説明しておきます。レアアースは、希土類元素（希土類）で、レアメタルの一種です。生産量は中国が一番多いのですが、近時、日本においても南鳥島周辺の排他的経済水域の海底に、大量のレアアースが存在することが分かっています。どうやら海底の泥にあるらしいですね。問題はその埋蔵量なのですが、世界需要の数百年分にもなるとされていて、大注目されています。

計17元素あるよ。

7 その他

　ほかに試験で出題されるものとしては、鉛やすず、ダイヤモンド、ウランなどがあります。まず、鉛やすずの生産量は中国が1位です。次に、ダイヤモンドはロシア、ウランはカザフスタンがそれぞれ1位となっていますね。

PLAY&TRY

1.　天然ガスは、石炭や石油に比べて二酸化炭素の排出量が少ないクリーンエネルギーである。欧州では主にパイプラインで気体のまま利用されているのに対し、日本では液化天然ガス（LNG）のかたちで輸入されている。
　　　　　　　　　　　　　　（国家一般職H23改題）

1. ○
そのとおり。
日本の輸入方式は頻出である。

2. 風力発電は、年間を通じて安定した風を必要とする
   ため、偏西風が吹くデンマークやアメリカ合衆国の
   カリフォルニア州では普及していない。（東京都R1）

2. ×
むしろ偏西風を利用して
風力発電を行っている。

3. バイオエタノールは、さとうきびやとうもろこしな
   どを原料として生成したエタノールで、アメリカ合
   衆国やブラジルなどでは、自動車用の燃料として使
   用されている。　　　　　　　　　　（東京都R1）

3. ○
そのとおり。
バイオエタノールの生成
はアメリカとブラジルが有
名である。

4. 地熱発電は、火山活動の地熱を利用して発電する方
   法であるが、日本では温泉地や国立公園の規制等が
   あり、地熱発電所は建設されていない。

   　　　　　　　　　　　　　　　　　（東京都R1）

4. ×
日本にも地熱発電所があ
るので誤り。

5. 鉄鉱石は、鉄鋼の原料であり、ロシアとサウジアラ
   ビアの2か国で世界の産出量の約70％を占め（2016
   年）、中国や日本などで多く消費されている。

   　　　　　　　　　　　　　　　　　（東京都R1）

5. ×
2016年の順位は、オース
トラリア、ブラジル、中国の
順である。

6. レアアースは、地球上の存在量がまれであるか、技
   術的な理由で抽出困難な金属の総称であるが、レア
   アースの一部の元素がレアメタルと呼ばれ、レアメ
   タルの80％以上が中国で産出（2016年）されてい
   る。　　　　　　　　　　　　　　　（東京都R1）

6. ×
レアメタルとレアアースが
逆である。

7. コバルト、マンガン、クロムなどの金属は、レアアー
   スと呼ばれている。これらのレアアースは世界の埋
   蔵量の約9割が中国に集中している。

   　　　　　　　　　　　　　（国家一般職H23改題）

7. ×
レアアースではなく、レア
メタルである。

都市問題

都市に関しては、用語の意味を問う出題が多く見られます。
そこで、用語を一つひとつ確認していくことにしましょう。
次に表にしてまとめておきますので、一読してください。

▶ 都市関連用語

メトロポリス （巨大都市）	広大な都市圏を形成し、周辺の都市や地域に大きな影響を有する都市。100万人を超える大都市。
メガロポリス （巨帯都市）	多くの大都市が鉄道や道路、情報などによって密接に結ばれ、帯状になっている都市群地域をいう。メトロポリスが連鎖的につながっているイメージ。
ドーナツ化現象	都市部では地価の高騰や環境の悪化などによって人口が減少し、都市近郊の人口が増加することで都市が空洞化する現象。
インナーシティ問題	都市が空洞化することで、社会的に荒廃していく問題。やがて公共サービスが行き届かなくなり、スラム化するおそれがある。コミュニティの崩壊や治安の悪化が社会問題となる。
スプロール現象	都市が無秩序に開発されていくこと。都市計画の失敗的なイメージ。
グリーンベルト	都市部と郊外との間に設けられた公園や植樹帯などの緑地帯。ロンドン大都市圏で行われた大ロンドン計画で都市部の過密を解消するために実施された。
プライメートシティ	首位都市を意味し、政治や経済、文化、情報などの機能が集中し、人口的な観点からNo.2都市を大きく引き離す都市。メキシコシティやジャカルタなどが有名である。プライメートシティでは、大気汚染やスラム化などの都市問題が発生しやすい。

コンパクトシティ	都市の郊外化を抑え、都心部への業務機能の高集積化や職住近接により移動距離を短縮し、環境負荷を減らして生活の利便性を高めようとする都市構造。
セグリゲーション	所得水準や社会階層、民族などにより居住地が分離・すみ分けられている現象。

PLAY&TRY

1. メガロポリスとは、広大な都市圏を形成し、周辺の都市や地域に大きな影響力をもつ大都市をいい、メトロポリスとは、多くの大都市が鉄道、道路や情報などによって密接に結ばれ、帯状に連なっている都市群地域をいう。　　　　　　　　(特別区 H30)

1. ×
メガロポリスとメトロポリスの記述が逆である。

2. コンパクトシティとは、国や地域の中で、政治や経済、文化、情報などの機能が極端に集中し、人口規模でも第2位の都市を大きく上回っている都市のことをいう。　　　　　　　　(特別区 H30)

2. ×
プライメートシティの誤り。

3. 首位都市（プライメートシティ）では、国の政治・経済・文化などの機能が集中し、その国で人口が第1位となっている。首位都市の一つであるジャカルタでは、自動車の排気ガス等による大気汚染や、スラムの形成などの都市問題が深刻化している。

（国家一般職H30）

3. ○
そのとおり。
プライメートシティでは、都市問題が起こりやすい。

4. プライメートシティとは、都市の郊外化を抑え、都心部への業務機能の高集積化や職住近接により移動距離を短縮し、環境負荷を減らして生活の利便性の向上をめざした都市構造のあり方のことをいう。

（特別区H30）

4. ×
コンパクトシティの誤り。

5. 日本では、1950年代半ば頃からの高度経済成長期に都市人口が急激に増大し、郊外では住宅地が無秩序に広がるドーナツ化現象が起こり、都心部では地価高騰や環境悪化によって定住人口が減るスプロール現象が見られた。
（特別区H30）

5. ×
ドーナツ化現象とスプロール現象の記述が逆である。

6. 早くから都市化が進んだ欧米の大都市の中では、旧市街地から高所得者層や若者が郊外に流出し、高齢者や低所得者層が取り残され、コミュニティの崩壊や治安の悪化などが社会問題となっているインナーシティ問題が発生している。
（特別区H30）

6. ○
そのとおり。
インナーシティ問題の説明として正しい。

07

重要度★★　頻出度★★★

アジア

地誌の中で国が多くて大変なのが、アジアです。東アジアと東南アジアが
出題されやすいので、国ごとのポイントを押さえておきましょう。

1. 東アジア

北朝鮮
韓国
中国

1 中国（首都：北京）

　人口約14億人の国で、漢民族（総人口の約92％）と55
の少数民族が存在しています。民族自治区5つは有名です
ので覚えておきましょう。少数民族で人口が最大なのは
チョワン族です。ウイグル族はトルコ系で、チベットでは反乱がおき、ダライ・ラマ14
世がインドに亡命しています。一時、毛沢東の文化大革命で経済的な困難を経験しまし
たが、その後四つの現代化（工業、農業、国防、科学技術）
を推進し、改革・開放政策により市場経済を導入しました。
なお、中国の現在の課題は地域格差です。これを解決する

新疆ウイグル自治区、内モンゴ
ル自治区、チベット自治区、広
西チョワン族自治区、寧夏回族
自治区の5つだよ。

経済特区と経済技術開発区
（シャンハイが有名）があるよ。

ために青海省とチベット自治区を結ぶ青蔵鉄道が開通していますね。

　農業では、末端の自治組織である郷鎮が経営する郷鎮企業を認めたため、急成長しました。国際的には2001年にWTO（世界貿易機関）への加盟も果たし、自由貿易を目指すことになります。ちなみに、農業地域としては、チンリン山脈とホワイ川を結ぶラインを境に華中・華南は稲作を、華北は畑作（小麦、とうもろこしなど）を行っています。

> 年間降水量が1000mmのラインだよ。

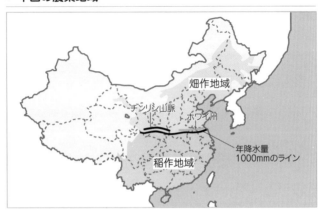

▶ 中国の農業地域

畑作地域
チンリン山脈
ホワイ川
年降水量
1000mmのライン
稲作地域

　また、中国は水力発電でも有名な国ですね。リマインドになりますが、黄河流域に三門峡ダム、長江流域に三峡ダムがあります。後者は世界最大の水力発電用のダムで、2009年に完成しました。

② 韓国（首都：ソウル）

　韓国はリアス式海岸で有名です。1970年から展開されたセマウル運動で、農村の近代化が行われました。新しい村づくり運動が行われたということです。工業も発展していて、アジアNIEsの一員となっています。この高度経済成長を「漢江の奇跡」と呼びます。首都ソウルが最大の工業地域となっていて、ウルサンやプサンで造船・自動車などの工業が発達しています。

> 韓国・台湾・シンガポール・香港のことだよ。

　なお、おまけに韓国のお隣、北朝鮮のチュチェ（主体）思想も併せて覚えておきましょう。これは、北朝鮮の金日成がつくった国家理念を表す思想です。

2. 東南アジア

1 タイ（首都：バンコク）

　タイは列強の植民地とならなかった王国で、そういった意味では日本と似ています。1970年代からの緑の革命を行い、米の収穫量が増加しました。チャオプラヤ川流域で稲作を行っているわけですが、輸出量は世界2位です（1位はインド）。天然ゴムの生産・輸出、エビなどの魚介類の輸出でも知られています。1997年にバーツが暴落し、アジア通貨危機をもたらしました。なお、タイはASEANの原加盟国としても知られています。原加盟国にはほかにもインドネシア、マレーシア、シンガポール、フィリピンがありますね。5つの国からスタートしました。

2 ベトナム（首都：ハノイ）

　フランスが旧宗主国で、インドシナ戦争で独立後、アメリカとのベトナム戦争を経て、1976年に社会主義国として南北が統一されました。ベトナムは東南アジアでは珍しく、大乗仏教です。1986年からドイモイ（刷新）と呼ばれる市場開放政策を実施し、工業化を進めてきました。

3 カンボジア（首都：プノンペン）

　ベトナムと同じく、フランスが旧宗主国で、冷戦中にポル・ポトが権力を掌握し独裁政治を行いました。内戦や紛争の影響もあり、他の国と比べて、経済はやや遅れている

印象です。仏教寺院で世界遺産でもあるアンコールワットは有名ですね。

4 マレーシア（首都：クアラルンプール）

　イギリスが旧宗主国で国教はイスラーム教です。もともと多民族国家なのですが、マレー系が6割以上を占めています。昔からマレー系住民は農業に従事する者が多く、中国系やインド系住民と比べて貧しく経済格差がありました。そこで、政府はマレー系住民を優遇する政策を行っています。これをブミプトラ（土地の子）政策といいます。

　また、工業の近代化を図るために、日本や韓国などを見習おうというルック・イーストの運動を展開しました。そのかいもあって、現在は半導体や電子機器などのIT分野が成長しています。

5 シンガポール（首都：なし）

　旧宗主国はイギリスですが、マレーシアから1965年に独立してできた都市国家です。中国系76％、マレー系15％、インド系7.5％で構成されていて、国語はマレー語、公用語は英語、中国語、マレー語、タミル語と実に多言語な国となっています。

　アジアNIEsの一員で、経済は非常に良好ですね。一人当たりのGDPは日本を大幅に上回りアジアで1位となっています（2020年）。ジュロン工業団地は東南アジア一の工業地域で、電子工業が有名です。

> 昔から自由・中継貿易と金融・海運業で栄えてきたんだ。

6 インドネシア（首都：ジャカルタ）

　人口は約2.7億人で世界4位、大半がマレー系です。世界最大のイスラーム教国としても知られています。ハーグ協定により旧宗主国オランダから独立しました。1万7000余りの島々からなる島嶼国家で、スマトラ島はジャワ島より大分大きいにもかかわらず、人口の6割はジャワ島に集住しています。また、火山も活発で、石油は東南アジア最大の産出量を誇っています。2002年に東ティモールがインドネシアから独立しましたが、スマトラ島北西部のアチェ州は独立には至っていません。

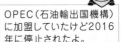

> OPEC（石油輸出国機構）に加盟していたけど2016年に停止されたよ。

> 東ティモールはカトリックの国だよ。もともとポルトガルの植民地だったのだけど、インドネシアが併合した。その後、2002年にインドネシアから独立したんだ。

7 フィリピン（首都：マニラ）

　19世紀末までスペインの植民地だったこともあり、カトリック教徒が多い国です。公

用語はフィリピノ語（タガログ語が母体）。国名はフェリペ2世からきているようです。その後アメリカに支配され、1946年に独立しました。環太平洋造山帯に属しているため、火山活動や地震が多いですね。また、7000以上の島々からなる島嶼国家でもあります。バナナ、パイナップル、ココナッツなどの果物やヤシ油の輸出が盛んです。

> ルソン島が一番大きいよ。

8 ミャンマー（首都：ネーピードー）

ベンガル湾に面している国で、仏教国です。首都は2006年まで最大都市ヤンゴンだったのですが、ネーピードーに移しました。アウン・サン・スー・チー国家最高顧問（NLD）が民主的な政治を行っていたのですが、軍部のクーデタにより身柄を拘束されてしまいました。また、西部ラカイン州に住むイスラーム教徒ロヒンギャが迫害を逃れるために、隣国バングラデシュに避難しています。

3. 南アジア

1 インド（首都：ニューデリー）

13億6000万人を超える人口を誇る国です。1947年に旧宗主国イギリスから独立しました。ヒンドゥー教徒が8割で、意外にも仏教徒は0.7％しかいません。公用語はヒンディー語ですが、他に憲法で公認されている州の言語が21あります。

インドには長らくカースト制度が存在しました。1950年に憲法上で禁止したのですが、事実上残っていると言われます。インドでは農業で緑の革命が行われ、生産性が向上しました。パンジャブ地方の小麦やデカン高原の綿花栽培、アッサム地方の茶などは有名ですね。また、ガンジスデルタでは米やジュートを栽培しています。

バラモン、クシャトリヤ、ヴァイシャ、シュードラの4つの階級からなる身分制度だよ。

なお、ミルクの需要に対する生産の増加も行われた。これを「白い革命」というよ。

工業では、最近デカン高原の南側にあるバンガロールでIT産業が発展しています。

インドのシリコンバレーと呼ばれているよ。

❷ パキスタン（首都：イスラマバード）

インドと同時期に旧宗主国イギリスから分離独立しました。国教はイスラーム教で、お隣インドとカシミール地方を巡り激しく対立し、三次にわたる印パ戦争を展開しました。特に、1971年に起こった第三次印パ戦争では、東パキスタンがバングラデシュとして分離独立しました。

パキスタンはインダス文明発祥の地としても知られています。現在もモヘンジョ・ダロやハラッパーの遺跡が残されていますね。

❸ バングラデシュ（首都：ダッカ）

国名が「ベンガル人の国」という意味です。もちろん公用語はベンガル語。もともとは東パキスタンだったのですが、1971年に分離独立しました。ガンジスデルタ地帯（低地）に位置していて、米とジュートを栽培しています。サイクロンで大きな被害（水害）を受けたこともありますね。

だからイスラーム教徒が多いんだよ。

❹ その他の国々

スリランカでは、多数派の仏教徒シンハラ人と少数派のヒンドゥー教徒のタミル人が対立していました。首都は、スリ・ジャヤワルダナプラ・コッテです。

ネパールは、インドと中国の間に挟まれている山岳国で、首都はカトマンズです。ブッタ生誕の地として有名ですね。

ブータンは、立憲君主制の王国です。首都はティンプー。国民総幸福量（GNH）という独自の考えを国家の指標としています。幸福度世界一とも称されています。

PLAY&TRY

1. 中国では、1984年以降、シャンハイなどの都市が経済特区として開放された。 （特別区 H23改題）

1. ×
シャンハイは経済技術開発区である。

2. 中国の人口の約9割は漢民族であり、少数民族のうち、チベット、ウイグル、モンゴル、チョワン、ホイの5つの民族は自治区をつくっている。 （特別区 H23改題）

2. ○
そのとおり。
5つの自治区は覚えておこう。

3. 中国は市場経済への転換をしたものの、自由貿易が原則のWTOへの加盟は実現していない。 （特別区 H23改題）

3. ×
2001年にWTOに加盟した。

4. 中国は、1953年に、市場経済を導入したが、経済運営は順調に進まず、1970年代末から計画経済による改革開放政策が始まった。 （東京都 H30）

4. ×
改革開放政策は、市場経済を導入するものであった。

5. 中国は、人口の約7割を占める漢民族と33の少数民族で構成される多民族国家であり、モンゴル族、マン族、チベット族、ウイグル族、チョワン族は、それぞれ自治区が設けられている。 （東京都 H30）

5. ×
漢民族は9割以上、少数民族は55である。また、マン族ではなく、ホイ族である。

6. 中国は、1979年に、夫婦一組に対し子供を一人に制限する「一人っ子政策」を導入したが、高齢化や若年労働力不足などの問題が生じ、現在は夫婦双方とも一人っ子の場合にのみ二人目の子供の出産を認めている。 （東京都 H30）

6. ×
すべての夫婦に二人目の子供の出産を認めている。また近時、三人目の子供を出産することを認める法改正が行われ、「三人っ子政策」の実施が規定された。

地理

07
アジア

7. 中国は、外国からの資本と技術を導入するため、沿海地域に郷鎮企業を積極的に誘致し、「漢江の奇跡」といわれる経済発展を遂げている。 （東京都H30）

7. ×
沿海地域に置かれているのは経済特区。また、漢江の奇跡は韓国の話。

8. 中国は、沿海地域と内陸部との地域格差を是正するため、西部大開発を進めており、2006年には青海省とチベット自治区を結ぶ青蔵鉄道が開通している。 （東京都H30）

8. ○
そのとおり。
地域格差は中国の最大の課題である。

9. 大韓民国はリアス式海岸を持ち、チュチェ思想で農村の発展が目指された。また、外資導入による輸出主導型の工業化により、アジアNIEsの一翼を担うようになった。 （オリジナル）

9. ×
チュチェ思想ではなく、セマウル運動である。

10. フィリピンの住民の多数はイスラム教徒であり、ドイモイにより市場経済原理の導入を図った。 （オリジナル）

10. ×
フィリピンの住民の多数はキリスト教（カトリック）である。また、ドイモイはベトナムの市場経済原理導入策である。

11. 東南アジアは、アジアとヨーロッパの交易路に位置していたため、宗教や言語、芸術など様々な文化が流入してきた。交易の拡大とともにアラブ商人がもたらしたイスラームは、ミャンマーやマレーシアなどの国で広く信仰されている。また、欧米諸国から受けたキリスト教の影響も大きく、フィリピンではプロテスタントが普及している。 （国家一般職H29）

11. ×
ミャンマーは仏教国である。また、フィリピンはカトリックが普及している。

12. インドネシアでは、東方政策（ルック・イースト）のもと工業化を進めている。 （オリジナル）

12. ×
ルック・イーストはマレーシアの工業化策である。

13. シンガポールでは、多くを占めるマレー系住民のマレー語のほか、中国語や英語も公用語となっている。大きな経済力を持っている中国系住民とマレー系住民との間の経済格差を是正するため、雇用や教育の面でマレー系住民を優遇するブミプトラ政策が実施されている。 （国税専門官Ｒ１）

13. ×
マレー系住民を優遇するブミプトラ政策が実施されているのは、マレーシアである。

14. 東南アジアの大陸部には、チャオプラヤ川やメコン川などの大きな河川が流れ、それらの下流部に形成されたデルタは、東南アジアの重要な稲作地帯となっている。また、インドネシア、マレーシア、シンガポール、フィリピン、ベトナムの５か国で1967年にASEANを発足させた。 （特別区 H25改題）

14. ×
ベトナムではなく、タイである。

15. インドネシアは、約7,000余りの島から成り、地震・火山災害が多く、台風にもしばしば襲われる。スペインの植民地となった時期にキリスト教の影響を強く受け、国民の多数がキリスト教徒である。 （国税専門官 H29改題）

15. ×
フィリピンの誤りである。

16. パキスタンは、独立後に灌漑施設整備や耕地整理等で食糧増産を図り、1960年代後半には小麦・米の高収量品種導入で「緑の革命」を推進した。 （国税専門官 H29改題）

16. ×
インドの誤りである。

17. ネパールは、ベンガル湾に面し、国土の大半がデルタ地帯である。イスラム教が国教となっていて、サイクロンの襲来、洪水など災害に見舞われることが多い。 （オリジナル）

17. ×
バングラデシュの誤りである。

| 地理 | **08** | 重要度 ★★　頻出度 ★★ |

アフリカ

アフリカは国がとても多いので、全てを覚えることは困難です。
試験に出題されたことのある主要な国の位置と特徴を押さえることが大切です。

1. 北アフリカ

1 エジプト（首都：カイロ）

　旧宗主国はイギリスで、1922年に独立しました。スエズ運河は地中海と紅海を結んでいます。国土の大半は砂漠ですが、ナイル川を利用して円弧状三角州で農業が行われています。ナイル川にはアスワンハイダムやアスワンダムがありますね。産油国でもありOAPECに加盟しています。どちらかと言えば工業国といったイメージが強いですね。

> 小麦や綿花、米などを栽培しているよ。

2 アルジェリア（首都：アルジェ）

　アルジェリアはアフリカ最大の面積を誇ります。北部にはアトラス山脈があり、南部にはサハラ砂漠があります。旧宗主国はフランスで、1962年に独立しました。北部は地

中海性気候なので、地中海式農業が行われています。石油や天然ガスの輸出国でもあり、OPECとOAPECの両方に加盟しています。

３ モロッコ（首都：ラバト）

ジブラルタル海峡でスペインとつながっていて、ヨーロッパへの玄関口となっています。中央にはアトラス山脈が走っています。旧宗主国はフランス。1956年に独立しました。アルジェリアのお隣ということもあり、北部は地中海性気候、南部は乾燥帯に属しています。日本との関係ではタコの輸出でつながっています。日本はモロッコから多くのタコを輸入しているわけですね（タコ外交）。2017年にはアフリカ連合（AU）への加盟を果たしました。具体的には、AUの前身であるアフリカ統一機構（OAU）を脱退して以来の復帰ということになります。

４ スーダン（首都：ハルツーム）

かつてアフリカ最大の面積を誇っていましたが、2011年の南スーダンの独立で、その座をアルジェリアに譲ることになりました。位置的には、東に紅海があり、対岸にはサウジアラビアがあります。

スーダンは西部ではダルフール問題を抱え、南北では北部のイスラーム教徒の白人と南部のキリスト教の黒人が石油の利権を巡って対立していました。2011年の国民投票で、南部が南スーダンとして独立することになったわけですね。ちなみに、南スーダンへは、日本も最近までPKOを派遣していました。

2. 東アフリカ

１ エチオピア（首都：アディスアベバ）

実は内陸国であるエチオピア。気候は標高が高いので（高原）、比較的涼しいです。過去イタリアに一時支配されたことはありますが、アフリカ最古の独立国というあだ名がつけられています。キリスト教徒が多いというのも特徴的ですね。農業では何と言ってもコーヒー豆の栽培が有名です。

> エチオピア高原の西南部に位置するカッファ地方はコーヒーの語源となったよ。

ちなみに、首都アディスアベバには、アフリカ連合（AU）の本部が置かれています。

2 ソマリア（首都：モガディシュ）

アフリカの角の先端に位置するのがソマリアです。イスラーム教徒が多い国で、海賊問題を抱えています。また、1991年からはソマリア内戦が本格化し、一時収拾のつかない事態にまで発展したことがあります。

3 ケニア（首都：ナイロビ）

ケニアは1963年に旧宗主国イギリスから独立しました。気候が不思議で、赤道が通っているにもかかわらず、高原なので過ごしやすい陽気だと言われます。スワヒリ語と英語が使われていて、宗教は伝統宗教とキリスト教、イスラーム教です。

工業化が比較的進んでいるとはいえ、コーヒーや茶、園芸作物などの農産物生産を中心とする農業国と言えます。サイザル麻も有名ですね。

> キリマンジャロで有名と言いたいところだが、キリマンジャロはタンザニアとケニアの国境にあって、登山口と山頂がタンザニアにあるので、ケニアの山とは言えないんだよ。ちなみにケニア山はケニアの山だよ。

4 ルワンダ（首都：キガリ）

1962年に旧宗主国ベルギーから独立してできた国です。ルワンダ大虐殺が起こった国でもあります。フツ族（多数派）とツチ族（少数派）の民族対立により、フツ族がツチ族を大虐殺したのです。

現在は、アフリカの奇跡とも呼ばれるほどの経済成長を遂げており、女性議員の割合が多い国としても知られています。

3. 西アフリカ

1 コートジボワール（首都：ヤムスクロ）

ギニア湾に面している国で、60以上の民族から構成されています。旧宗主国がフランスなので、公用語はフランス語です。コーヒー豆とカカオ豆の生産で有名ですが、特にカカオ豆の生産量は世界一です。

2 ガーナ（首都：アクラ）

ガーナチョコレートで有名な国です（笑）。1957年に旧宗主国イギリスから独立してできました。初代大統領のエンクルマは、アフリカ統一運動を指揮した人物で、アフリカの独立運動の父と呼ばれています。日本との関係では、野口英世が黄熱病の研究を行

うために訪れた地として有名です。現在もガーナには「野口記念医学研究所」（野口研）がありますよね。

❸ ナイジェリア（首都：アブジャ）

1960年に旧宗主国イギリスから独立した国です。アフリカ最大の人口、アフリカ最大の産油国、アフリカ最大の経済大国、と華々しい功績が目立ちます。

OPECに加盟しているよ。

しかし、過去には暗い歴史もあります。特に1967〜70年にかけてビアフラ内戦は史上まれに見る悲劇を招きました。東部州のイボ人がビアフラ共和国をつくって分離・独立をしようとしたのですが、これが鎮圧されたという戦争です。

❹ リベリア（首都：モンロビア）

アフリカ最古の共和国と言われる国です。アメリカから解放奴隷の黒人たちがやってきてつくった国というのがルーツです。首都のモンロビアはアメリカ第5代大統領ジェームズ・モンローに由来しているそうです。船籍を安い手数料で登録できる便宜置籍国としても知られています。

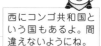
便宜置籍国としては
パナマも有名だよね。

4. 中部アフリカ

● コンゴ民主共和国（首都：キンシャサ）

旧ザイールと呼ばれていた国で、旧宗主国はベルギーです。1997年に国名変更で現在のコンゴ民主共和国となりました。アフリカ第2位の面積を誇っている国ですね。キリスト教徒がとても多い国で、公用語はフランス語です。そして、コンゴ盆地には熱帯雨林が広がっています。

西にコンゴ共和国という国もあるよ。間違えないようにね。

また、資源大国としても有名です。銅、コバルト、ダイヤモンド、金などが多く産出され、特にコバルトの生産量は世界第1位です。

近年では、北西部の赤道州でエボラ出血熱が発生しました。

5. 南部アフリカ

1 ナミビア（首都：ウィントフック）

1990年に南アフリカから独立した国です。世界で最も古いとされるナミブ砂漠があります。

> カラハリ砂漠もあるけど、これは南アフリカやボツワナ、ジンバブエにもかかっているね。

2 南アフリカ（首都：プレトリア）

かつてアフリカ最大の工業国と言われていた国です。旧宗主国はオランダとイギリスで、1961年にイギリスから脱退し共和制へと移行しました。長らくアパルトヘイトという白人優遇の人種隔離政策が採られていましたが、これを1991年に廃止しました。そして、1994年に黒人のネルソン・マンデラが政権を樹立しました。

鉱工業では、金の生産で有名だったのですが、現在はレアメタルの生産の方にシフトしています。また、北東部にある古期造山帯のドラケンスバーグ山脈沿いでは石炭が採れます。トランスバール炭田はアフリカ最大の炭田です。

> アフリカは国がたくさんあるのね。私はケニアに行ってみたい！

PLAY&TRY

1. コートジボワールは、野口英雄が黄熱病の研究を行った地で、カカオ豆の生産でも有名である。

   （オリジナル）

   1. ×
   コートジボワールではなく、ガーナの誤り。

2. ナイジェリアの旧宗主国はフランスであり、首都はナイジェリア最大都市のアルジェである。

   （オリジナル）

   2. ×
   ナイジェリアではなく、アルジェリアの誤り。

3. サハラ以南のアフリカは、19世紀末までに南アフリカ共和国を除くほぼ全域がヨーロッパ諸国の植民地となった。1960年代をピークに多くの国が独立したが、現在でも旧宗主国との経済・文化面のつながりを持っている国は多い。例えば、フランスの旧植民地であるガーナでは、主食にフランスパンが好まれ、公用語であるフランス語を話す人が多い。

   （国家一般職 H29）

   3. ×
   ガーナはイギリスの旧植民地である。

4. ガーナは、1914年当時、ベルギー領で、盆地には熱帯雨林がみられ、鉱工業ではコバルトやダイヤモンドの主要産出国である。

   （特別区 H27改題）

   4. ×
   ガーナではなく、コンゴ民主共和国である。

5. エチオピア連邦民主共和国は、1914年当時、イギリス領で、植民地時代には茶やコーヒーの栽培が行われ、現在も茶は主要な輸出品である。高地では花の栽培がさかんで、園芸作物も輸出している。

   （特別区 H27改題）

   5. ×
   エチオピアではなく、ケニアである。

6. ケニアは、アフリカ最古の独立国と呼ばれ、南部のカッファ地方はコーヒーの産地である。

   （オリジナル）

   6. ×
   ケニアではなく、エチオピアである。

7. アフリカ大陸の南東部には、アフリカ最高峰のキリ
   マンジャロ山がある古期造山帯のドラケンスバーグ
   山脈が走り、付近には炭田が分布している。

   　　　　　　　　　　　　　　　　　（東京都Ｒ３改題）

7. ×
キリマンジャロ山とドラケンスバーグ山脈は異なる。

8. 南アフリカの首都はヨハネスブルグである。19世紀
   に銅鉱脈が発見され、銅の生産で有名になった。

   　　　　　　　　　　　　　　　　　　（オリジナル）

8. ×
南アフリカの首都はプレトリアである。また、ヨハネスブルクは金の産出で有名である。

9. 南アフリカは、アフリカ最大の工業国であり、人口
   もアフリカ最大である。　　　　　（オリジナル）

9. ×
アフリカ最大の工業国はナイジェリアである。また、アフリカ最大の人口を誇るのもナイジェリアである。

10. 南アフリカ共和国では、少数派のフツ族と多数派の
   ツチ族は言語や文化をほとんど共有していたものの、
   両者の間で生じた主導権争いにより、反政府側と政
   府軍の内戦が勃発した。その結果、ツチ族によるフ
   ツ族の大量虐殺やツチ族の大量難民化などの人道問
   題が生じた。　　　　　　　　　（国税専門官Ｒ１）

10. ×
南アフリカ共和国ではなく、ルワンダの誤り。また、ルワンダ大虐殺は、フツ族（多数派）がツチ族（少数派）に対して行ったものである。

11. 南アフリカ共和国の沿岸部では、オリーブやブドウ
   などを栽培するプランテーションが発達している。

   　　　　　　　　　　　　　　　　　　（東京都Ｒ３）

11. ×
プランテーションではなく、地中海式農業の誤り。

09

ヨーロッパ

ヨーロッパは地誌の中では基本とされているだけあって、周期的に出題されています。
国が多いので、コンパクトに特徴を押さえるようにしましょう。

1. 西ヨーロッパ

1 イギリス（首都：ロンドン）

　イギリスは連合王国です。西岸海洋性気候で農業は牧畜や酪農が盛んです。産業革命が起こった地として、昔は「世界の工場」と言われていました。産業革命以来、農業人口が減少し、一時、食料自給率が40％台の時代もありましたが、ここ数年は60〜70％台に回復しています。また、森林面積が約13％しかないというのも特徴ですね。これも産業革命の影響でしょうか。

　イギリスといえば、北海油田が有名で、1960年代から70年代にかけてガンガン開発

したわけですが、現在は枯渇してしまっています。

　さらに、民族問題も抱えています。北アイルランド問題では、多数派のプロテスタントと少数派のカトリックが対立していて、カトリック系の住民が分離独立運動を展開しました。また、スコットランドの独立に向けた動きも目を離せません。

お隣のアイルランドがカトリック教徒の多い国なので、そちらへの帰属を求めてきたんだ。ちなみに、アイルランドの首都はダブリンだよ。

２ フランス（首都：パリ）

　面積が西ヨーロッパ最大です。また、西ヨーロッパ最大の農業国でもあります。パリ盆地で小麦を栽培し、それを輸出しています。

EUの穀倉というあだ名がついているよ。

　産業面では、かつて第二次世界大戦後に重要産業、基幹産業を国有化した時代があります。エネルギー政策では原子力依存度が高い国として有名です。パリに工業地域があり、トゥールーズの宇宙産業や航空機産業も有名です。そして何と言っても、外国人訪問者数ランキングが世界１位の観光大国でもありますね。

３ ドイツ（首都：ベルリン）

　1990年に西ドイツが東ドイツを編入して現在のドイツになりました。西ヨーロッパの中では一番人口が多いですね（約8,319万人）。首都は旧東ドイツにあったベルリンです。

ゲルマン系が多くいるよ。

　ドイツは、農牧業では比較的小規模な混合農業と酪農が行われています。それよりも、ヨーロッパ最大の工業国という印象の方が強いですね。ライン川沿いにあるルール工業地帯は昔から有名です。

４ ベルギー（首都：ブリュッセル）

　ベルギーは複合民族国家で、北部にはオランダ語系のフラマン人、南部にはフランス語系のワロン人が住み、対立をしてきました。首都ブリュッセルにはNATO（北大西洋条約機構）やEU（欧州連合）の本部が置かれています。

５ オランダ（首都：アムステルダム）

　国土の４分の１が干拓地であるポルダーで、海面下にあるとされます。ロッテルダムを中心に臨海工業地域が広がっていて、ユーロポートはEUの玄関口と呼ばれています。ハーグは国際都市で、国際司法裁判所（ICJ）や国際刑事裁判所（ICC）が置かれています。農業では園芸農業の花卉栽培が盛んですね。

6 スイス（首都：ベルン）

ジュネーブは有名ですが、スイスの首都ではありません。永世中立国として知られていて、国際連合には加盟しているものの、EUには加盟していません。言語はドイツ語、フランス語、イタリア語、ロマンシュ語が使われています。

工業は、山岳国ならではのきれいな水がとれるので、時計などの精密機械工業が盛んです。

> かつて国際連盟の本部が置かれた都市。チューリヒには国際金融市場があるよ。

2. 北ヨーロッパ

1 デンマーク（首都：コペンハーゲン）

デンマークと言えば酪農、酪農と言えばデンマークです。農業協同組合をつくって酪農技術を発展させてきました。世界最大の島、グリーンランドを領有していることも知っておきましょう。

2 ノルウェー（首都：オスロ）

ノルウェーはEU非加盟国です。フィヨルドが見られ、その中でもソグネフィヨルドは世界最大級です。北大西洋海流（暖流）と偏西風の影響で、意外と温暖な場所もあります。産業面では、漁業が盛んですが、北海油田で原油の産出も行っています。

3 スウェーデン（首都：ストックホルム）

世界有数の福祉国家です。国土の大半が森林なので、製材やパルプ、製紙工業が行われています。鉄鋼業も盛んな国です。というのも、キルナやエリバレなどで鉄鉱石が採れるからです。1995年にEUには加盟しましたが、ユーロは導入しないで、自国通貨クローナを使っています。

4 フィンランド（首都：ヘルシンキ）

スウェーデンと同様、森林率が高く、製材やパルプ、製紙工業が盛んです。アジア系のフィン人がほとんどを占め、「森と湖の国」というあだ名がつけられています。余談ではありますが、ムーミンはフィンランドで生まれたキャラクターです。

3. 南ヨーロッパ

1 イタリア（首都：ローマ）

古代ローマ帝国やルネサンスの発祥の地として有名です。ラテン系の国で南北格差があることで知られています。北部には三角地帯（ミラノ、トリノ、ジェノバ）と呼ばれる場所があり、工業が発展しています。また、農業も充実しています。一方、南部は地中海式農業が行われていますが、あまり生産性は高くありません。つまり、北部は裕福、南部は貧しい、という構図になっています。

2 ギリシャ（首都：アテネ）

産業では、観光業、海運業が発達していて、農業は地中海式農業を行っています。キプロス問題で隣国トルコと対立しています。

3 スペイン（首都：マドリード）

イベリア半島にある国で、地中海沿岸では地中海式農業を行っています。バレンシア地方のオレンジ栽培が代表例です。また、イベリア半島中央部の大部分はメセタと呼ばれる高原になっており、そこで牧羊が行われています。メリノ種は有名ですよね。

4. 東ヨーロッパ

1 ポーランド（首都：ワルシャワ）

ポーランドは、北がバルト海に面し、西はドイツと接しています。国土の大半が海抜300m以下の平坦地となっています。また、人口のほとんどがポーランド人（スラブ系）で、カトリックを信仰しています。

「平原の国」という意味だよ。

2 チェコ（首都：プラハ）

1989年に民主革命（ビロード革命）で共産主義体制に終止符を打ち、民主化しました。そして、1993年に隣国スロバキアとの分離・独立を経てできあがりました。その後の経済は結構安定していたため、チェコ経済の奇跡として語り継がれています。自動車などの機械工業、化学工業、観光業が盛んな国です。

③ ハンガリー（首都：ブダペスト）

　ヨーロッパの中央に位置し、アジア系のマジャール人が国民
の大半を占めています。ハンガリーという言葉自体がマジャー

アジアの騎馬民族だよ。

ルを指します。ですから、ハンガリー人＝マジャール人と考えてください。国土の大半
が農地で、農産物の輸出を行っています。

5.　ロシア

● ロシア（首都：モスクワ）

　世界で一番面積の大きい国です。1991年に旧ソ連が解体されてつくられた独立国家共
同体（CIS）の主要国となっています。ロシア人はスラブ系でロ
シア正教を信仰しています。東西に長いので、ざっくりウラル山
脈を中心に西をヨーロッパロシア（東ヨーロッパ平原）、東をシベ

古期造山帯の山だよ。

リアといいます。東西につらなる国土は、いろいろな産物をもたらします。例えば、シ
ベリアでは、石油や石炭などが豊富に採れます。バイカル・アムール鉄道（バム鉄道）
が敷かれ、石油や天然ガスのパイプラインも引かれています。ちなみに、ロシアはパイ
プラインの三大プロジェクトを推進しています。中国に向けた「シベリアの力」、ドイツ
に向けた「ノルドストリーム2」、トルコに向けた「トルコスト
リーム」の3つです。

　また、農業も盛んです。ヨーロッパロシア南部〜西シベリアに
かけて広がるチェルノーゼム地帯で、小麦やとうもろこしが栽培
されています。

旧ソ連時代には、社
会主義が全盛で、コ
ルホーズ（集団農場）
やソフホーズ（国営農
場）などがあったよ。

PLAY&TRY

1. ルール工業地帯は、豊富な石炭とライン川の水運に恵まれて、ヨーロッパ最大の工業地域となった。また、ロッテルダムやルアーブルなどの石油の輸入港には、大規模な臨海工業地帯が発達した。

（裁判所 H25改題）

1. ○
そのとおり。
ルール工場地帯はドイツ、ロッテルダムはオランダである。

2. 西ヨーロッパではカトリックとプロテスタントが多く、東ヨーロッパではギリシャ正教やロシア正教などの東方正教が多い。宗教と言語の境界線は明確であり、国ごとの文化的な差異も明確である。

（裁判所 H25改題）

2. ×
二文目が誤り。宗教と言語の境界線、国ごとの文化的な差異は不明確なことも多い。

3. スペインのバレンシア地方で行われているオレンジ栽培は、夏に多量の灌漑用水が供給できるようになって、19世紀末から盛んになった園芸農業である。灌漑の普及によって、ブドウや小麦などの夏作物も、地中海沿岸で広くみられるようになった。

（裁判所 H25改題）

3. ×
園芸農業ではなく、地中海式農業の誤り。また、小麦は地中海式農業では冬作物に位置付けられる。

4. EU（ヨーロッパ連合）では、域内の自由な交流を通じて、「一つのヨーロッパ」という理想を具体化することに努めてきた。EU理事会はスイスに置かれ、2002年からは全ての加盟国でユーロが流通するようになった。

（裁判所 H25改題）

4. ×
全加盟国でユーロが流通しているわけではない。スウェーデンやデンマークではユーロを使っていない。また、スイスはEUに加盟していない国であるため、EU理事会がスイスに置かれているわけがない。

10

南北アメリカ

今回は南北のアメリカ大陸を見ていきます。
公務員試験では頻出分野に位置付けられますので、しっかりと勉強しましょう。
ただ、とても単純な問題が多いので恐るるに足らずです。

1. アングロアメリカ

1 カナダ（首都：オタワ）

世界で2番目に面積の広い国です。ただ、その割には人口が
あまり多くありません。農業では、アメリカから続いているプ
レーリーに春小麦地帯がありますね。第一次産業では水産業が
盛んです。また、森林資源に恵まれていて、日本はカナダから
たくさんの木材を輸入しています（最大取引国）。

日本の輸入相手国ランキ
ングは、カナダが1位、それ
以下になるとロシアやス
ウェーデン、フィンランドな
どがランクインしてくるね。
なお、カナダはパルプ・紙
類などの生産も盛んだよ。

鉱物資源が多くあることでも知られていて、例えば、鉄鉱、
鉛、ウラン、ニッケルなどが産出されます。西部では原油を含んだ砂岩であるオイルサ

227

ンドの開発も行われています。豊かな水資源も存分に利用していて、水力発電によって国の発電量の半分以上を賄っています。

　カナダは、1971年に世界で初めて多文化主義政策を導入した国です。これは民族や人種の多様性を尊重する政策です。ただ、ケベック問題を抱えていることもお忘れなく。東部ケベック州にはフランス系住民がたくさん住んでいて、カナダからの分離・独立を求めています。

❷ アメリカ合衆国（首都：ワシントンD.C.）

　地形的には、西部に新期造山帯のロッキー山脈、中央部に安定陸塊の広大な平原、東部には古期造山帯のアパラチア山脈があります。ミシシッピ川の河口はメキシコ湾に注いでいて、鳥趾状三角州が見られます。アメリカは有名すぎて地理ではスルーされる傾向にあります。ただ、農牧業と工業が出題されることはままあるので、今回はそこだけ学習できるようにしておきます。

　まず、農牧業ですが、適地適作が行われています。西経100度の場所に年間降水量500mmラインがありますが、ここを境に西側ではグレートプレーンズがあります（ロッキー山脈まで）。ステップ気候で草原が広がっている場所なので農作物をつくるというよりは、企業的牧畜（放牧）が行われていますね。一方、東側はプレーリーでいろいろな穀物を栽培しています。いわゆる企業的穀物農業というやつです。特に北から順番に酪農→コーンベルト→コットンベルトとなっている点、北が春小麦で、南が冬小麦となっている点は大切です。また、カリフォルニアの地中海式農業も地味に重要ですね。

▶ アメリカの農業地域

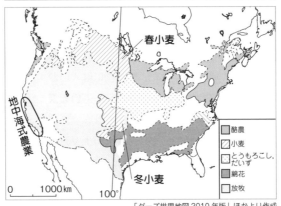

「グーズ世界地図2010年版」ほかより作成

次に工業ですが、やはり地域ごとに覚えていくのがポイントです。もともとは五大湖周辺からニューヨークなどの大西洋側にかけて（スノーベルトという）鉄鋼、自動車、石油化学などの重化学工業が発達していたわけですが、1970年代くらいから北緯37度以南の<u>サンベルト</u>が急成長しました。南部の安い土地と豊富な労働力が注目されたわけです。そして、宇宙産業や航空産業をはじめ、電子産業、情報産業などの最先端の技術が集まり、発展していったわけですね。カリフォルニア州（サンフランシスコ、サンノゼなど）の<u>シリコンバレー</u>、テキサス州（ダラス、ヒューストン、オースティンなど）の<u>シリコンプレーン</u>が有名ですね。ちなみに、シリコンは集積回路（IC）の基になる原料です。

2. ラテンアメリカ

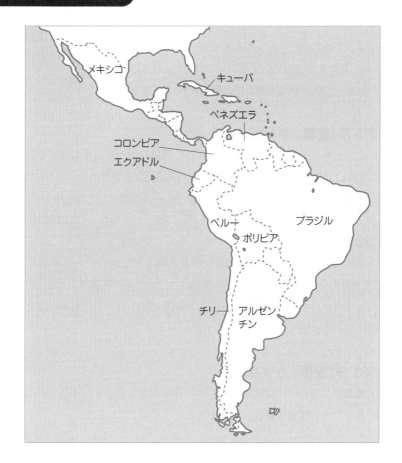

■1■ メキシコ（首都：メキシコシティ）

　1821年にスペインから独立してできた国です。その後、米墨戦争に負けて、国土の半分近くをアメリカに割譲しました。インディオと白人の混血であるメスチソが多く暮らしていますね。首都のメキシコシティは、人口密集地となっていて、プライメートシティの典型例とされます。産業は、石油の生産や銀の生産が主となっています。

もともとマヤ文明やそれを継承したアステカ文明などが存在していて、アステカ帝国という統一国家があったんだけど、16世紀にコルテスの率いるスペインが征服したんだ。

　なお、1994年から、北米自由貿易協定（NAFTA）でカナダやアメリカと経済的に連携してきましたが、アメリカの意向で、現在は米国・メキシコ・カナダ協定（USMCA）に変わっています。

■2■ キューバ（首都：ハバナ）

　1959年にカストロらがキューバ革命を起こしてつくった社会主義の国です。1961年にアメリカと外交関係を断絶しましたが、2015年に国交を回復しています。サバナ気候に属し、砂糖のモノカルチャー（単一耕作）やエビの養殖を行ってきました。

フィデル・カストロやチェ・ゲバラが当時のアメリカの傀儡政権（かいらいせいけん）であるバティスタ政権を倒したんだ。

■3■ エクアドル（首都：キト）

　赤道直下の国です。そもそもエクアドルという言葉自体が赤道を意味するみたいですね。国土の中央にアンデス山脈が走っています。国民の大多数がカトリック教徒で、スペイン語を話します。石油やバナナ、コーヒーなどを主要産業として輸出をしていますね。

■4■ コロンビア（首都：ボゴタ）

　スペインより独立してグラン・コロンビア共和国を成立させたところから始まり、1886年に憲法を制定してコロンビア共和国が成立しました。混血であるメスチソが大半を占め、カトリック教徒が多いですね。石油の生産やコーヒー豆の生産が行われ、主要な輸出品目となっています。

■5■ ベネズエラ（首都：カラカス）

　OPEC加盟国で、マラカイボ油田での石油生産が有名な国です。混血であるメスチソの割合が大きく、カトリック教徒が大半を占めています。

6 ペルー（首都：リマ）

かつての**インカ帝国**の首都クスコがあります。インカ帝国は1533年にスペインのピサロに征服され、それ以降、スペインの支配下に置かれましたが、1821年に独立して今のペルーになりました。先住民の**インディオ**が45%程度を占めていて、大多数がカトリック教徒です。

銀や銅の生産量が多く、水産業も**イワシ・ニシン類**の漁獲量が世界一です。アンチョビーをフィッシュミール（魚粉）にして輸出しています。また、アンデス山脈では**遊牧**が行われていて、**アルパカ**や**リャマ**が飼育されています。

7 ボリビア（首都：ラパス）

内陸国です。天然ガスが輸出の半分弱を占めています。一次産品への依存度が高い点が特徴です。

8 チリ（首都：サンティアゴ）

南北に長い国でアンデス山脈にそって約4300kmあります。それだけに気候もさまざまで、砂漠気候、ステップ気候、地中海性気候、西岸海洋性気候、ツンドラ気候などが見られます。また、**火山活動**や**地震活動**も活発です。

産業では、鉱業が発達しており、何と言っても**銅**の生産量は世界1位です。銀の生産量も多いですね。

> チュキカマタ銅山が有名だよ。

9 アルゼンチン（首都：ブエノスアイレス）

1816年にスペインから独立しました。1982年には、**フォークランド（マルビーナス）諸島**の帰属を巡り、**イギリス**と戦い負けました（フォークランド諸島紛争）。首都ブエノスアイレスは東部にあり、**温暖湿潤気候**に属しています。最大の特徴は、**欧州系（スペイン、イタリア）の住民**が**97%**を占めているという点です。スペイン語圏であるということも忘れてはいけません。

アルゼンチンの農牧業におけるキーワードは、パンパです。大草原が広がっているわけですね。東部の**湿潤パンパ**では、小麦やとうもろこし、大豆などを栽培していますが、西部の**乾燥パンパ**では、牧畜が行われています。

> 大農園を**エスタンシア**と呼ぶよ。

⑩ ブラジル（首都：ブラジリア）

　1500年に、ポルトガル人カブラルがブラジルを発見したことから始まっているので、他のラテンアメリカ国家とは異なり、1822年にポルトガルから独立しました。したがって、住民には欧州系（ポルトガル系の白人）や混血のムラートが多く、公用語もポルトガル語です。

昔、日本から移住した人が多くいて、その関係で日系の2世、3世もいるんだ。

　面積は世界第5位で、北部にはギアナ高地とアマゾン川（世界一の流域面積）が流れています。一方、南部はブラジル高原が広がっています。

　過去、巨額の対外債務に苦しんだ時期があるものの、南米最大の経済規模を誇り、工業国としても有名です。資源も豊富で、鉄鉱石の生産量は世界有数です。最近は石油の生産量が多く、輸出も行っています。

北部のカラジャス鉄山、南部のイタビラ鉄山が有名だよ。

大農園をファゼンダと呼ぶよ。アルゼンチンのエスタンシアと区別しよう。また、メキシコ、ペルーなどではアシエンダと言うよ。

　農牧業としては、砂糖やオレンジ、コーヒー、大豆などを栽培しています。

PLAY&TRY

1. カナダは、鉱産資源や森林資源に恵まれ、ウランやニッケル鉱の産出が多く、パルプ・紙類などの生産が盛んである。また、豊かな水資源を利用した水力発電が盛んで、水力発電が国全体の発電量の半分以上を占めている。
(国税専門官H30)

1. ○
そのとおり。
カナダはたまに出題されるので覚えておこう。

2. カナダでは、国土の南部で牧畜や小麦の栽培が盛んであり、米国のプレーリーから続く平原は、世界有数の小麦生産地帯となっている。また、カナダは、森林資源や鉄鉱・鉛・ニッケルなどの鉱産資源に恵まれているほか、西部では原油を含んだ砂岩であるオイルサンドの開発も行われている。
(国家一般職R1)

2. ○
そのとおり。
アメリカの延長で一緒に覚えるとわかりやすい。

3. アメリカでは、農産物を大規模に扱うアグリビジネスが盛んで、穀物メジャーとよばれる巨大な穀物商社がある。 （東京都H22改題）

3. ○
そのとおり。
穀物メジャーは、穀物市場を支配する巨大な穀物商社である。

4. 米国では、20世紀まで、豊富な石炭・鉄鉱石などの資源と水運を利用した工業が発達した南部が同国の工業の中心であったが、21世紀に入ると、北東部のスノーベルトと呼ばれる地域に工業の中心が移り、ハイテク産業や自動車産業などが進出した。 （国税専門官H30）

4. ×
記述が逆である。もともとはスノーベルトに工業の中心があったが、それが北緯37度以南のサンベルトに移っていった。

5. ロッキー山脈は、古期造山帯の一つで、石炭が産出される。 （東京都H22改題）

5. ×
古期造山帯ではなく、新期造山帯の一つである。

6. ミシシッピ川は、アメリカの中央部から西部方向に流れる河川で、カリフォルニアを抜けて太平洋へと流れている。 （東京都H22改題）

6. ×
アメリカ中央部を南に流れ、メキシコ湾に至る。

7. メキシコでは、メキシコ高原に肥沃な土壌であるテラローシャが広がっており、そこではファゼンダと呼ばれる大農園でカカオやナツメヤシが栽培されている。以前はマキラドーラ制度の下で輸入品に高い関税を課し、自国の産業を保護する輸入代替工業化を行っていたが、北米自由貿易協定（NAFTA）への加盟を契機に関税を引き下げた。 （国家一般職R１）

7. ×
テラローシャやファゼンダはブラジルである。

8. 大西洋側には、最高峰の標高が8000mを超えるアンデス山脈が南北に広がり、その南部には、世界最長で流域面積が世界第２位のアマゾン川が伸びている。 （東京都R２）

8. ×
太平洋側の誤り。また、8000mまでには及ばない。さらに、世界最長はナイル川、アマゾン川の流域面積は世界最大である。

地理

10
南北アメリカ

9. アンデス山脈のマヤ、メキシコのインカ、アステカ
   など先住民の文明が栄えていたが、16世紀にイギリ
   ス、フランスの人々が進出して植民地とした。
   （東京都R2）

9. ✕
アンデス山脈→インカ、メ
キシコ→マヤ、アステカで
ある。また、これらの文明
はスペインによって植民地
とされた。

10. ラテンアメリカでは、16世紀にスペインとポルトガ
    ルを中心とするヨーロッパの人々が進出し、現在で
    も多くの国でスペイン語やポルトガル語が公用語と
    されている。また、労働力としてアフリカ系の人々
    が連れて来られたことで、先住民、ヨーロッパ系、
    アフリカ系の文化や伝統が融合して独特の文化と
    なった。例えば、ブラジルのカーニバルやアルゼン
    チンのタンゴが挙げられる。　（国家一般職H29）

10. ◯
そのとおり。
スペイン語が公用語と
なっている国が多い中、ブ
ラジルではポルトガル語が
公用語となっている。

11. ブラジルは、ロシア、カナダに次ぎ世界で3番目の
    面積を持つ国であり、輸出額のうち、肉類、砂糖、
    コーヒー豆を合わせた輸出額が約5割を占めてい
    る。一方、石油資源に乏しく、その大半を輸入に依
    存している。　（国税専門官H30）

11. ✕
面積は世界で5番目に
大きい。また、石油資源
は豊富である。

12. アルゼンチンの中部にはパンパと呼ばれる大草原が
    広がり、小麦の栽培や肉牛の飼育が行われている。
    一方、アマゾン川流域にはセルバと呼ばれる熱帯林
    がみられる。　（東京都R2改題）

12. ◯
そのとおり。
ブラジルにおけるアマゾ
ン川流域のセルバは覚え
ておこう（地理3章参
照）。

13. アルゼンチンに広がる大草原はセルバと呼ばれる。
    （オリジナル）

13. ✕
パンパの誤り。

14. ラテンアメリカの大農園は、ブラジルではファゼン
    ダ、アルゼンチンではエスタンシアと呼ばれる。
    （オリジナル）

14. ◯
そのとおり。
なお、メキシコやペルーな
どではアシエンダと呼ば
れる。

15. ブラジルやアルゼンチンでは、自作農による混合農業が発達しており、コーヒーや畜産物を生産する農場はアシエンダと呼ばれている。

(東京都R2)

15. ×
アシエンダではなく、ファゼンダの誤り。

16. チリにはカラジャス鉄山やチュキカマタ鉄山、ブラジルにはイタビラ銅山がみられるなど、鉱産資源に恵まれている。

(東京都R2)

16. ×
チリ→チュキカマタ銅山、ブラジル→カラジャス鉄山、イタビラ鉄山である。

17. チリは、鉄鉱石が輸出額の大半を占めている。同国の中部に位置するアタカマ砂漠には世界有数の埋蔵量を誇るカラジャス鉄山、イタビラ鉄山があり、鉄鉱石の産出高が世界一である。また、マラカイボ油田が同国の石油産出の中心地となっている。

(国税専門官H30)

17. ×
カラジャス鉄山、イタビラ鉄山はブラジルにある。また、マラカイボ油田はベネズエラにある。なお、鉄鉱石の産出高世界一はオーストラリアである。

11

オセアニア

マニアックであるため、ほとんど出題は見られませんが、
オーストラリアとニュージーランドだけは押さえておくとよいでしょう。

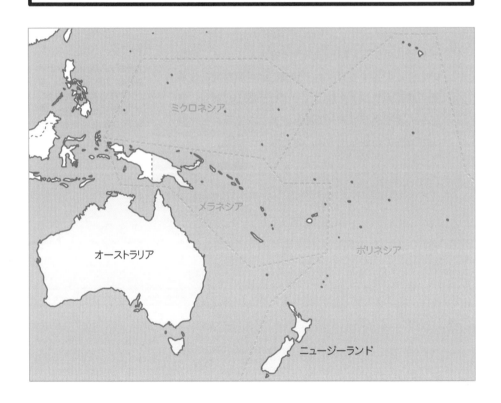

ミクロネシア

メラネシア

ポリネシア

オーストラリア

ニュージーランド

■ オーストラリア（首都：キャンベラ）

　もともと先住民アボリジニーが狩猟・採集生活を送っていましたが、1770年にイギリスのクックがやってきて「ここはイギリスだ」と宣言しました。その後入植が進んだわけですが、1931年にイギリスから独立しました。1973年まで白豪主義をとっていて、非白人の移民を制限していました。もちろん今は多文化社会になっていますけどね。

　国土の3分の2が安定陸塊になっていて、中央部には砂漠が広がっています。つまり、

乾燥気候の割合が極めて高いという特徴がありますね。ですから、人が住めるところは限定されています。すなわち、東部～南部にかけての温暖湿潤気候、西岸海洋性気候の地域と南部の地中海性気候の地域に集中している状態です。

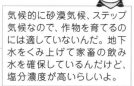

「乾いた大陸」と表現されることがあるよね。

　東部には古期造山帯のグレートディヴァイディング山脈が縦走し（石炭が採れる）、北東部沿岸沖には大堡礁のグレートバリアリーフがあります。また、大鑽井盆地では掘り抜き井戸で水をくみ上げて牧畜（牧羊）を行っていますね。世界有数の羊毛生産国であることはご存じのとおりです。一方、

気候的に砂漠気候、ステップ気候なので、作物を育てるのには適していないんだ。地下水をくみ上げて家畜の飲み水を確保しているんだけど、塩分濃度が高いらしいよ。

南部のマーレー・ダーリング川流域（マーレー・ダーリング盆地）は穀倉地帯で、小麦の栽培などを行っています。さらに、鉱工業も盛んです。例えば、ボーキサイトの生産は世界一ですし、北西部ビルバラ地区の鉄鉱石も有名ですね。

❷ ニュージーランド（首都：ウェリントン）

　もともとは先住民マオリが集団生活を送っていました。イギリスの植民地時代を経て1947年に独立しました。環太平洋造山帯に位置しているので、北島には火山があります。気候は西岸海洋性気候ですね。4分の3の人々が北島に集住しています。首都ウェリントンや最大都市オークランドも北島にありますね。オーストラリアと並んで、羊毛の生産量が世界屈指です。それゆえ、輸出の多くを羊毛類が占めていて全体の6～7割程度になります。

オーストラリアは環太平洋造山帯ではないよ。

❸ その他の国

　オセアニアは、オーストラリア大陸以外にも、太平洋の島国が含まれます。ミクロネシア、メラネシア、ポリネシアの3つの地域があります。なお、ニュージーランドはポリネシアに含まれますよ。

PLAY&TRY

1. オーストラリア大陸は、先カンブリア時代と古生代の安定陸塊で構成されており、新期造山運動の影響をほとんど受けなかった。　　　　（裁判所H21改題）

1. ×
国土の3分の2（西部）が先カンブリア時代の安定陸塊、残り3分の1（東部）が古生代の古期造山帯である。

2. オーストラリアは、隣国のニュージーランドと共にASEAN自由貿易地域（AFTA）を形成し、農産物貿易の自由化を推進している。　　（裁判所H21改題）

2. ×
AFTAは東南アジア諸国が形成している。

3. オーストラリアでは、旧宗主国アメリカからの移民が多く入植し、先住民であるマオリの人口は減少した。また、現在に至るまで白豪主義を採用している。　　　　　　　　　　　　　（裁判所H21改題）

3. ×
「アメリカ」ではなく「イギリス」、「マオリ」ではなく「アボリジニー」の誤り。また、白豪主義は1973年に廃止された。

4. オーストラリアでは、鉄鉱石やボーキサイトなどの地下資源の開発が進んでいる。地下資源開発によって、東部海岸部では重工業が発展し、大平原には孤立した鉱山集落も造られた。　　（裁判所H21改題）

4. 〇
そのとおり。
ボーキサイトの生産量は世界一である。

5. オーストラリアでは、内陸の大鑽井盆地を中心に、カナートと呼ばれる地下水路を用いた牧畜が発達してきた。また、鉄鉱石やボーキサイトなどの鉱産資源の世界的な生産国であり、大陸の西側を南北に走る新期造山帯のグレートディヴァイディング山脈には、カッパーベルトと呼ばれる銅鉱の産出地帯がある。　　　　　　　　　　　（国家一般職R1）

5. ×
カナートは、地下水路でイランが有名。なお、アフガニスタンではカレーズ、北アフリカではフォガラという。グレートディヴァイディング山脈は、古期造山帯に属し、オーストラリア大陸の東部にある。また、カッパーベルトはアフリカ大陸のコンゴ民主共和国南部からザンビア共和国にかけてつらなる銅山地域のことを指す。

01

重要度★　頻出度★

古代ギリシア思想

紀元前のお話なので、思想というよりも哲学に近いです。
試験ではあまり出題されませんが、多くの受験生が解けるので
一応押さえるべきテーマと言えます。

1. 自然哲学

　古代ギリシアの哲学者は、万物の根源（アルケー）が何なのかを必死に考えました。タレス（→水）は「水が垂れる」、デモクリトス（→アトム）は「デモの後」と覚えましょう。

▶哲学者と万物の根源

タレス（自然哲学の祖）	水
ヘラクレイトス	火 「万物は流転する」と述べた。
ピタゴラス	数 規則性が万物の根源であるとした。後のプラトンに影響を及ぼした。
デモクリトス	原子（アトム）

2. ソフィスト

　弁論術や修辞学のようなものを教えたのがソフィストです。しゃべりを研究した人たちといったところでしょうか。ここでは、プロタゴラスだけ押さえましょう。彼は、「人間は万物の尺度である」として、価値相対主義を主張しました。この世界には絶対的真理などありえない、と言い張ったわけです。

3. 三大哲学者

1 ソクラテス

　ソフィストに対抗して出てきた人です。普遍的真理を探究しました。「無知の知」を唱え、知らないことを自覚する姿勢が大切としました。そして、それは他者との対話によって確証に達するとしています。つまり「問答法」（産婆術）によって己の無知を自覚しようというわけです。また、人間が善や正を知れば、それを知る魂そのものがよくなって魂の優れた在り方である徳（アレテー）が実現するとしました。私利私欲に走らずに、徳を積んでよく生きることを推奨したわけです（魂への配慮）。

有名すぎる言葉だけど、この人は著作がないんだ。

善悪についての知（知識）があれば、徳は実現されると考えたよ（知徳合一）。

2 プラトン『国家』『ソクラテスの弁明』『饗宴』『パイドン』など

　ソクラテスの弟子です。物事の真理は現象界にあるのではなく、イデア界にあるとしました（二元論）。つまり、私たちが生活する現象界とは違うイデア界が存在するという、メルヘンな思想なのです。そして、最高のイデアを「善のイデア」とし、これを認識している人が政治を行うべきだとしています。そして、魂は理性、気概、欲望という３つから成り立っていて、これらが上手く調和すると、人間は四元徳（知恵、勇気、節制、正義）をゲットできるとしました。

理想国家をつくるために、政治を行うのは哲人（哲学者）がいいとしたんだ。これを哲人政治というよ。ちなみに、哲人を養成するために設立したのがアカデメイアだ。

3 アリストテレス『形而上学』『ニコマコス倫理学』など

　プラトンの弟子です。しかし、彼はプラトンのイデア論にケチをつけました。プラトンの考えは理想主義に過ぎるとして、現実主義に舵を切ったわけです。現象界の事物をエイドス（形相＝物事の真理）とヒューレー（素材）に分けて説明しました。また、中庸の大切さを説き、両極端を嫌いました（中庸の徳）。この人は理性を結構重視するわけですね。そこで、この理性によって真理を探究する姿勢を観想（テオーリア）と呼び、この観想的生活を送ることが最高の生き方なのだと説きました。

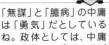

「無謀」と「臆病」の中庸は「勇気」だとしているね。政体としては、中庸の徳を備えたポリティアがいいと言っているよ。ちなみに、彼はアレクサンドロス大王の家庭教師を務めたことでも有名だね。

　彼の有名な言葉に、「人はポリス的動物である」（ゾーン・ポリティコン）というものがあります。これは人間が社会的な生き物であることを表現したものです。

240

4. ヘレニズム思想

1 ストア派

禁欲主義です。ゼノンが代表的な人物で、アパティアという欲望や苦悩などの感情から解き放たれた状態を目指しました。「ストイックにアパートで禁欲」と覚えましょう。

2 エピクロス派

快楽主義です。エピクロスが代表的な人物で、アタラクシアという最低レベルの欲望が満たされた状態を目指します。「エビは新しい快楽を求める」と覚えましょう。

PLAY&TRY

1. タレスは、「火」を万物の根源であると考えた。

(東京都H26改題)

1. ×
「水」の誤り。

2. ヘラクレイトスは、万物の根源を「水」として、「万物は流転する」と説いた。

(東京都H26改題)

2. ×
「火」の誤り。

3. ソクラテスは、「無知の知」を説き、観想的生活を送ることで最高の幸福を得られるとした。

(東京都H26改題)

3. ×
観想的生活を送ることの大切さを説いたのは、アリストテレスである。

4. ソクラテスは、肉体や財産、地位などは自分の付属物にすぎず、真の自分は魂（プシュケー）であると主張した。また、人間が善や正を知れば、それを知る魂そのものがよくなって魂の優れた在り方である徳（アレテー）が実現し、よい行いや正しい行いを実行すると考えた。　（国家一般職H30）

4. ○
そのとおり。
いわゆる魂への配慮である。

5. プラトンは、理想国家を実現するためには、哲人政治が必要であるとした。　（東京都H26改題）

5. ○
そのとおり。
『国家』の中でこのように述べている。

6. アリストテレスは、『饗宴』や『国家』を著し、よく生きることの大切さを説いた。　（東京都H26改題）

6. ×
『饗宴』や『国家』はプラトンの著作。また、よく生きることの大切さを説いたのは、ソクラテスである。

7. アリストテレスは、プラトンの思想を批判し、優れた理性で捉えられる具体的な個々の事物こそが実在であり、本質は個々の事物から独立して存在すると主張した。そのような本質を認識し、魂の本来の在り方を現実化できる哲学者による哲人政治を理想とした。　（国家一般職H30）

7. ×
哲学者による哲人政治を理想としたのはプラトンである。

8. ピタゴラスを創始者とするストア派の人々は、自然全体は欲望の支配する世界であり、人間はその一部として自然によって欲望の情念（パトス）が与えられていると考えた。その上で、欲望の情念を克服し、理性を獲得する禁欲主義を説き、自然から隠れて生きることを主張した。　（国家一般職H30）

8. ×
ピタゴラスではなく、ゼノンの誤り。

02

近代西洋思想

試験では頻出です。イギリス経験論と大陸合理論、ドイツ観念論などの違いを
押さえておけば、試験では容易に得点できます。

1. イギリス経験論

　イギリス経験論は、知識は経験や観察で得られるものだ、と考える立場です。実証的
な観念を重視する考え方で、生得的な観念を否定する点がポイントです。

1 ベーコン『ノヴム・オルガヌム』

　イギリス経験論の祖とされる人物です。「知は力なり」と説
いて、人間は、知識や真理に従うことで自然を支配することが
できると考えました。そして、人間は４つのイドラ（偏見）を
取り除いていけば物事をちゃんと理解できるようになると言っ
ています。個別の実験や観察から一般法則を導く方法を重視し
ました。これを「帰納法」といいます。

種族のイドラ、洞窟のイド
ラ、市場のイドラ、劇場の
イドラの４つだよ。

タイ＝暑い、カンボジア＝
暑い、マレーシア＝暑い。
ということは東南アジアは
暑い、みたいな思考だよ。

2 ロック『人間悟性(知性)論』

　人はみんな生まれたときはタブラ＝ラサ（白紙）なので、その上に経験を書き加えて
いくのが人生だ、としています。観念はすべて経験に由来するとしたわけで、生得的な
観念を批判しました。

2. 大陸合理論

　大陸合理論は、人には生得的な観念があり、それが人間の知識を生み出す源となると
考える立場です。

① デカルト『方法序説』

　大陸合理論の祖とされる人物です。彼は、物事の真理を捉えるためには、懐疑が必要としました。人は疑わないと真理には到達できないというわけです。これを「我思う、ゆえに我あり」と表現しました（方法的懐疑）。そして、懐疑によって、真理だと認めたものをさらに次の真理を解明するための源としてきました。つまり、真理からさらなる真理が生まれるということです。このような思考法を「演繹法」といいます。また、物体とそれを評価する精神は別物だともしていますね（物心二元論）。

全てを疑ってもどうしても疑うことのできないものがあるとした。それは今このように疑い、考えている自分自身の存在であるとしたんだ。

数学的な見方だよ。東南アジアは暑いという公式を導きだし、それに基づいて、シンガポールやインドネシアも暑いはずだ、という感じで考えるんだ。

② スピノザ『エチカ』

　デカルトの物心二元論を批判し、物体と精神は結局のところ一緒だと考えました（一元論）。彼によると、これらはすべて神を起源とするようです（汎神論）。著書が『エチカ』なので「スピノザんちは阪神の駅近」と覚えましょう。

③ ライプニッツ『モナドロジー（単子論）』

　万物は無数のモナド（単子）でできていると主張しました（多元論）。なんとなく科学的で合点がいく考え方ですね。独立したモナドがそれぞれ自由に運動し、変化と調和を繰り返すことで万物は形成されていくというイメージです。

3. ドイツ観念論

　イギリス経験論と大陸合理論を統合しようともくろみ、人間精神の本性とは何かを研究しました。

① カント『純粋理性批判』『実践理性批判』『永遠（永久）平和のために』

　「認識が対象に従うのではなく、対象が認識に従う」という、「コペルニクス的転回」を主張しました。これは普通の感覚と異なりますね。例えば、私たちは犬を見て犬と思うわけですが、コペルニクス的転回でいうとそうではなく、犬と思うから犬になるということになります（笑）。

　また、道徳法則は定言命法でなければ意味がないとも主張しています。定言命法とは、

「〇〇しなさい」という命令です。一方、「もし〇〇ならば〇〇しなさい」という命令を仮言命法といいます。要するに条件付きの命令ですね。ただ、このような仮言命法では道徳法則は成り立たないというのが彼の主張です。道徳には仮定を付けちゃダメということです。

さらに、カントは、理想的な社会を世界的規模にまで拡大し、永遠（永久）平和のための世界連邦を実現するべきであると主張しました。つまり、戦争が起きないようにするためには、世界的な平和機構をつくるべきだとしたわけです。これは、後にアメリカのウィルソン大統領が提唱した国際連盟で日の目を見ることとなります。

2 ヘーゲル『法の哲学』『精神現象学』

ドイツ観念論を完成させた人物で、弁証法を提唱したことで有名です。これを用いて、共同体の構図を理解しようとし、国家を人倫の最高形態であるとしました（一元的国家論）。「正」の価値を持つ家族と「反」の価値を持つ市民社会とを止揚（アウフヘーベン）すると、「合」の価値を持つ国家ができあがるとしたわけです。つまり、「正」と「反」を

> 発展的に統合することだと思っておこう。

統合して「合」ができているので、それに該当する国家は偉いんだぞ、というわけですね。

また、ヘーゲルは、汎神論の立場から、自由を本質とする自由な精神を絶対精神とし、世界史を絶対精神の発展の過程で捉えました。

4. フランス・モラリスト

社会の中で人間はどう生きるべきかを考える思想です。

1 モンテーニュ『エセー（随想録）』

宗教戦争を目の当たりにして、人間の生き方を探りました。そして、自分だけが正しいというおごりの価値観が愚かな行動（戦争）を生み出すと考え、自分自身の考え方や態度を謙虚に問い直すことが必要だとしました。また、懐疑する精神は、確実なものを求めて探究することにつながると説きました。

> 「ク・セ・ジュ?」という言葉が有名だよ。フランス語で「私は何を知っているというのか?」という意味で、その背後には「いや、何も知らないのだから、謙虚になろう」という発想が含まれているよ。

2 パスカル『パンセ(瞑想録)』

「人間は考える葦である」という言葉で、有名なのがパスカ

ルです。「人間は宇宙に比べれば風になびく一本の葦のように

パスカルは、物理学者、数学者としても有名だよ。パスカルの定理やパスカルの原理がよく知られているよね。

頼りなく惨めだけど、考えることができる点では偉大である」

という意味です。そして、人間を悲惨と偉大の中間者であるとしました。なお、主著『パンセ』は、キリスト教信仰の正しさを実証するために書かれた『キリスト教弁証論』の断片集です。

5. 社会契約論

1 ホッブズ『リバイアサン』

彼は、国家もルールも存在しない状態、すなわち自然状態にしておくと「万人の万人に対する闘争」(戦争状態)が生じるとしました。そこで、市民どうしが契約を結んで、統治者たる国王に各人が有する自然権を譲渡(委譲)して守ってもらおうと考えました。しかし、この考え方は、結局のところ、絶対王政の擁護につながってしまいました。

2 ロック『市民政府二論(統治二論)』

「1. イギリス経験論」でも紹介しましたが、再びの登場です。彼は、自然状態を「一応平和と平等が保たれる状態」と仮定しました。しかし、自然権(生命権・自由権・財産権)の解釈・執行権だけは国王(政府)に信託しようと考えます。そして、国王が市民の信託に背くような行為をした場合には、市民はこれを拒んでよいとしました。これを「抵抗権」(革命権)といいます。

3 ルソー『人間不平等起源論』『社会契約論』『エミール』

彼は、自然状態を「理想状態」であるとしています。しかし、人間社会は文明の発展により堕落してきていると説き、かつての理想状態を取り戻すために、社会契約を結ぶ必要があると考えました。彼の社会契約は、自然権を譲渡する相手を市民の総体(共同体)であるとした点に特徴があります。そして、「一般意志」(公共の利益)を確認し、それにみんなで従おうと考えました。この考え方は人民主権であるわけですが、ルソーはさらに突っ込んで直接民主制が望ましいとしています。

PLAY&TRY

1. ベーコンは、「知は力なり」と唱え、新しい知識を手に入れるには、どこまでも経験に基づいて考察することが必要であると考え、真理を探究する学問的方法として演繹法（えき）を提唱した。　　　　（特別区 H29）

1. ×
演繹法ではなく、帰納法の誤り。

2. デカルトは、全てを疑ってもどうしても疑うことのできないもの、それはこのように疑い、考えている私自身の存在であり、これを「私は考える、ゆえに私はある」と表現し、精神としての私の存在をもっとも確実な真理とみなした。　　（特別区 H29）

2. ○
そのとおり。
方法的懐疑である。

3. ロックは、人間は自己保存の欲求を満たすために、あらゆる手段を用いる自由を自然権としてもっているが、自然状態においては、「万人の万人に対する戦い」が生じるとした。　　　　　　（特別区 H29）

3. ×
本肢は、ホッブズの社会契約論である。

4. ホッブズは、人々は自然権を一層確実にするために自然権を侵害する者を罰する権力を政府に信託し、政府が権力を濫用する場合には、人民は政府に抵抗し、新しい政府をつくることができるとした。
　　　　　　　　　　　　　　　　　　（特別区 H29）

4. ×
ホッブズではなく、ロックの誤り。

5. ルソーは、人間は自然状態においては自由、平等であり、全体意志は一般意志とは区別され、全体意志は公共の利益をめざす意志であるとして、直接民主制の国家を理想と考えた。　　（特別区 H29）

5. ×
公共の利益をめざす意志は一般意志である。

6. ヘーゲルは、理想的な社会を世界的な規模にまで拡大し、永遠（永久）平和のための世界連邦を実現すべきであると主張した。　　（国税専門官 H28改題）

6. ×
ヘーゲルではなく、カントの誤り。

7. ヘーゲルは、人間は誰でも自由と平等を志向する共通の意志をもっており、これを体現するものが一般意志であると考えた。人々は一般意志に従って自らの自由と権利を国家に委ねるのであり、国家は人々と市民社会を統合した人倫の最高の形態であると主張した。 (国税専門官H28)

7. ×
国家を人倫の最高形態であるとしたのはヘーゲルであるが、一般意志に基づく社会契約を唱えたのは、ルソーである。

8. ヘーゲルは、社会における法と個人における道徳を統合したものを人倫と呼んだ。人倫は家族、市民社会、国家という3段階の形を経て発展し、国家は家族と市民社会を統合したものであると考えた。 (国税専門官H30)

8. ○
そのとおり。
弁証法の記述として正しい。

9. パスカルは、人間を善と悪の二つの面を持つ中間者であると考察した。 (国家総合職H29改題)

9. ×
悲惨と偉大の中間者と捉えた。

10. モンテーニュは、人間の独断や傲慢が争いをもたらすとして、これらを取り除くために、自分自身の考え方や態度を謙虚に問い直すことの大切さを説いた。 (国家総合職H29改題)

10. ○
そのとおり。
そのうえで、懐疑する精神が必要であると説いた。

03

重要度 ★★★　頻出度 ★★★

現代西洋思想

近代西洋思想に続き、頻出テーマとなります。
ただ、覚えるべき人物がたくさんいるので、深入りは禁物です。
サクッとキーワードだけを覚えれば足ります。

1. 功利主義

自由主義の中でも、目的論的な考え方で、快楽（幸福）＝功利を追求する立場です。

1 ベンサム『道徳および立法の諸原理序説』

ベンサムは人間が有する快楽は差異がないので計算できるとしました（量的功利主義）。その上で、最大多数の最大幸福を実現することが立法の目指す目標であるとしました。

そのために、普通選挙制の導入を主張したんだ。

2 J.S.ミル『自由論』『功利主義』

ベンサムと同様、功利主義に立ちますが、ミルは快楽には差異があると考えました。量が同一でも質に差があれば、高級な快楽の方が優れているとしました。また、肉体的な快楽よりも精神的な快楽の方が優れている、とも言っていますね（質的功利主義）。その上で、多数者の数の専制から、少数者の価値ある個性を守る必要があるとしました。

彼は、「満足である豚であるよりは不満足な人間である方がよく、満足した愚か者であるよりは不満足なソクラテスである方がよい」と述べたよ。質を重視していることがわかるよね。

2. 実存主義

　一人ひとりの人間の主体的なあり方を説く哲学で、失われた人間性の回復を目指します。有神論的実存主義と無神論的実存主義に分かれています。

1 有神論的実存主義
①キルケゴール『あれか、これか』『死に至る病』
　実存主義の先駆者といえる人物です。人はどのようにしてキリスト者になるか、という哲学的な難題と向き合い、その中で、実存に至るまでの過程を分析しました。そして、実存に至るまでのレベルを３段階に分けました（実存の３段階）。具体的には、美的実存→倫理的実存→宗教的実存という流れになります。最後の宗教的実存では「単独者として」神の前に立つことが大切で、これができて初めて自分自身を確証することが可能となります。

②ヤスパース『理性と実存』
　人は生きていると越えられない壁にぶつかることがあります。しかし、そうした「限界状況」に直面した場合には、神（超越者）と向き合うことが大切だ、と彼はいいます。これにより、人は真の実存に目覚め、その壁を乗り越えることができるというわけです。

2 無神論的実存主義
①ニーチェ『ツァラトゥストラはかく語りき』『権力（力）への意志』
　「ニヒリズム」（虚無）から逃げることなく、それを自らの力で乗り越えていくことが必要だとしました。そして、その際に神の力に頼るのはタブーだといいます。「神は死んだ」と考えて、自分自身の力で新しい価値観を身に着けていくことが大切なのです。これはアンチキリスト教道徳の真骨頂です。

これができれば超人になれるといっているよ（力への意志）。

②ハイデッガー『存在と時間』
　人間は日々の生活をただ漫然と生きていることが多く、自分自身を見失いがちです。そうした堕落しているただの人のことをダス・マン（ひと）といいます。しかし、人は死を意識するときに単なるダス・マンから本来的な実存に目覚めるとしました。つまり、「死への存在」を確証することが、本来の自分を取り戻すカギとなるわけです。

③サルトル『存在と無』

　人間は、自らの意志とは無関係なところで産み落とされますが、その後、自らの意志で生きる意味を見出していきます。これをサルトルは「実存は本質に先立つ」という言葉で表現しました。自らの意志で選択できる、つまり自由を有する反面、それは同時に責任を負うことをも意味します。選択に悩んだり、不安を感じたりを繰り返すわけですね。そして、一度決めた選択肢に自分が縛られるのは当然として、同じように全人類に対しても責任を負うべきだとしました。そのために、積極的な社会参加（アンガージュマン）が求められるとしています。

サルトルと契約結婚をしていたボーヴォワールは、『第二の性』の冒頭で「人は女に生まれるのではない、女になるのだ」と述べた。従来の結婚のあり方に疑問を持ち、自由な関係を求めた。

神の存在を否定する考え方だよ。

「人間は自由の刑に処せられている」と述べたよ。

3. プラグマティズム（実用主義）

　アメリカの哲学で、有用性を重視する学派です。実際の使える知識をどう生かしていくかを考える哲学といってもいいでしょう。アメリカのフロンティア精神が影響していて、パースが創始者です。そして、ジェームズ、デューイへと続きます。ここでは、デューイだけ押さえておきましょう。

真理の基準は実生活に役立つという性質を持っているとする、真理の有用性という独自の理論を打ち立てたよ。

● デューイ『民主主義と教育』『哲学の改造』

　プラグマティズムの大成者です。知識や概念は道具に過ぎないとして、知的な行動によって新しい環境をつくっていくことが大切であるとしました。その上で、民主主義や教育の重要性を説きました。

これらには価値がないとしているんだ。

4. その他

1 レヴィ・ストロース『野生の思考』『悲しき熱帯』

　文化人類学者で、構造主義の人です。構造主義とは、人間の思考や行動は、その人が属する社会や文化などの構造に依存するという考え方です。彼は、西洋中心の思考を批判しました。自ら南米アマゾンの原住民の調査を行い、未開社会にも人類普遍の構造があることを発見しました。そして、

西欧社会が文明で、未開社会が野蛮だという考え方はおかしいと批判しました。

❷ フーコー『狂気の歴史』『監獄の誕生』

　ポスト構造主義に位置付けられる人物です。人々の考え方が時代によって変わっていくことに着目し、時代ごとの考え方を「エピスメーテー」と呼びました。そして、権力のあり方も昔と今とでは異なり、近代の権力は、物理的な強制に頼らず、自らを規律正しい方向に向かわせる力に変化したとしました。ベンサムが考案した「パノプティコン」という刑事施設を例に説明しました。

> いつ監視されているかが囚人の側からは認識できない形となっている。だから、囚人は常に監視を恐れて自ら規律を守ろうとするんだ。

❸ メルロ・ポンティ『行動の構造』『知覚の現象学』

　フッサールの現象学に影響を受けて、身体に関する独自の学説を展開しました。彼は、身体が無意識的に作動することがあることから、身体は意識とは切り離されていて、身体の各部位が相互に関連しあうよう図式が組まれているのではないか、と考えました。これを身体図式といいます。試験的には、メルロ・ポンティ＝身体を重視する人で、身体＝実在と考えたと思っておきましょう。

PLAY&TRY

1. ベンサムは、人間は誰でも快楽を求め、苦痛を避けることから、快楽と苦痛の感覚が幸福の基準になると考えた。これを踏まえ、快楽をもたらすものを善、苦痛をもたらすものを悪と判断する原則に基づいて、個人の幸福やその総計である社会の利益を客観的に求める快楽計算を考察し、社会全体の幸福を拡大することを唱えた。　　　　（国税専門官R1改題）

   1. ○
   そのとおり。
   ベンサムは快楽計算を可能と考えた。

2. 功利主義の代表的な思想家であるJ.S.ミルは、『功利主義』などを著した。彼は、快楽には質と量があり、量が同一でも質に差があれば、高級な快楽の方が優れているとし、また、精神的快楽は肉体的快楽よりも質的に優れているとする質的功利主義を主張した。　　　　（国家一般職R2）

   2. ○
   そのとおり。
   ミルの質的功利主義の説明として正しい。

3. J.S.ミルは、現実の社会の変化や歴史の動きには必然性があるというベンサムの思想を引き継ぎ、いかなる理想も、その必然性に沿ったものでなければ実現されないと考えた。そして、この歴史を根本で支配しているものが、自由を本質とする理性的な精神である絶対精神であると主張した。　（国税専門官H28）

   3. ×
   絶対精神に関する主張は、ヘーゲルがしたものである。

4. キルケゴールは、「満足した豚であるよりは不満足な人間である方がよく、満足した愚か者であるよりは不満足なソクラテスである方がよい」として、人間の幸福にとっては精神的快楽が重要だと考えた。そして、人間の精神的側面を強調した質的功利主義を主張した。　　　　（国税専門官H28）

   4. ×
   キルケゴールではなく、ミルの誤り。

5. キルケゴールは、実存が深まっていく段階を、順に倫理的実存、美的実存、宗教的実存の三つに分け、倫理的な義務を果たそうとして自己の無力さを知った者が、刹那的な快楽を求め、神との関係から逃れることで本来の自己を回復するとした。

（国税専門官 H30）

5. ×
「単独者として」神の前に立つことが大切だとした。

6. 批判的合理主義の代表的な思想家であるハンナ＝アーレントは、『存在と無』などを著した。彼女は、人間を規定する一般的な本質というものはなく、人間は自己の主体的な選択と決断によって生きると考え、「実存は本質に先立つ」と表現した。

（国家一般職 R２）

6. ×
『存在と無』などを著したり、「実存は本質に先立つ」と表現したりしたのは、サルトルである。

7. ルソーは、人間は不安や絶望を通して初めて真実の自己、すなわち実存に達すると考えた。そして、人間は神の前に単独者としてただ一人立ち、神に自己を委ねることにより、本来の自己を獲得し、宗教的実存に至ると主張した。

（国税専門官 H28）

7. ×
ルソーではなく、キルケゴールの誤り。

8. ヤスパースは、人間が限界状況に直面したときに、互いに隠し事や、偽りを持たず、心を開いて他者と語り合い、誠実に自分を伝え合う自己外化を通して、自らの限界に気付きを得て、無知の知に至ると説いた。

（国税専門官 H30）

8. ×
「無知の知」はソクラテスである。

9. ハイデッガーは、フランクフルト学派の代表的な哲学者であり、人間は、誰もが日常生活の中で個性的で独自な在り方をしているとした。そして、世の中で出会う様々な他者に関わることで、人間が死への存在であるために生じる不安が解消され、環境によりよく適応することができるとした。（国家一般職 H29）

9. ×
ハイデッガーはフランクフルト学派ではない。また、人間は自身が死と向き合うことによって、本来の存在を回復できるとしたため、他者とのかかわり合いの視点は入っていない。

10. プラグマティズムを発展させたジェームズは、真理の基準は実生活に役立つという性質を持っているとする、真理の有用性という独自の理論を打ち立てた。さらにジェームズは、この実用主義の立場から宗教の価値を論じ、科学的な思考と宗教とを調和させようとした。 （国家一般職H29）

11. プラグマティズムの代表的な思想家であるベンサムは、『人間の条件』などを著した。彼は、人間の活動力の形態を「労働」、「仕事」、「活動」に区分し、言葉を媒介にした相互的な意思疎通により公共的な場をつくり出す「活動」を重視した。 （国家一般職R2）

12. 実存主義の代表的な思想家であるロールズは、『監獄の誕生』などを著した。彼は、近代の監獄パノプティコンは、囚人に看守の視線を内面化させ、支配に服従する従順な主体を形成するとし、権力が身体を統制するそのような仕組みは学校や工場においてもみられるとした。 （国家一般職R2）

10. ○
そのとおり。
応用問題であるが、一応押さえておこう。

11. ×
ベンサムはプラグマティズムの思想家ではない。また、『人間の条件』を著し、「活動」を重視したのは、ハンナ・アーレントである。

12. ×
本肢はフーコーに関する説明である。ロールズは福祉主義を基調にした自由主義者である。

04

中国思想

定期的に出題されます。諸子百家について、出題される人物は決まっていますので、対策は容易です。キーワードを手掛かりに人物を特定できるようにしておきましょう。

1. 儒家

1 孔子『論語』

仁と礼の徳を重視し、これらが備わった人物が政治を行うべきだとしました。徳に基づいた政治、すなわち徳治政治ですね。

2 孟子

人は生まれつきみんないい人、という性善説に立ちました。惻隠、羞悪、辞譲、是非の４つの善い心の芽生えである四端を育てていって、仁、義、礼、智の四徳を身に着けることが大切だとしています。そして、力によって民衆を支配する覇道による政治を否定し、仁と義の徳に基づいて政治を行うことが望ましいとしていますね。これを王道政治といいます。人間関係としては五倫の教えを説き、忍びざるの心（思いやりの心）をもって人と接することが大切だとしています。そして、もし、ダメな王が出てきた場合は、民衆の支持を得た新しい指導者が武力でそれを倒して新しい王朝を建てて構わないとしています（易姓革命）。性善説なのに、行き着く先は結構過激ですよね。

3 荀子

人は生まれつきみんな悪い人、という性悪説に立ちました。この人は礼を重視した政治が望ましいとしています（礼治主義）。つまり、社会的な道徳によって規律を維持しようとしたわけですね。荀子の考え方は弟子の韓非子に影響を与えました。

2. 道家

■ 老子

　万物の根源を「道」と呼び、儒家を批判して、無為自然のすば
らしさを説きました。自然の美徳を説いたというわけです。手を
加えないありのままの自然がいい……なんとなく歳を重ねていく
と分かる発想ですね。そして、自給自足的な小国寡民の共同体を
理想的な社会としました。

「大道廃れて仁義あり」
という言葉が有名だ
よ。昔は仁や義などと
いう言葉は必要なかっ
た、と嘆いたわけだ。

■ 荘子

　老子をさらにバージョンアップさせると荘子の思想になります。荘子は万物斉同を説
き、超自由な理想的な境地である逍遥遊に達した人を真人と呼びました。超理想主義と
いうか、ここまでくると仙人思想っぽくなってしまいますね。

3. 法家・墨家・兵家

■ 法家

　韓非子がつくりました。荀子の弟子なのですが、信賞必罰を主張した点が特徴的です。
法を守らないやつは罰する、という法治主義ですね。秦の始皇帝によって採用されるに
至った思想です。

■ 墨家

　墨子が説いた平和主義的思想です。無差別平等な愛を説く兼愛説と非攻を説きまし
た。ただ、群雄割拠の戦国乱世にはそぐわず、すぐ滅んでしまいます。

■ 兵家

　「孫子の兵法」（『孫子』に書かれている兵法）で有名なのが兵家です。戦争の理論や戦
術を研究し、国が富国強兵を歩む術を説きました。呉子と孫子が代表的な人物です。

4. 朱子学と陽明学

❶ 朱子学

　南宋の朱熹（朱子）が完成させた儒教です。理気二元論を採用しました。そして、心を性と情の２つに分け、もともと備わっている性を理としました（性即理）。

> 物事は全て理と気からなるとするんだ。「理」は宇宙の根本原理、「気」は物質的素材をさすよ。よくわからないよね。

❷ 陽明学

　明の王陽明が完成させた儒教です。彼は、理気二元論自体はいいとして、心を２つの要素に分ける発想がおかしいと批判しました。その上で、心そのものが理だろうと考えたわけです（心即理）。さらに、知識は実践を伴わなければ意味がないとして、実践することの大切さを説きました（知行合一）。「考えているだけではダメだ、行動に移せ」ということですね。

PLAY&TRY

1. 孔子は、儒教の開祖であり、人を愛する心である仁の徳が、態度や行動となって表れたものを礼と呼び、礼によって社会の秩序を維持する礼治主義を理想とした。そして、現世で仁の徳を積み、礼をよく実践することで、死後の世界で君子になることができると説いた。
（国家一般職Ｒ１）

1. ×
礼治主義は荀子である。
徳治政治の誤り。

2. 孟子は、人間の生まれつきの本性は善であるという性善説を説いた。また、仁義の徳によって民衆の幸福を図る王道を政治の理想とし、民衆の支持を得た指導者が新しい王朝を建てる易姓革命の思想を説いた。
（国税専門官H29）

2. ○
そのとおり。
性善説である一方で易姓革命は肯定している点がポイント。

3. 孟子は、性善説の立場で儒教を受け継ぎ、生まれつき人に備わっている四つの善い心の芽生えを育てることによって、仁・義・礼・智の四徳を実現できると説いた。また、力によって民衆を支配する覇道を否定し、仁義の徳によって民衆の幸福を図る王道政治を主張した。 (国家一般職R1)

3. 〇
そのとおり。
四端を四徳に転化させることが大切であるとした。

4. 荀子は、人間の心の本性は天が授けた理であるという心即理を説いた。その上で、魂の備えるべき徳が何かを知れば、徳についての知識に基づいて誰でも正しい生き方へと導かれるという知徳合一を説き、道徳の基本とした。 (国税専門官H29)

4. ×
心即理は、陽明学のキーワードである。また、知徳合一はソクラテスが説いた。

5. 老子は、「大道廃れて仁義あり」として、他者も自分と同じ人間であることを認め、他者を愛する心を持つことを説いた。また、人間の行うべき道徳の規範として、人倫の道に沿った生き方をするよう説いた。 (国税専門官H29)

5. ×
「大道廃れて仁義あり」は、昔は道があったため仁義など必要なかったが、今は道が廃れてしまったからそれらが必要になった、という意味である。また、人倫の大切さを説いたのは儒家である。

6. 荘子は、自他を区別しない無差別平等な人間愛を持つ人間を真人と呼び、人間愛によって侵略行為を否定する非戦論を説いた。さらに、自らが蝶になった夢を見たという「胡蝶の夢」を引用して、あらゆる生き物（万物）を大切にするよう説いた。 (国税専門官H29)

6. ×
真人は、超自由な境地である逍遙遊に達した人を指す。非戦論を説いたのは墨子である。

7. 墨子は、道徳によって民衆を治めることを理想とする儒教を批判し、法律や刑罰によって民衆を厳しく取り締まる法治主義を主張した。また、統治者は無欲で感情に左右されずに統治を行うべきであると説き、そのような理想的な統治の在り方を無為自然と呼んだ。　　　　　　　　　　　　　（国家一般職R1）

7. ×
法治主義は韓非子である。また、無為自然のすばらしさを説いたのは老子である。

8. 韓非子は、刑罰や道徳に基づいて国家を治める法治主義を説き、為政者が褒美や罰を用いて臣下を操ることの必要性を強調した。また、戦争の理論や戦術を研究し、国が富国強兵を図る道を説いた。

　　　　　　　　　　　　　（国税専門官H29）

8. ×
道徳を重視するのは儒家。また、戦争の理論や戦術を研究したのは、兵家である。

9. 朱子は、人が本来持っている善悪を判断する能力である良知を働かせれば、誰でも善い生き方ができるとして、支配階層の学問であった儒学を一般庶民にまで普及させた。また、道徳を学ぶことは、それを日々の生活で実践することと一体となっているという知行合一を主張した。　　　　　（国家一般職R1）

9. ×
後半の知行合一は、陽明学のキーワードである。

05

近世日本思想

主に江戸時代の思想がこれに当たります。頻出ではありませんが、
周期的に出題はされています。儒学を中心に必要な知識を押さえるのがポイントです。

1. 儒学

1 朱子学

　江戸幕府の官学として発展しました。南宋の朱熹が大成した学問でしたが、それが日本に影響してきたわけです。

①林羅山

　近世儒学の祖とされる藤原惺窩の弟子で、江戸幕府の政治顧問を担当し、幕藩体制の確立に学問面から貢献した人物です。天地自然には上下高低があって、これは人間社会にもあてはまるといいます。つまり、人間の社会にも上下や身分などのすでに定まった理があるというわけです。これを上下定分の理といいます。そして、敬と礼が人間にとって大切な態度だとしました。

「敬」は、慎みをもって物事にあたること、「礼」は、上下定分の理が具体的に表現されたものを指す。

②中江藤樹『翁問答』

　彼は当初、朱子学を学んでいましたが、のちに陽明学を重じていくようになりました。日本の陽明学の祖とされる人物で、あだ名は近江聖人です。この人は「孝」を重視しました。親孝行の孝ですね。つまり、孝は人を愛し敬う普遍的な原理（愛敬）で、人倫の道を歩むすべての人間が備えるべき資質だとしています。

2 古学

　朱子学や陽明学を批判し、直接孔子や孟子などの教えに立ち戻ってそれを研究することが大切だと説く学派です。

①山鹿素行『聖教要録』

　古学を打ち立てた人です。「武士は天下を治める自覚をもて」と理想的な武士の姿を描きました。そして、時にはその地位を捨てるだけの覚悟も必要だとしています。彼の説いた新たな武士道は士道と呼ばれました。

> 彼は、兵学家としての顔ももっているよ。

②伊藤仁斎『語孟字義』『童子問』

　古義学の人です。伊藤仁斎も、朱子学を批判して、『論語』や『孟子』のもともとの意味（古義）を考えようとした点では山鹿素行と同じですが、彼の場合は『論語』を宇宙第一の書としてバイブルにしていたので、孔子マニアの側面が強いです。特に人間愛の仁を重視していて、これを実践するためには誠の心が大切だとしています。偽りなく誠実に生きなさい、ということです。

③荻生徂徠

　古文辞学の人で、8代徳川吉宗の政治顧問を務めました。儒教の目的は世を治め、民を救うことであるとし、学問は世を治め、人民を救うことに資するとして、「経世済民」という言葉を残しています。また、六経を研究の対象とし、中国古代の聖王が定めた先王の道を見出しました。そして、道とは朱子学が言うように天地自然に備わっていたものではなく、人為的につくった安天下の道であるとしました。

> 孔子よりも前に存在した儒学の経典のことだよ。

2. 国学

　日本固有の文化を研究する学派です。ですから、日本古来の道理のようなものを重視します。

◼ 賀茂真淵『国意考』

　万葉集マニアの人です。日本独自の精神文化を探るために万葉集を研究し、男性的なおおらかな歌風を「ますらをぶり」と呼び、そこに、素朴で力強い「高き直き心」という精神を感じ取りました。男だから〇〇、女だから▲▲という発想は今風ではありませんが、「おおらかで、男っぽくてかっこいいじゃん」っていうノリでしょうね。

> 一方、本居宣長は、古今集などの勅撰集にみられる女性的な繊細さを「たをやめぶり」と表現したよ。

② 本居宣長『古事記伝』『玉勝間』

　賀茂真淵の弟子で、国学の大成者と位置付けられている人物です。古事記や日本書紀、源氏物語などを研究し、源氏物語の中にみられる「もののあはれ」を好み、これを文学の基本と考えました。また、真心にそって素直に生きていくことを推奨しました。

③ 平田篤胤

　復古神道を唱えた人です。これは本居宣長らによって提唱されていた神道で、国学を神格化して大成したという感じですね。かなり国粋主義的なにおいのする神道ですね。後の尊王攘夷論に影響を与えた思想です。

山崎闇斎の垂加神道と間違わないように注意しよう。

尊王攘夷論は吉田松陰が有名だよ。誠の心で天皇に忠誠を誓うことが大切とした。松下村塾でたくさんの幕末志士を育てた。

3. 商人や農民の思想

　商人や農民の思想ができあがるのが江戸時代の特徴です。とてもわかりやすく理解しやすいはずです。

① 安藤昌益『自然真営道』

　日本のマルクス的位置付けの人物です。みんな平等な社会を自然世と呼び、これを理想としました。そして、自然世ではすべての者が田畑を耕して生活をすることが大切なのだと説きました。これを万人直耕といいます。そして、武士中心の封建制度や身分制を批判しました。

② 二宮尊徳

　小学校の銅像で有名な、農業の指導者です。「みんな徳に報いましょう」という報徳思想を説き、「農は万業の大本」と唱えて、疲弊した農村復興に努めました。そして、農業＝天道（自然の営み）＋人道（人の働き）という公式をつくりました。

③ 石田梅岩『都鄙問答』

　商人向けの道徳を説いた人です。商売繁盛のためには正直であることと倹約をすること、勤勉であることが大切だとしています。このように、商人の営利活動を正当化したため、瞬く間に人気者になりました。

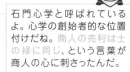

石門心学と呼ばれているよ。心学の創始者的な位置付けだね。商人の売利は士の禄に同じ、という言葉が商人の心に刺さったんだ。

PLAY&TRY

1. 伊藤仁斎は、古文辞学を唱え、「六経」に中国古代の聖王が定めた「先王の道」を見いだし、道とは朱子学が説くように天地自然に備わっていたものではなく、天下を安んじるために人為的につくった「安天下の道」であると説いた。 （特別区H28）

   1. ×
   伊藤仁斎ではなく、荻生徂徠の誤り。

2. 荻生徂徠は、朱子学を批判して、「論語」こそ「宇宙第一の書」であると確信し、後世の解釈を退けて、「論語」や「孟子」のもともとの意味を究明しようとする古義学を提唱した。 （特別区H28）

   2. ×
   荻生徂徠ではなく、伊藤仁斎の誤り。

3. 本居宣長は、儒教道徳を批判し、「万葉集」の歌風を男性的でおおらかな「ますらをぶり」ととらえ、そこに、素朴で力強い「高く直き心」という理想的精神を見いだした。 （特別区H28）

   3. ×
   本居宣長ではなく、賀茂真淵の誤り。

4. 石田梅岩は、「商人の買利は士の禄に同じ」と述べ、商いによる利益の追求を正当な行為として肯定し、町人が守るべき道徳として「正直」と「倹約」を説いた。 （特別区H28）

   4. ○
   そのとおり。
   いわゆる石門心学である。

5. 安藤昌益は、「農は万業の大本」と唱え、疲弊した農村の復興につとめ、農業は自然の営みである「天道」とそれに働きかける「人道」とがあいまって成り立つと説いた。 （特別区H28）

   5. ×
   安藤昌益ではなく、二宮尊徳の誤り。

思想

06

重要度 ★★　頻出度 ★★

近現代日本思想

明治以降の思想家については、出題される人がある程度固定しています。
今回は最低限の知識を入れてもらう趣旨で幾人かご紹介します。

1 福沢諭吉『学問のすゝめ』『文明論之概略』

『学問のすゝめ』の書き出し、「天は人の上に人を造らず、人の下に人を造らず」とい
う言葉で有名な人です。人は生まれながらにして自由かつ平等
であるという天賦人権論を唱えました。また、国家の独立を個
人の独立と重ね合わせて「一身独立して一国独立す」と主張し
ました（独立自尊）。一人ひとりが独立自尊の精神を養えば一国
は独立できる、というわけです。さらに、日本は、近代化の流れの中で富国強兵を進め
るために、先進国と共に進む必要があるとして、脱亜論を説きました。

> 自由民権運動に影響を
> 与えたよ。植木枝盛もこ
> れに影響されて自由民
> 権運動に参加したんだ。

2 中江兆民『民約訳解』

ルソーの「社会契約論」を翻訳した人物で、東洋のルソーと呼ばれていました。自由
民権運動を擁護し、「自治之政」、すなわち政治社会を人民各人が自ら治める人民主権を
理想としました。そして、日本の民権は権力者によって上から与えら
れた恩賜的民権であると嘆き、恢復的民権の必要性を説いたようです。

> 自ら手に入れた民
> 権という意味だよ。

3 内村鑑三『余は如何にして基督信徒となりし乎』

キリスト教徒で、無教会主義の立場を採りました。そして、イエ
スと日本の「二つのJ」に生涯を捧げることが大切だとしました。
彼のキリスト教信仰は武士道精神に根ざしたものだったため、かな
り日本的なものでした。また、日露戦争に反対して非戦論を展開したことでも知られて
います。

> イエス（Jesus）と日
> 本（Japan）だよ。

4 新渡戸稲造『武士道』

国際連盟事務次長を務めた国際人として知られています。内村鑑三と同じくキリスト

思想

06

近現代日本思想

教に入信しました。英文で書いた『武士道』は、アメリカ人に向けて日本の道徳を紹介するために書かれた本で、日本人には忠義や名誉などに基づく7つの道徳が養われているとしました。

5 幸徳秋水

社会主義の立場から日露戦争に反対した人物です。具体的には、『社会主義神髄』を刊行して、非戦論を唱えました。そして、堺利彦らと平民社を設立し『平民新聞』を発行しました。なお、幸徳秋水は1910年に明治天皇の暗殺計画を首謀したという理由で逮捕され、翌年に処刑されました。これを「大逆事件」といいます。

6 平塚らいてう

平塚らいてうは、1911年に青鞜社を結成し、雑誌『青鞜』の冒頭に書いた「元始、女性は実に太陽であった」という言葉が有名です。これは女性の人間としての解放を唱えたものです。また、与謝野晶子との母性保護論争では、女性は母になることで社会的存在になるとして、国家による母性保護を求めました。試験的には、市川房枝らと新婦人協会を結成したことも覚えておきましょう。

> 女性詩人の与謝野晶子と間違えないように注意しよう。与謝野晶子は「君死にたまふことなかれ」で非戦論を唱えたんだ。また、歌集『みだれ髪』も有名だよ。

7 吉野作造

雑誌『中央公論』に「憲政の本義を説いて其有終の美を済すの途を論ず」と題した論文を掲載し、民本主義を提唱しました。主権が天皇にあるのか国民にあるのかを問わず、主権者は主権を運用するに際し、国民の意向を尊重し、国民の利益と幸福を目的としなければならないとしました。

8 西田幾多郎『善の研究』

西田幾多郎は、私＝主観（認識主体）と対象＝客観（認識対象）との二元的対立から始まる西洋近代哲学を批判し、主観と客観とが分かれていない主客未分の経験を純粋経験と呼びました。

9 和辻哲郎『人間の学としての倫理学』『風土』

　人間とは、人と人との関係において存在する「間柄的存在」であると主張しました。個人的な存在ではないというわけですね。そして、このような人間についての学を倫理学と定義しました。また、自然環境と人間との関係を考察し、それを『風土』にまとめました。

個人としての存在と共同体の一員としての存在の二重の存在だとした。

10 柳田國男『遠野物語』

　日本民俗学の祖です。岩手県の遠野地方に伝わる逸話をまとめた『遠野物語』は有名ですね。

近現代の思想は
難しい印象があったけど、
そんなこともないかな〜

PLAY&TRY

1. 新渡戸稲造は、高崎藩の武士の子として生まれ、イエスと日本の「二つのＪ」に仕えることを念願し、「われは日本のため、日本は世界のため、世界はキリストのため、すべては神のため」を自らの信条とした。 （特別区 H26改題）

1. ×
内村鑑三の誤り。

2. 新渡戸稲造は、キリスト教に基づく人格主義的な教育を実践する中で、イエスと日本という「二つのＪ」のために生涯を捧げると誓った。また、『武士道』において、個人の内的信仰を重視し、教会の制度や形式的な儀礼にとらわれない無教会主義を説いた。 （国税専門官Ｒ２）

2. ×
「二つのＪ」のために生涯を捧げると誓ったのは内村鑑三である。

3. 内村鑑三は、中津藩の武士の子として生まれ、国民の一人ひとりが独立自尊の精神を持つことが重要であるとして、「一身独立して一国独立す」という言葉で表現した。 （特別区 H26改題）

3. ×
福沢諭吉の誤り。

4. 幸徳秋水は、社会主義思想の理論的支柱としての役割を果たし、「東洋のルソー」と呼ばれた。また、森有礼らとともに明六社を創設し、欧米視察の経験などから西洋の知識を広く紹介するとともに、封建意識の打破と我が国の近代化を目指した。 （国税専門官Ｒ２）

4. ×
「東洋のルソー」と呼ばれたのは、中江兆民である。また、幸徳秋水は明六社の創設時メンバーではない。福沢諭吉の誤りであると考えられる。

5. 中江兆民は、自由民権運動の理論的指導者として活躍し、民権には恩賜的民権と恢復的民権の２種類があると説き、「社会契約論」を翻訳して東洋のルソーとよばれた。 （特別区 H26改題）

5. ○
そのとおり。
『民約訳解』は有名である。

6. 幸徳秋水は、主観と客観とを対立的にとらえる考え方を否定し、主客未分の根源的な経験を純粋経験とよんだ。 （特別区 H26改題）

6. ×
西田幾多郎の誤り。

7. 与謝野晶子は、雑誌『青鞜』において、「元始、女性は実に太陽であった。」と述べ、女性の人間としての解放を宣言した。また、平塚らいてうとの間で繰り広げられた母性保護論争においては、女性は母になることによって社会的存在になると主張した。 （国税専門官R２）

7. ×
与謝野晶子と平塚らいてうの記述が逆。一文目の与謝野晶子を平塚らいてうに、二文目の平塚らいてうを与謝野晶子に変えれば正しい。

8. 大正期には大正デモクラシーと呼ばれる自由主義・民主主義的運動が展開された。美濃部達吉は、民本主義を主張し、主権が天皇にあるのか国民にあるのかを問わず、主権者は主権を運用するに際し、国民の意向を尊重し、国民の利益と幸福を目的としなければならないとした。 （国家一般職 H28改題）

8. ×
吉野作造の誤り。美濃部達吉は、天皇は国家統治の最高機関とした天皇機関説を唱えた人物である。

9. 西田幾多郎は、『倫理学』において、主観（認識主体）と客観（認識対象）との二元的対立から始まる西洋近代哲学を批判し、主観と客観とが分かれていない主客未分の経験を純粋経験と呼んだ。 （国家一般職 H28改題）

9. ×
『善の研究』の誤り。

10. 和辻哲郎は、人間とは、人と人との関係において存在する「間柄的存在」であると考え、倫理学とはそうした「人間」についての学であると主張した。また、自然環境と人間との関係を考察し、それを『風土』にまとめた。 （国税専門官R２）

10. ○
そのとおり。
キーワードで反応できるようにしておこう。

社会主義が生まれたのはいつ？

　今回のコラムでは、本文では触れられなかった社会主義思想について簡単にまとめてみます。社会主義は、資本主義の矛盾を克服するために、階級のない平等な社会をつくろうという思想です。草創期は、16世紀のトマス・モアに始まるとされますが、社会的に認知されるようになるのはフランス革命期や産業革命期であると言っていいでしょう。資本主義が生んだ格差社会を目の当たりにして、オーウェン、サン・シモン、フーリエなどが出てきて空想的社会主義（初期社会主義）を説きました。ただ、これは理想論に過ぎない（つまりユートピアに過ぎない）として、その後マルクスとエンゲルスが科学的社会主義として大成しました。社会構造を科学的に分析し、資本主義社会の行く末はプロレタリア革命による社会的変革だとしたわけです。このような社会主義の思想が日本に流入するのは明治期です。日清戦争後に、社会主義運動が本格化し、1901年に社会民主党ができました。そして1906年には日本初の合法的な無産政党である日本社会党が誕生しました。

索引

Staff

編集
髙橋奈央
堀越美紀子

ブックデザイン・カバーデザイン
HON DESIGN（小守いつみ）

イラスト
くにとも ゆかり
えのきのこ

校正
みね工房
古澤あゆみ

編集アシスタント
平井美恵

著者プロフィール

寺本康之

埼玉県立春日部高等学校卒業、青山学院大学文学部フランス文学科卒業、青山学院大学大学院法学研究科中退。全国の学内講座で講師を務める。大学院生のころから講師をはじめ、現在は法律科目（憲法、民法、行政法など）や行政科目、社会科学、人文科学、小論文、面接指導など幅広く講義を担当している。

寺本康之の
人文科学ザ・ベスト ハイパー

2021年10月20日　初版第1刷発行

著　者：寺本康之
©Yasuyuki Teramoto 2021 Printed in Japan
発行者：畑中敦子
発行所：株式会社 エクシア出版
　　　　〒102-0083　東京都千代田区麹町6-4-6
印刷・製本：モリモト印刷株式会社

ISBN 978-4-908804-81-6　C1030

寺本康之シリーズ

寺本康之の
小論文
バイブル
（年度版）

寺本康之の
論作文
バイブル

寺本康之の
憲法
ザ・ベスト
ハイパー

寺本康之の
行政法
ザ・ベスト
ハイパー

寺本康之の
民法Ⅰ
ザ・ベスト
ハイパー

寺本康之の
民法Ⅱ
ザ・ベスト
ハイパー

エクシア出版　https://exia-pub.co.jp/